U0120334

语料库
批评翻译学
概论

胡开宝　李涛　孟令子　著

Introducing Corpus-based
Critical Translation Studies

高等教育出版社·北京

图书在版编目（CIP）数据

语料库批评翻译学概论 / 胡开宝，李涛，孟令子著
. -- 北京：高等教育出版社，2018.4（2019.3 重印）
ISBN 978-7-04-048787-9

Ⅰ．①语… Ⅱ．①胡…②李…③孟… Ⅲ．①语料库
－翻译学－研究 Ⅳ．① H059

中国版本图书馆 CIP 数据核字 (2018) 第 005212 号

| 策划编辑 | 常少华 | 责任编辑 | 巩 婕 | 封面设计 | 赵 阳 | 版式设计 | 孙 伟 |
| 责任校对 | 常少华 | 责任印制 | 赵义民 | | | | |

出版发行	高等教育出版社		咨询电话	400-810-0598
社　　址	北京市西城区德外大街4号		网　　址	http://www.hep.edu.cn
邮政编码	100120			http://www.hep.com.cn
印　　刷	北京虎彩文化传播有限公司		网上订购	http://www.hepmall.com.cn
				http://www.hepmall.com
开　　本	787mm×1092mm 1/16			http://www.hepmall.cn
印　　张	20.25		版　　次	2018年4月第1版
字　　数	376千字		印　　次	2019年3月第2次印刷
购书热线	010-58581118		定　　价	58.00元

总　序

　　长期以来，人文学科研究，尤其是语言、文学和文化研究，一直采用内省式和诱导式研究方法。内省式方法是指研究者根据直觉和主观判断，提出关于语言、文学或文化现象本质的假设，然后选择少量例证或运用杜撰的例证进行论证。该方法的应用以个人直觉和判断为基础，所得出的研究结论难免会主观、片面。诱导式研究方法是指运用实地调查或实验的方法开展研究时，创设一定条件或控制相关变量，诱导受试对象产生一定的反应，并在数据分析的基础上分析研究对象的本质和规律。诱导式方法可以在一定程度上保证研究的客观性和科学性，但由于受实验条件或其他相关因素的限制，如受试者的数量有限、研究数据源自于受试者的判断等，研究仍然存在一定程度的主观性。

　　不过，自20世纪50年代以来，语料库方法开始应用于语言研究之中，语料库语言学应运而生。语料库是指依据一定抽样方法收集的自然出现语料构成的电子数据库，是按照研究目的选择并有序排列的语言运用材料的汇集。语料库方法是指以语料库的应用为基础，定量分析和定性研究相结合，在大量自然文本的观察和分析的基础上，提出有关理论假设，证实或证伪现有假设的研究方法。与内省式和诱导式方法相比，语料库方法在研究的客观性和科学性方面更胜一筹。采用语料库方法，可以系统分析大量文本，发现以前从未有机会发现的一些现象或事实。由于语料库方法与传统研究方法相比所具有的优势，语料库相继应用于词典编纂、语言习得、语言教学、句法学、语用学等语言研究领域。

20世纪90年代，以英国曼彻斯特大学Mona Baker教授为代表的一批学者先后将语料库应用于翻译研究之中，开展基于语料库的翻译研究，催生了语料库翻译学这一全新的译学研究范式。目前，语料库翻译学涵盖翻译共性、翻译语言特征、译者风格、翻译规范和翻译教学等领域，而且其研究范围已由语言学视角的语料库翻译学研究扩大至文化视域的语料库翻译学研究，由产品导向的语料库翻译学研究拓展至过程导向的语料库翻译学研究。

与此同时，随着文学研究的语言学转向以及计算机技术的迅速发展，语料库在文学研究中的应用也得到学界的关注。学界开始利用语料库技术，开展基于语料库的叙事学、文体学、文学创作技巧和手法以及比较文学等领域的研究，发表、出版了一大批论文和著作。此外，英国兰卡斯特大学成立了由Tony McEnery领衔的语料库在社会科学中应用研究中心，推进了语料库在人文社会科学中的应用。事实上，经过多年发展，语料库应用的范围已由语言学、翻译学和文学研究等领域扩展至人工智能、社会学、医学乃至自然科学研究之中。

为推动语料库在人文社会科学和自然科学中的应用，上海交通大学外国语学院牵头成立了语料库与跨文化研究论坛常务理事会，定期组织语料库与跨文化研究论坛，并与高等教育出版社合作，出版《当代语料库与跨文化研究论丛》。本套论丛将坚持开放和包容的精神，推动基于语料库的交叉学科研究，尤其欢迎博士论文、省部级社科研究项目和国家社科基金项目的研究成果。约稿的原则是：（1）以语料库应用为基础的原创性研究成果；（2）研究内容涉及语言学、文学、翻译学、人工智能、医学等社会科学和自然科学等领域；（3）用汉语撰写。读者为高校研究生、教师以及对此领域研究感兴趣的职业人士。我们期冀《当代语料库与跨文化研究论丛》的出版能够推进语料库研究范式与人文科学和自然科学的有机融合，拓展人文学科和自然科学的研究范围并丰富其内涵，从而为当代学术研究的发展做出应有的贡献。

2017年11月于上海

前言

关于翻译与意识形态关系的研究由来已久，可谓成果迭出。然而，长期以来，翻译与意识形态关系研究一直局限于政治或社会主流意识形态对于翻译的影响，忽略性别意识或性别角色、民族意识或个体意识形态对于翻译的影响，而关于翻译对意识形态反作用的研究则更是无人问津。此外，该领域研究大多基于研究者的内省或少量案例，研究的科学性和客观性差强人意。不过，自20世纪末以来，学界在推进以产品和过程为导向的翻译研究的同时，开始关注以功能为导向的翻译研究，如翻译或口译活动与社会文化语境或意识形态之间互动关系等领域的研究。与此同时，语料库翻译学异军突起。在这一历史背景下，语料库批评译学应运而生。

语料库批评译学以语料库的应用为基础，在分析大量翻译语料或双语语料的基础上，依据批评话语和描写性译学等相关理论，分析揭示政治、性别意识和民族意识等社会意识形态以及个体意识形态对翻译的影响，并分析了翻译对意识形态的反作用。语料库批评译学采用语料库方法，深入分析翻译文本语言特征背后的意识形态，尤其是那些不易为人察觉的意识形态。语料库批评译学本质上是语料库翻译学与批评译学之间的有机融合，其研究内容主要涵盖基于语料库的性别与翻译、民族与翻译、政治与翻译等领域的研究，以及基于语料库的译者个体意识形态与翻译研究。语料库批评译学可从及物系统、名物化、情态系统、分类系统、关键词、敏感词、典型词汇和句式以及译者风格等视角切入，分析翻译与意识形态之间的互动关系。语料库批评译学的诞生不仅使得批评译学的研究方法发生变革，而且拓展并深化了批评译学的研究。

2012年，著者在《外国语》当年第5期上发表的《语料库翻译学：内涵与意义》一文中，指出批评译学应作为语料库翻译学的研究领域。自那时起，著者便开始关注语料库在批评译学研究中的应用，并试图构建语料库批评译学的理论框架。2015年，著者在《中国外语》当年第1期发表《语料库批评译学：内涵与意义》，阐述了语料库批评译学的本质、起源、特征、研究内容、研究方法和研究意义，从而初步构建了语料库批评译学的理论框架。之后，著者所在团队成员先后在外语类核心期刊和CSSCI期刊上发表关于民族意识、性别意识和政治意识等社会意识形态与翻译关系的研究论文，或以语料库批评译学相关课题为题开展博士论文研究并获得博士学位，进一步推动了语料库批评译学的发展。为系统介绍语料库批评译学的性质、特征、缘起、研究内容和研究路径，进一步完善语料库批评译学的理论框架，著者和团队其他成员一起合作，写就这本题为《语料库批评翻译学概论》的专著。

本书共分7章。第一章详细介绍了语料库批评译学的定义、缘起、特征和主要研究内容。第二章侧重政治意识或社会主流意识形态与翻译之间互动关系的研究，并通过典型研究案例的展示介绍了如何开展该领域的研究。第三章重点分析了性别意识与翻译之间的相互关系，本章所介绍的3个研究案例力图论证翻译与性别意识或性别之间的相互作用。第四章在分析民族和民族意识形态内涵的基础上，梳理了民族意识形态与翻译研究的现状，并详细介绍了基于语料库的民族意识形态与翻译研究的路径和方法。第五章首先梳理个体意识形态的定义、内涵和取得的进展，介绍基于语料库的翻译与个体意识形态的主要研究内容及其研究意义。之后，以具体研究案例介绍该领域的研究路径。第六章从翻译与中国形象构建视角切入，讨论了翻译对于意识形态的反作用，论述了基于语料库的翻译与中国形象研究的内涵与意义。第七章回顾了语料库批评译学的现状与进展，并展望了语料库批评译学研究的未来发展方向。

应当指出，语料库批评译学目前处于理论初创期，理论框架不够完善，许多问题有待进一步探讨，加上著者的学术水平有限，书中难免会存在诸多讹误和不妥之处。著者欢迎广大读者批评指正，并愿意和大家一起探讨，努力推动语料库批评译学的发展。

本书是著者及研究团队成员精诚合作的成果。著者负责全书内容的总体设计、统稿和审稿，并和本书另外两位作者孟令子博士和李涛博士一起承担本书大部分章节的撰写工作。著者指导的博士生潘峰撰写了3.6小节和6.5小节，博士生汪晓莉负责4.5小节和4.6小节的撰写工作，阿丽亚和李翼两位博士生分别撰写了4.7小节和5.5小节，博士后耿强副教授则承担了第七章的撰写工作。谨向所有团队成员表示衷心感谢。没有他们的积极参与与付出，本书研究很难取得令人满意的成果。

转眼间，著者从事语料库翻译学研究已十年有余。其间，忙忙碌碌，风风雨雨。著者不改初心，一直乐此不疲地为语料库翻译学的发展做些力所能及的事情。此时此刻，著者特别感谢导师张柏然教授。导师虽然突然辞世，离开了他挚爱的家人、学生和学术，但他对学问的热爱和对学生的关怀将永远指引着我在学术道路上勇敢前行。著者要感谢北京外国语大学王克非教授。自从十年前于上海交通大学举办的语料库与译学研究国际学术研讨会上相识，我们相互之间经常往来交流。他的低调、务实以及对学术的执着深深地打动着我。著者感谢澳门大学李德凤教授与上海交通大学刘龙根教授、陶庆副教授和朱一凡教授。他们多年来给予的友情与支持一直推动着我前进。著者还要感谢高等教育出版社外语与国际汉语出版事业部对于本书最终出版给予了大力支持。最后，著者还要感谢家人一直以来默默给予的理解、宽容和关爱。他们承担了大量的家务活，使我得以专心

于学术研究。没有他们的支持，我无法在繁忙的工作之余从事自己所钟爱
的语料库翻译学研究。

胡开宝

2017年11月于上海

目录

图表一览

第一章
绪论

1.1 ｜ 引言

　　自20世纪70年代以来，随着译学研究的文化转向，尤其是描写性译学研究的兴起，翻译与意识形态之间的互动关系愈来愈受到关注，后殖民主义翻译理论、女性主义翻译理论和翻译的社会学理论等先后问世。（Fawcett, 1995; Robinson, 1997; von Flotow, 1997; Tymoczko & Gentzler, 2002）这些理论均从宏观层面分析翻译中的意识形态，揭示翻译与殖民、性别、政治和权力之间的互动关系。近年来，学界开始依据批评话语分析的原则和研究方法，凭借语料库的技术优势，着力从微观层面揭示翻译文本特征及翻译过程所蕴含的意识形态，逐渐形成了采用语料库方法分析翻译中意识形态的语料库批评译学研究。（Kenny, 1998; Kemppanen, 2000; Puurtinen, 2000; Kemppanen, 2004）

　　应当指出，语料库批评译学不仅能够拓宽和深化批评译学研究，而且能够促进语料库翻译学研究由语言学视角向文化视角的转变，使得语料库翻译学研究更加成熟。因而，语料库批评译学研究的发展对于语料库翻译学乃至整个翻译学科的发展具有非常重要的理论价值。然而，目前语料库批评译学研究仍处于初创阶段，研究迄今为止不够系统、深入，该领域的研究大多局限于理论上的探讨。虽有学者对于翻译中的意识形态开展了实证研究（鲍晓英，2014；王晓元，2010），但这些研究以小规模语料的分析为基础，或者所讨论的意识形态只是笼统概念，尚未涉及具体种类的意识形态。而且，学界对于语料库批评译学研究的内涵及其意义的认识相当模糊。为此，本章将在分析批评译学属性和特征的基础上，重点阐述语料库批评译学的研究内容、研究路径和研究意义。本章将回答5个方面的问题：（1）什么是批评译学研究？其属性和特征是什么？（2）语料库批评译学与描写性译学之间的关系如何？（3）语料库批评译学的研究内容有哪些？（4）如何开展语料库批评译学研究？（5）语料库批评译学对于批评译学研究具有哪些理论价值和实际意义？

1.2 ｜ 翻译与意识形态

1.2.1 意识形态的定义与分类

意识形态是指影响人类行为的规范、习俗、信仰和世界观的集合。意识形态通常与一定社会的政治、经济、历史和文化相联系，包括政治法律思想、道德观、文学艺术、宗教、哲学和其他价值观。意识形态体现了一定社会的经济基础、政治制度以及人与人之间的关系。各种形式的意识形态发端于社会物质生活，因经济基础的变化而变化。一般而言，政治思想、法律思想、道德观、艺术理念、宗教信仰、哲学思想和其他意识形态形式从不同角度反映现实生活。这些思想或价值观相互联系，相互制约，构成意识形态的有机整体。纵观人类发展史，人类社会经历了原始社会、奴隶社会、封建社会、资本主义社会和社会主义社会等社会形态的更替。相应地，人类社会的意识形态可划分为奴隶主意识形态、封建主意识形态、资产阶级意识形态和无产阶级意识形态。

一般而言，每个社会的意识形态由3个体系组成，即：（1）反映该社会占统治地位的经济制度和政治制度并为其服务的占统治地位的意识形态；
（2）反映已被消灭的旧经济制度和政治制度的意识形态残余；（3）反映
现存社会里孕育着的新社会因素并为建立新的经济制度和政治制度服务的
新的意识形态。

意识形态一般划分为包含集体和团体意识形态在内的社会意识形态与
个体意识形态。前者主要包括某一社会群体、阶级、政党或职业内的人对
自然和社会较为系统的看法和见解，以及某一民族、国家或集体的信念、
价值观和见解等，具体可表现在哲学、政治、艺术、审美、宗教和伦理道
德等方面。后者指个人在一定时期内或一定历史条件下形成的一整套社会
文化信念和价值观等，包括个人的世界观、价值观和有关思想。

1.2.2 翻译与意识形态

普遍认为，翻译并非真空状态中进行的语言转换活动，而是在特定历
史语境中开展的跨文化交流活动，必然会受到包含意识形态在内的各种社
会文化因素的制约。一方面，译者作为源语文本的读者以及在目的语义化
中已被社会化了的个体，对原作的解读必然打下他／她个体体验的烙印，
而这种体验又与译者对目的语社会的认知密不可分。社会认知本身就是意
识形态作用的场合（Dijk，1998）。因此，在意识形态的影响下，译者的
个人体验与社会认知会与源语文本作者的不同，也会与源语文本中所试图
表达的有差异。另一方面，译者所创作的目的语文本需要符合目的语读者
的期待以及目的语文化的规范，故而译者必须服从目的语社会文化中特定
的权力关系与意识形态的制约。只有如此，目的语文本方能为目的语读者
所接受。由此可见，翻译的解读以及再创造的过程不仅给意识形态留下了
极大的作用空间，也成为揭示其作用方式的有效切入口。

应当指出，在后现代主义时期，由于经验的碎片化及解构主义带来的
人们对事物本质的怀疑，意识形态的作用更加隐秘（Sarup，1993）。要
揭示社会生活的存在机制与价值，需要阐释翻译文本及其他有关的任何可

能话语。然而，意识形态在翻译中的隐性作用长期以来没有得到学界的关注。这一现象固然与翻译研究长期忽略翻译的社会属性有关，但也与翻译文本被排除在语言研究范围之外不无关联。然而，翻译文本的生成与传播与意识形态有着千丝万缕的联系，而且其制约因素要比原创文本多。因而，翻译文本的分析比原创文本更有助于揭示意识形态的作用以及个体身份及能动性的空间。正如Lefevere（2010：20）所指出的："翻译可被当作文化用以处理位于其外部的其他文化并同时维持其自身特点的一种策略来进行研究，这种策略实质上属于文化改变和生存的范畴。"

首先，翻译文本的分析有助于揭示意识形态在语言中的作用途径。由于中介作用，译文与原文相比必然出现变化。这些变化往往不仅是语言差异导致的强制性改变，而且还是受包括意识形态在内的非语言因素影响的产物。因此，将目的语文本与源语文本进行对比研究，或将同一个源语文本的不同目的语文本进行对比，可以比较容易地发现意识形态作用的具体场合。

其次，翻译文本的分析有助于理解个体身份的话语建构以及个体的能动空间。后现代主义认为，个体没有固定的单一身份，身份具有流变性，可以通过话语实时构建（Sarup，1993）。虽然单一身份的缺失意味着主体性是话语构建出来的，但后结构主义依然承认个体能动性的存在，认为个体能动性是话语得以成为社会构成机制的中介。因此，个体虽然无法决定权力斗争的胜负，却可以在一定范围内发挥积极作用，加强或削弱意识形态的作用，进而维护或抵制权力斗争中的一方。在翻译实践中，译者作为关键的中介具有较高的能动性，可以相对自由地构建自身的身份，同时对源语文本所拥护的意识形态进行改写，使译本服务于译者所支持的权力斗争中的一方。在不与源语文本进行比对的情况下，这种改写很容易被忽视或逃脱制裁。因而，译者身份为个体提供了操纵意识形态的巧妙伪装，通过翻译研究可能探索到个体能动性的最大边缘。

1.2.2.1 翻译文本选择与意识形态

将外国文学作品或非文学作品引入本土文化之中必然需要经过筛选，以便译作传达的信息或弘扬的价值能为目的语社会的进步发展有所贡献。Toury（2001：58）将翻译文本的选择视为"翻译政策"，指出选择什么样的文本进行翻译是由翻译中介或客户的兴趣和目的直接决定的。而翻译中介（出版商）和客户（个人或机构）的兴趣及目的不可避免地有意或下意识地忠实于某种意识形态，支持权力斗争的某一方。因此，翻译文本的选择是翻译涉及意识形态斗争或政治斗争中的第一步。

20世纪50年代，中苏关系处于"蜜月"期时，大量的俄语作品如《前夜》《安娜·卡列尼娜》《复活》和《钢铁是怎样炼成的》等被从苏联选择译介到了中国，作品的主题和我国50年代的主流意识形态是一致的。当时，英美等国家作品的翻译则处于翻译文学的边缘，特别是英美现代派文学，被视为腐朽没落的作品因而极少受到关注（鲍晓英，2014：61）。实际上，在当时，翻译英美现代作品被视为对主流意识形态话语的挑战。近年来，一些现当代中国文学作品受到国外学界的关注，先后译成不同语言并在欧美出版。然而，西方国家似乎热衷于翻译在中国被封禁的小说。卫慧的《上海宝贝》因大尺度的欲望描写而在国内遭禁，不过该作品的英译本在美国却被予以大肆渲染，并被隆重推出。这一现象不仅体现出美国社会的意识形态与文化观念等对翻译文本选择的影响，而且也表明国家之间的政治话语关系往往通过文学机构对翻译施加影响，塑造出扭曲或失真的他国民族形象。

显然，社会主流意识形态操纵着翻译文本的选择，而翻译可以将某种意识形态合法化，进而塑造并强化人们的信念及价值观。然而，意识形态如何影响翻译文本的选择？其内在的机制和具体表现是什么？这些问题需要学界给予回答。为此，我们应从描写的视角出发，比较不同时期翻译活动的总体趋势和具体特征，尤其是翻译作品的种类和涉及的主题，分析翻译文本的选择与具体历史时期意识形态之间的关系。我们可以分析具体出版机构选择翻译文本的初衷和流程，探讨意识形态对翻译文本施加影响的具体机制和层面。此外，我们还可以考察某位译者在翻译文本选择方面所表现出的规律性趋势，分析其翻译思想和翻译理念，把握其个体意识形态与翻译文本选择之间的关系。鲍晓英（2014：61）对20世纪初我国文学翻译主题进行分析，发现该时期文学翻译主题分布呈现多样化特征。她指出这一特征与该时期的社会意识形态有一定关系。当时，文学界提倡"平民"，强调人文主义，因而许多反映普通人生活的社会生活小说以及爱情小说相继被译介。

1.2.2.2 翻译策略与方法的应用与意识形态

普遍认为，译者决定使用什么样的策略或方法与其对翻译目的和目的语文化习俗及价值观的理解密切相关，而译者对源语作品的理解、翻译目的与价值判断又受到包括意识形态在内的社会政治文化语境以及译者自身的世界观和价值观的影响。从这个意义上讲，翻译策略与方法的应用体现了意识形态的无形作用。具体而言，译者所处社会的意识形态以及译者的个体意识形态对译者翻译策略和方法的应用会产生不同程度的影响。

众所周知，女性主义翻译观是性别意识形态及性别权力斗争影响翻译领域的产物。为了批判并解构父权语言，女性主义翻译家采取了一系列具有创造性的翻译策略和方法，常见的包括补充、前言、脚注以及"劫持"等（von Flotow，1991：74）。通过这些翻译策略和方法的应用，译者可以有效地向读者展示翻译的创造性过程，挑战传统译学研究中源语文本不可侵犯的神圣地位，并凭借原作中父权语言的改写，唤醒读者的性别意识，彰显译者的身份。应当指出，女性主义翻译所采用的翻译策略与方法与女性主义翻译家所拥护的女性主义思想密切相关。女性主义翻译家认同女性主义的主张，认为女性群体在父权社会中是处于弱势的少数派，在翻译领域内女性受到了带有明显偏见的对待。因此，女性主义翻译家试图通过对翻译文本的操纵，解构父权语言，消除女性歧视，彰显女性体验。

如果说女性主义翻译观令人信服地论证了翻译与社会意识形态之间的互动关系，梁实秋翻译的莎士比亚戏剧则为个体意识形态影响翻译策略与方法的选择提供了佐证。普遍认为，梁实秋的莎士比亚戏剧译本的异化程度比朱生豪译本和方平译本高。关于这一点，已由基于平行语料库的莎士比亚戏剧汉译研究验证。（胡开宝，邹颂兵，2009；孟令子，胡开宝，2015）究其原因，这一现象与梁实秋的个体意识形态不无关联。众所周知，梁实秋翻译莎士比亚戏剧的目的在于引起读者对原文的兴趣，故而强调对原著的忠实。梁实秋指出"莎士比亚就是这个样子，需要存真"（赵军峰，2007）。"原文猥亵语及标点皆照译，以存其真[①]。"为此，他在翻译莎士比亚戏剧时频繁采用异化策略和直译方法，力求原汁原味地再现原作的意义和风格。

显而易见，无论是译者所处社会的意识形态，还是译者个人的意识形态，都会对译者的翻译策略与方法的运用产生不同程度的影响。为此，一方面学界可以在分析源语文本具体词汇、句式或语篇结构翻译处理的基础上，考察译者翻译策略和方法应用的总体趋势与具体特征并揭示其背后的意识形态因素；另一方面，学界可以分析同一译者在不同时期翻译策略和方法应用的特征或同一作品的不同译者翻译策略与方法应用的异同，以探讨不同历史时期社会意识形态的影响或不同译者所处社会的意识形态或译者的个体意识形态影响。

1.2.2.3 翻译文本语言特征与意识形态

Toury（2001：58）将翻译文本选择和翻译策略选择视为翻译的"初步规范"，认为这两个步骤是在具体文本翻译之前已由社会政治环境所决定。在翻译活动与意识形态的交锋中，这两个步骤首当其冲，最先受到意识形态的冲击，因此其作用也相对而言更易察觉。然而，翻译文本的语言

---

① 见梁实秋译《莎士比亚全集》，中国广播电视出版社、远东图书公司2001年出版。

如同错综复杂的网络，为权力斗争提供了许多隐秘的、可以暗中操作的空间，其隐藏的意识形态往往是含而不露的，不易被人发现。因而，有必要将翻译文本中隐蔽的、容易被忽略的权力关系和意识形态剥离出来，使人们意识到看似自然而然的译文实则是被意识形态浸染后的产品。尤其是在"后现代时期"（Chouliaraki & Fairclough，1999），由于权力及意识形态在话语中的作用方式愈加复杂隐匿，这一任务显得更加重要且更具挑战性。不过，通过分析翻译文本的语言特征，尤其是那些具有意识形态意义的词汇或句式结构的应用，如及物系统、情态系统、分类系统、关键词和敏感词汇的应用，我们完全可以获得关于翻译文本背后关于意识形态的较为全面、客观的认识。

翻译文本语言特征指翻译文本在词汇、句法、语篇、叙事、人物形象塑造等语言维度上的特征。这些特征不同于源语文本，也有别于目的语原创文本。译者身处多种社会权力斗争之中，对源语文本的解读与再现都会受到意识形态的影响。译者常常有意或无意地选用一定的词汇或句法，调整语篇结构或叙事结构，或对人物形象进行再塑造，致使译文与原文在语义、主题甚至价值观上发生背离。Gumul（2011）分析了波兰杂志*Forum*登载的关于伊拉克冲突的波兰语翻译文本及其英语原文，发现翻译文本中意识形态的词汇和句法标记与原文相比均已发生变化，译文的视角和观点与原文相比因此发生了相应变化。

虽然翻译在多数情况下服务于社会主流意识形态，然而不可否认的是，翻译话语为译者提供了挑战某种意识形态的空间。译者可以在翻译中通过语言有意识地抵制或反抗权力斗争中的一方。实际上，翻译文本的语言与意识形态的互动是复杂而微妙的，这需要我们仔细分析译者所采用的翻译策略与方法及其蕴含的意识形态意义。

张洁小说《沉重的翅膀》有戴乃迭译本和葛浩文译本，戴乃迭译本明显流露出她的女性主义意识。该译本有意识地强化女性人物的形象，使女性与男性处于同等的评价地位。葛浩文译本则采取了典型的男性视角，流露出对女性的性别偏见。譬如：

例1. 唉，当然不能胡闹，她毕竟是一个头发已经开始花白的人了。

戴译本：But of course she mustn't; her hair was turning grey.

葛译本：But no, not a woman whose hair is already turning gray.

上例中，"她"是一位人到中年的职业女记者。一般而言，头发花白的中年人不可能像少年一般打闹嬉笑，故而戴乃迭译本陈述事实和常识的口吻并无任何性别歧视，将"她"视作和任何普通人一样的中年人。葛浩文译本则对原文做了修改，用"not a woman"强调了"她"的女性身份，似乎暗示头发花白的男性则可以被允许胡闹。此外，葛译本使用了重复的否定，语气很强而且不容置疑，表达了男权社会对女性恰当行为的期待与要求。

显而易见，译者所处社会的意识形态会在一定程度上对翻译文本的语言特征施加影响。为揭示这一影响，我们可以以不同性别、不同国家或不同民族译者翻译的同一作品的不同译本为研究对象，比较这些译本在具体词汇或句法结构的应用以及人物形象塑造方面的差异，分析性别意识、政治立场或民族意识在翻译活动中的作用以及翻译在凸显性别身份、政治立场和民族身份方面的作用。此外，译者个人的价值观和翻译目的等个体意识形态因素往往会直接影响翻译文本的语言特征。我们可以比较翻译同一作品的不同译者在翻译源语文本典型词汇或句式结构时所采用的策略与方法，或应用目的语词汇和句式结构等方面所表现出来的风格差异，并揭示这些差异背后个体意识形态的影响。

1.2.2.4 翻译文本的接受与意识形态

翻译文本的接受指译作在目的语社会中的定位、影响以及读者对翻译作品的反馈。一部译作在目的语社会中获得怎样的定位，能否为目的语读者所接受或取得译者及赞助人所期待的效果，受多重因素共同影响。翻译文本的选择、翻译策略的应用以及译文的质量等要素固然在很大程度上决定了译作的成败，然而社会文化语境等非语言因素的力量却不容小觑。事实上，目的语文化的意识形态不仅仅作用于翻译文本的选择与生产过程，也对其接受和传播起着至关重要的导向作用。意识形态可以通过书评、文学批评等评论性文章、出版商的推广活动等途径作用于目的语文化对译文性质、思想和价值的界定，引导读者的观点，进而起到推动或阻碍译文在目的语社会中传播的作用。

又如，《野草在歌唱》20世纪50年代的首译本与90年代的修订本有很大不同。首译本抹杀了原文中的性别主题，将其改写为反对种族歧视、反对殖民主义的作品，与原文在情节和人物形象上有很大出入。然而，译作在当时却在国内取得了不错的反响，这与意识形态的导向不无关系。首译本出版时，正值解放初期，在"政治标准第一，艺术标准第二"的文艺方针指导下，文学翻译不是以介绍外国文化、引入新文学形态为己任，而是肩负起反对帝国主义、弘扬社会主义、支持弱小国家民族革命的政治使命（李红玉，2012：49）。此外，当时国内的宣传并未将作者莱辛视为女性主义作家，而是视为对非洲大陆具有同情心、对种族歧视具有批判精神的共产主义作家。然而，进入新时期，女性主义思潮涌入中国，学界在译介过程中发现了莱辛作品中反复出现的女性主题。相应的，作者莱辛的单一共产主义作家形象被多元的、关注性别问题的女作家形象取代。因此，译林出版社决定对《野草在歌唱》的首译本进行修订，还原作品的本来面目。可见，在不同的历史文化语境中，社会可以接受的翻译文本形式存在差异，而影响这种差异的一个至关重要的因素就是意识形态的更迭。

近年来，我国政府一直努力推动中国文学走出去，然而中国现当代文学作品的翻译文本在海外的传播与接受状况却不尽如人意。以"熊猫丛书"为代表的官方向英语世界推广中国现当代文学的努力遭受冷遇，重要的原因并非译文质量不过关，而是这些国内认可的作品与国外读者的期待并不吻合。事实上，当翻译文本经过不同环节，最终抵达其终点站即目的语社会时，依然无法摆脱权力斗争与意识形态的操控，因为权力斗争和意识形态决定着译文在目的语社会中的形象和影响。

1.3 ︱ 语料库批评译学：内涵与意义

1.3.1 批评译学研究的界定与属性

1.3.1.1 批评译学研究的界定

批评译学是指在描写性译学框架下，依据批评语言学和批评话语分析的相关理论和原则，揭示翻译与意识形态之间互动关系的研究。Laviosa（2004：20）指出，批评译学研究形成于描写性译学研究框架下的意识形态研究。与后殖民主义翻译理论、女性主义翻译理论和翻译的社会学理论关注权力和性别等狭义意识形态因素不同，批评译学旨在揭示翻译中影响人类行为的规范、习俗、信仰和世界观等广义的意识形态因素。批评译学旨在通过对源语文本选择、翻译文本接受、翻译文本的语言特征以及翻译策略与方法等进行分析，以揭示意识形态以隐性方式对翻译施加的影响，以及翻译以隐性方式对意识形态所产生的反作用。从广义上讲，批评译学研究服务于批评社会科学，将翻译视为社会实践，认为制约这一特定社会实践中任何抉择的因素都有其社会根源，力求通过解读这一社会实践来理解人类社会生活的意义以及人们解读社会的方式。

1.3.1.2 批评译学研究的本质属性

本质上，批评译学研究滥觞于描写性译学研究与批评话语分析的结合。描写译学研究发端于20世纪50年代，以J. Mc Farlane和J. Holmes等发表的论文为标志。后来，以Bassnett和Lefevere为代表的许多学者推波助澜，进一步阐发了描写性译学研究的理论主张和原则。描写译学研究强调作为具有独特属性的目的语文化事实，翻译文本在目的语文化体系中发挥着重要作用。翻译并非在真空状态下进行的语言转换活动，而是在具体社会和政治语境中进行，因而是受到语言文化规范、诗学传统和意识形态等因素制约的社会文化现象。翻译不仅体现了社会和意识形态等层面的制约，而且也反作用于社会和意识形态。为此，翻译研究应结合具体翻译现象或翻译文本所处的社会文化语境的分析，研究包括意识形态在内的制约翻译活动的各种因素。应当指出，描写性译学研究推翻了传统译学关于翻译仅仅是跨语际转换的主张，将人们从翻译文本与源语文本之间对应关系的桎梏中解放出来，从而关注翻译与意识形态之间的关系。众所周知，任何一种翻译活动都无法摆脱具体社会意识形态或译者个体的意识形态因素影响。一方面，作为社会人，译者作为翻译主体无论是在翻译文本选择方面还是在具体翻译策略和方法的应用方面都必然会受到具体某一社会及其个人的规范、习俗、信仰和世界观等的影响；另一方面，翻译活动的发起以及翻译文本的接收与传播背后均蕴含着较为丰富的意识形态因素。从这个意义上讲，描写性译学研究为批评译学研究提供了重要理论基础。没有描写性译学研究的兴起，自然就谈不上批评译学研究的问世。

如果说描写性译学研究为批评译学研究提供了重要理论基础，批评话语分析则为批评译学研究提供了研究视角和研究方法。

批评话语分析（Critical Discourse Analysis）又称为批评语言学，旨在分析语篇的语言特征及其生成、传播和接受的社会历史语境，以揭示语篇所蕴含的意识形态意义，阐明语言、权力和意识形态之间微妙而复杂的关系。长期以来，以索绪尔、布龙菲尔德和乔姆斯基为代表的结构主义语言学派一统天下。该学派主张语言是自给自足、自我调节的系统，其产生及其与主客观世界的联系是任意的，因此关于语言的描写不必参照语言系统之外的任何事实。批评话语分析则与此不同，它质疑并挑战结构主义语言学派的主张，指出语言并非人们用于交流思想的透明媒介；语言运用不仅仅体现或反映了社会结构的建立和过程的发展，而且直接介入这一过程，构成社会意义和社会实践。Fowler（1991）认为语言运用所表达的是对我们描述现实具有干预作用的意识形态形式；不同的语言形式或用法由于被使用的语境和交际目的的不同而具有不同的意识形态意义。

应当指出，批评话语分析不仅强调语篇或话语实践与权力和意识形态之间的天然联系，而且强调在分析语篇特征的基础上阐明语篇与意识形态之间的关系。具体而言，批评话语分析以语篇的分类系统、及物系统、情态系统和转换系统为切入点，分析语篇之中含而不露的意识形态意义。尽管批评译学研究所关注的翻译文本不同于批评话语分析所研究的原创文本，但两者同为话语，故而批评话语分析所采用的话语分析方法常常应用于翻译文本的分析，以揭示翻译文本所蕴含的意识形态意义。从这个意义上讲，批评话语分析既强化了批评译学研究的理论基础，也为批评译学研究提供了行之有效的研究方法和研究路径。事实上，正是由于批评话语分析的批评视角及其方法的应用，批评译学研究才与其他诸如后殖民主义翻译研究和女性主义翻译研究等非批评性文化学派区分开来。

1.3.2 批评译学研究的特征

1.3.2.1 批评译学研究与翻译批评研究

翻译批评是指在一定理论指导下，依据翻译原则和翻译标准，从语言转换和文化信息移植等层面对译作质量的高低及其价值或翻译过程的合理与否进行分析和评价。翻译批评研究以翻译作品审美价值的鉴赏为核心，研究内容主要为：（1）原作作者意图和译作意图；（2）译者的翻译目的及其所采用的翻译策略与方法以及译本读者；（3）译作的质量；（4）译作在目的语文化体系中的地位。

翻译批评研究同批评译学研究一样以翻译作品或译者为研究对象，关注译者的翻译目的与其所采用的翻译策略与方法，以及译作在目的语文化体系中的地位。然而，翻译批评侧重对译者翻译策略与方法的应用、翻译作品质量以及价值进行评论，通常强调译作应忠实于原文，本质上是一种规定性研究。虽然翻译批评可能会涉及包括意识形态在内的社会文化因素，但该领域研究一般不把这些因素作为其主要研究内容。

与之不同，批评译学研究批评脱胎于描写性译学研究，本质上是一种描写性研究。批评译学研究主张翻译并非在真空状态下进行的语言转换，而是受到意识形态等社会文化因素制约的跨文化交际活动；翻译文本并非原文的派生物，而是具有自身独特属性并在目的语文化体系中发挥着作用的自足文本。该领域研究深入分析从翻译行为的发起到译作问世并产生影响的整个翻译过程如何受到意识形态因素的操纵，翻译文本如何影响目的语文化和意识形态。批评译学研究虽然同翻译批评一样关注译者所采用的翻译策略与方法，但对于翻译质量的好坏以及译者翻译策略应用得当与否不做任何评论，更不会就翻译实践提出要求大家遵循的指导性原则和标准。

1.3.2.2 批评译学研究与翻译伦理研究

翻译伦理研究是伦理学原理在翻译领域中的具体应用，是关于译者的权利、责任和义务，以及译者所遵循的价值准则和规范的研究，回答为什么翻译、应该还是不应该翻译、应当如何翻译等方面的问题。翻译伦理研究译者如何处理与原文、译本、译本读者、源语文化、目的语文化以及客户之间的关系，主要探讨译者的权利、责任和义务以及各种翻译行为的价值合理性。通常，翻译伦理研究分为规范性研究路径和描写性研究路径。前者提出并论述某一伦理思想和价值观念，包括再现模式、服务模式和交际模式等3种模式。后者指规范模式，力图揭示制约具体翻译行为的伦理原则以及译者群体所秉承的伦理观念。再现模式强调译者应忠实于原文作者的意图，再现源语文本作者的风格，寻求目的语文本与源语文本之间的最大限度对等。服务模式主要表现为功能学派的翻译理论，主张译者应遵循翻译客户关于翻译目的、时间、场合、媒介以及译文预期功能等方面的要求，达到预期的翻译目的，同时要照顾到翻译发起人、译文接受者和原文作者的合法权益，并协调这三方的利益以寻求各方的共识。根据交际模式的翻译伦理研究，译者应该忠实于位于源语文化和目的语文化交汇重叠之处即"交互文化空间"的翻译职业，而非源语文化或目的语文化；翻译旨在推进源语文本与目的语文化之间的交流，改善两者之间的关系。规范模式以描写性译学视域下的翻译规范理论为代表，关注译者具体行为背后的不同翻译规范。

应当指出，批评译学研究和翻译伦理研究在以下两方面存在相同之处：（1）两者均认为翻译是一种特殊的社会文化行为，受到不同社会文化因素的制约，批评译学研究主张翻译受到集体和个体意识形态的影响，翻译伦理研究强调翻译行为受到伦理观念或翻译规范的制约；（2）批评译学通过译者行为、翻译文本语言特征以及翻译文本接受的描写，阐明翻译与意识形态之间的相互影响，规范模式的翻译伦理研究也重视翻译文本语言特征的描写与分析，并在此基础上揭示对于译者行为产生影响的翻译规范或伦理价值观念。两者对译者行为和译作质量不做任何价值判断。然而，批评译学研究在两方面不同于翻译伦理研究。其一，两者的研究对象并不尽相同。虽然批评译学研究和翻译伦理都关注译者行为和翻译文本语言特征，但前者关注的焦点在于译者行为和翻译文本语言特征背后的意识形态，后者则重点关注译者个人的素质和修养与社会公共生活中翻译各行为主体之间的伦理关系及其秩序。其二，两者的研究方法存在一定程度的差异。批评译学研究属于描写性研究，而翻译伦理研究主要采用规定性研究方法。尽管规范模式的翻译伦理研究也采用描写性研究方法，但占主导地位的其他模式翻译伦理研究均属于规定性研究。

1.3.2.3 批评译学研究与批评话语分析

批评译学研究与批评话语分析不仅具有共同的理论基础，而且两者的研究方法和研究路径也大致相同。一方面，两者均认为话语的生成与传播不仅受特定历史时期的社会文化规范和信念价值系统的影响，而且话语本身也会对这些规范和价值系统产生影响。另一方面，两者均从文本或话语特征的分析入手，阐明话语背后意识形态的影响。

不过，批评译学与批评话语分析存在诸多差异。其一，批评译学的研究对象不同于批评话语分析。前者以翻译语料或双语语料为研究对象，侧重于分析以语言为形式的语篇。后者以原创语料为研究对象，其研究范围不仅涵盖口头文本和书面文本等语言形式的语篇，还包括视觉符号和社会机构行为等在内的非语言形式语篇。其二，批评译学研究通常选取比较视角，具体表现为三方面：（1）目的语与源语文本之间的比较，重点关注源语典型词汇或句式结构的翻译策略与方法；（2）翻译文本与原创文本之间的比较，侧重分析翻译文本与原创文本在总体语言特征和典型目的语词汇或句式结构应用方面的差异；（3）同一源语文本的不同目的语文本之间的比较，重点分析不同目的语文本在翻译策略和翻译语言特征方面的差异。这些目的语文本由不同背景的译者翻译，比如男性译者和女性译者、来自不同国家或民族的译者。在批评话语分析研究领域，比较分析方法的应用局限于同一事件的不同报道或描述之间的分析，应用范围较窄。其三，批评话语分析侧重于文本的语言特征分析，而批评译学研究不仅关注翻译文本的语言特征，也关注翻译文本的选择、翻译策略和方法的应用以及翻译文本的接受。

1.3.3 批评译学研究的主要特征

如前所述，批评译学研究本质上是描写性译学研究与批评话语分析的融合。批评译学研究既不同于翻译批评和翻译伦理研究，也有别于批评话语分析，其特征主要表现为：（1）以文本的比较分析为基础；（2）描写与解释并重；（3）微观分析和宏观研究相结合；（4）定性研究和定量研究相结合。

1.3.3.1 以文本的比较分析为基础

根据批评话语分析理论，意识形态渗透于话语实践之中并隐含于文本的底层。无论是作为话语实践的翻译活动还是作为特殊语篇的翻译文本，均折射出意识形态的影响。具体而言，翻译文本的选择与接受、译者翻译策略与方法的应用以及翻译文本中具体词汇或结构的选用均受到意识形态的无形支配。然而，这种作用往往不易被人们察觉。只有对文本语言特征进行分析，才能揭示意识形态对翻译的影响。众所周知，翻译文本的语言特征在一定程度上是源语文本特征的再现，同时也体现了目的语语言文化的影响。为此，要深入了解并把握翻译文本的语言特征，有必要将翻译文本与原著或原创文本进行比较，分析译者的翻译策略和翻译文本所具有的不同于目的语原创文本的特征，以及这些策略和特征所蕴含的意识形态意义。此外，为分析政治立场、性别意识和民族意识等意识形态因素对翻译的影响，还需要比较同一作品的不同译本在翻译策略和方法的应用以及语言特征等方面的差异。只有进行上述比较分析，方可更加清晰、客观地描写翻译文本的语言特征。只有如此，才能明示某一特定民族在特定历史阶段中具体的规范、价值和信仰对翻译的影响。从这个意义上讲，文本的比较分析是批评译学研究的重要基础。离开文本的比较分析，批评译学研究将成为空谈。

1.3.3.2 描写与解释并重

描写是对翻译产品、翻译过程和译作功能进行全方位的记录（Toury, 2001）。描写可以从多方面进行，包括翻译文本的选择、译作的出版、副文本信息、文本的语言结构特征、翻译过程中的抉择、译作在目的语文化中的接受情况和功能等。解释则针对所描写的现象和规律，揭示制约这些现象和规律的社会政治和文化因素。换言之，解释就是将具体的语言或副语言现象与特定的社会历史条件联系起来，揭示翻译背后的意识形态因素。

应当指出，批评译学将翻译文本特征的描写与社会文化语境或意识形态因素的解释结合起来的这一特征与描写性译学的研究路径如出一辙，但本质上却不同。描写性译学研究对描写的结果加以解释，是为了探究翻译在文学、文化多元系统中的地位和作用，而批评译学研究对翻译现象进行解释的目的在于对翻译这一社会文化行为进行批评和反思。批评译学研究主张，作为社会的构成要素，话语既决定社会意识形态和权力斗争的方式，又受社会意识形态制约。要理解二者之间的辩证关系，首先需要从作为意识形态载体的具体翻译文本着手，观察并归纳翻译文本的特征，再用文本语境化的手段再现翻译文本生产或接受的特定社会历史条件，其中必然包含当时的价值和规范。这些价值或规范若与归纳出的文本特征相匹配，则描写的结果就得到了有效解释。因此，对批评译学研究而言，描写是解释的立足点，解释是描写的归宿。

1.3.3.3 微观分析和宏观研究相结合

微观分析和宏观研究相结合是描写与解释并重的内在要求。描写是微观层面的操作，解释则涉及对宏观现象的考察。微观分析是指对具体翻译话语的形式和内容进行分析。宏观研究则关注翻译话语外的社会文化语境对翻译的影响。传统翻译研究的语言学派止步于前者，而文化学派则过多强调后者，这往往导致作为文化载体的文本在研究中被忽略。批评译学研究不仅分析具体的翻译文本，也对翻译文本外的语境加以阐释，发掘形成文本具体形态或影响翻译文本选择和接受的社会原因。这种微观分析与宏观研究并重的思路内含于批评译学研究的本质。如前所述，批评译学研究旨在分析翻译过程、翻译文本的语言特征和翻译策略，并以此为基础揭示翻译背后的意识形态。这必然会涉及对社会文化语境的考察。批评译学研究通过对宏观的社会文化语境分析，探究翻译这一社会实践在维持或削弱意识形态方面所发挥的作用，同时探究个体（译者）能动性在构建自身身份及权力斗争中的可能作用空间。

微观的文本分析主要考察翻译文本在词汇、句法、语篇、叙事结构、人物塑造等方面的特征，探讨这些特征与源语文本相比出现了哪些规律性的改变，与其他目的语原创文本相比又有什么不同。宏观研究则考察制约翻译文本生产和接受的社会意识形态因素，包括出版商、赞助人、目标读者群和社会主流价值观等，以及译者的翻译目的、翻译思想或个人偏好等个体意识形态因素。事实上，只有在微观层面的文本分析基础上，才能还原对具体翻译活动施加影响的意识形态。李红玉（2012）分析了《野草在歌唱》的首译本和修订本，发现该作品的首译本明显删改了原著的人物描写并颠倒了人物的主次地位，导致作品主题从女性主义关怀变成歌颂反殖民主义和反种族主义。这一改动是受到了当时反对帝国主义、支持弱小民族思想的影响。作者多丽斯·莱辛是作为共产主义作家，而不是女性主义者被推荐给当时的中国读者。显然，正是当时鲜明的政治导向致使译者对原作进行了颠覆式的解读。

1.3.3.4 定性研究和定量研究相结合

批评译学研究曾经一直以定性研究为主。研究人员大多凭借个人直觉，基于个别或少量语篇的文本分析探讨翻译与意识形态之间的关系。近年来，随着语料库翻译学的异军突起，学界开始尝试将语料库方法应用于批评译学研究（Kenny，1998；Puurtinen，2000；Kemppanen，2000，2004）。批评译学研究因而实现了由定性研究向定性与定量研究相结合的转变，由小规模语料分析向大规模语料分析的转变，研究更加客观、科学。首先，凭借语料库软件的应用，可以自动生成关于词频、典型句式结构的应用频率、搭配值、互信息值以及不同数据差异的显著性等数据。这些数据可直接应用于翻译文本的分析，为文本特征背后的意识形态分析提供数据支撑。其次，利用语料库的技术优势，批评译学研究可在分析大规模语料的基础上，总结译本中具有典型意义的词语和句法结构的规律性特征及其意识形态意义。再次，语料库不仅能证实或证伪研究者关于语言应用的直觉和假设，而且还能帮助研究者观察到凭肉眼看不见的或在定性研究中容易被忽略的语言事实。

1.3.4 语料库批评译学研究的内涵

1.3.4.1 语料库批评译学研究的缘起

语料库批评译学是指采用语料库方法，在观察和分析大量翻译文本的特征并进行相关数据统计的基础上，系统分析翻译文本特征和翻译过程背后的意识形态因素以及翻译对意识形态影响的研究。

作为语料库翻译学的重要分支，语料库批评译学的诞生主要受两个研究领域的影响，即语料库翻译学和批评译学研究。前者为语料库批评译学提供方法论，即描写性导向和语料库方法，后者为语料库批评译学提供理论依据、原则和研究路径。语料库翻译学是指"以语料库为基础，以真实的双语语料或翻译语料为研究对象，以数据统计和理论分析为研究方法，依据语言学、文学和文化理论及翻译学理论，系统分析翻译本质、翻译过程和翻译现象等内容的研究。（胡开宝，2011：1）"事实上，语料库翻译学和批评译学研究之间存在诸多共性。其一，两者均继承了描写性译学研究的衣钵，均强调翻译文本在目的语文化体系中的地位和作用，关注翻译文本和目的语社会意识形态之间的互动关系。其二，两者均强调以文本分析为基础，将文本特征分析和历史文化语境分析融为一体。语料库翻译学侧重于在分析翻译文本特征的基础上，结合具体历史语境的分析，阐明翻译语言特征、翻译规范和译者风格等。批评译学研究强调通过分析翻译文本词语和句式结构等文本特征，揭示翻译中的意识形态因素。其三，两者不但注重对翻译文本特征或翻译策略与技巧进行观察与客观描写，而且还强调运用相关理论，对翻译文本特征及相关数据体现的规律性特征进行解释，分析这些规律的内在成因。其四，两者均采用比较模式，即对翻译文本与原创文本之间的异同或不同译者翻译文本的语言特征进行比较，以获得关于翻译文本特征或翻译策略与技巧应用的正确认识。由于上述共性，语料库翻译学与批评译学研究之间存在天然的亲缘关系。这使得语料库翻译学与批评译学研究能够相互融合并最终形成语料库批评译学。事实上，两者的融合不仅丰富了语料库翻译学的内容，而且也在很大程度上推进了批评译学研究的发展。利用语料库的技术优势，我们可以在分析大量翻译语料或双语语料的基础上揭示翻译中的意识形态因素，批评译学研究因而更加客观、科学。

1.3.4.2 语料库批评译学的研究内容

语料库批评译学的研究内容主要包括以下4方面的内容：（1）基于语料库的政治意识形态与翻译研究；（2）基于语料库的性别意识形态与翻译研究；（3）基于语料库的民族意识形态与翻译研究；（4）基于语料库的译者个体意识形态与翻译研究。

（1）基于语料库的政治意识形态与翻译研究

基于语料库的政治意识形态与翻译的研究一方面通过分析翻译文本的语言特征和它们生成的社会历史背景来考察翻译语言特征背后的某一政党、阶级或国家的政治立场、信仰或主张，或者社会发展特定历史时期的主流价值观，进而揭示政治意识形态与翻译之间错综复杂的关系；另一方面探讨翻译在构建或重塑某一阶级、政党或国家形象，以及塑造某一社会的价值观中所发挥的作用。通常，翻译可视为一种社会行为，译者的翻译实践常常受到自己所在的某一社会阶层、政党或国家的价值观、信念或主张，或者某一社会发展阶段价值观的影响。而且，翻译常常被用作宣传某一价值观或政治立场的重要媒介。贾卉（2008）分析了美国《新闻周刊》杂志翻译中国文化和政策的词汇时所采用的策略与方法，发现译者受其所在国家价值观和政治立场的影响，常常采用添加意识形态符号的方法或误译，有意或无意地扭曲中国形象，曲解中国采取的政策，以达到为本国政治服务的目的。

此外，该领域还考察译者如何再现原文所反映的某一团体或国家的政治立场或主张。Gumul（2011）基于自建的小型语料库，对波兰杂志 *Forum*（论坛）所登载的译自英语的波兰语翻译文本及其英语原文进行比较分析。这些文本涉及2003年发生的伊拉克战争及其后续影响。研究发现这些翻译文本中意识形态的词汇和句法标记与原文相比均已发生变化，译文的视角和观点与原文相比因此发生了相应变化。Munday（2007a）分析了古巴前领导人菲德尔·卡斯特罗所发表的葡萄牙语声明及其登载在古巴官方报纸*Granma*网站上的英译。该声明的内容是卡斯特罗因身体原因将权力暂时移交给他弟弟劳尔·卡斯特罗。研究发现，该声明的原文只字未提主语卡斯特罗，所选用的动作过程主要通过过去分词和不定式短语来表示。在原文的末尾，主语只是表示健康的名词而非卡斯特罗。不过，该声明的英译频繁运用第一人称物主代词与名物化过程的组合，如"my visit""my participation"以及第一人称代词与动词的搭配，如"I attended"，把菲德尔·卡斯特罗描写为活跃的人，把他生病的原因解释为外在的压力而非慢性病。与原文相比，译文中卡斯特罗的形象要更为活跃，试图向世人说明菲德尔·卡斯特罗只是临时移交权力，努力打消人们的顾虑。

（2）基于语料库的性别意识形态与翻译研究

性别意识形态与翻译的研究旨在分析性别因素对于翻译的影响以及翻译在体现和践行性别意识方面的作用。该领域的研究一方面强调对男性译者和女性译者在翻译文本语言特征以及翻译策略与技巧应用等方面的差异进行客观描写，以揭示性别因素对翻译的影响。另一方面，该领域研究侧重于翻译文本在反映和构建男性或女性形象方面的作用。该领域研究始自20世纪70年代。当时，女性主义运动蓬勃发展，翻译研究发生文化转向，学界开始关注翻译与性别之间的关系。在这一背景下，女性主义翻译理论应运而生。女性主义翻译理论试图揭示传统译学研究中翻译被女性化和边缘化的过程，指出女性主义译者应分析和推翻那些将女性和翻译置于社会底层的理念和想法。女性主义理论主张翻译并非源语文本的模仿或衍生，而是产生新意义的文化干预和调节。该理论一方面关注传统译学研究中对女性和译者的歧视，另一方面主张以改写的方式消解源语文本中的性别歧视现象，在目的语文本中凸显女性身份。女性主义理论主要从宏观层面分析翻译文本在构建性别角色方面的作用，并且常常对其加以夸大，对于男性译者和女性译者在语言应用和翻译方法运用方面的差异则并不关心。

与女性主义翻译理论不同，语料库批评译学框架下的性别意识形态与翻译的研究并不主张改写，也没有任何政治诉求。该领域研究从微观层面描写不同性别译者在语言表达和翻译方法应用等方面呈现出的差异，并结合翻译文本生产的历史语境，分析性别意识形态对翻译的影响，以及翻译对于性别角色构建的反作用。相关研究表明男性和女性在语言应用方面存在差异：①男性在语言应用方面侧重于传递信息，女性更倾向于社交，语言交流是其语言应用的最终目的。（Brownlow, Rosamond & Parker, 2003; Colley et al., 2004; Herring, 1993）②女性写作和讲话均比男性啰嗦。（Mulac & Lundell, 1994; Mulac et al., 1988）③男性倾向于使用更多的否定词和问句，女性则更多使用指令句式结构。（Mulac, Seibold & Farris, 2000）④女性经常使用表示相对不确定性的词语，尤其是第一人称单数与感知或认知动词的组合，如"I wonder if"等。不难理解，男性译者和女性译者的翻译文本在语言应用方面必然会存在差异，如强势语、模糊语、情态动词等典型词语的应用。此外，在具体翻译方法的运用方面，尤其是在翻译与性别相关的词汇或敏感词汇时，女性译者所采取的翻译策略与方法与男性译者存在较大差异。众所周知，语料库具有语料自动呈现和数据自动生成等技术优势。利用语料库，我们完全可以选择相关词语或句式结构为研究对象，在观察和分析大量双语语料的基础上，阐明不同性别译者的翻译文本在语言特征和翻译方法应用等方面的差异。Hunston（2002：119）指出隐含于言语之中的意识形态可以通过对语言形式的分析来揭示。从这个意义上讲，开展语料库批评译学研究，可以使翻译与性别关系的研究建立在众多语料观察与相关数据统计的基础之上，研究结论因而较为可靠。

（3）基于语料库的民族意识形态与翻译研究

民族意识形态与翻译研究旨在通过分析翻译文本特征和翻译策略和方法的应用，揭示译者所处民族的意识形态对翻译的影响，以及翻译在凸显民族身份方面的作用。民族是指历史上形成的有共同语言、共同地域、共同经济生活以及表现在共同文化上的共同心理素质的稳定的共同体。不同民族尤其是来自不同国家的民族在社会规范、文化传统、宗教信仰等方面存在差异。这些差异往往会对译者的翻译实践产生不同程度的影响。一般而言，译者在翻译与本民族文化传统或信仰相抵触或冲突的源语文化要素时，常常有意或无意地采用意译或删译等方法将这些要素予以消解。比如，就性禁忌语的翻译处理而言，来自性文化不太发达或对性文化不大宽容的民族的译者往往会采用净化的翻译策略，即在目的语文本中采用委婉语或敏感程度较低的词语翻译源语文本中的禁忌语。此外，译者在翻译本民族语言作品时，常常有意识地采用异化策略翻译本民族文化传统和信仰的词语，以期在异域文化体系中凸显本民族文化特色和文化身份。事实上，作为一种重要的跨文化交流形式，翻译在全球化的当代完全可以担负起彰显民族尤其是弱势民族的文化身份、塑造或重塑民族形象的历史重任。18世纪末，英国东方学者曾通过翻译将印度民族塑造为懒散、逆来顺受的民族。后来，印度独立之后，印度学者开始翻译印度经典作品以重塑印度形象。应当指出，翻译中民族文化身份是否成功塑造取决于译者是否采用适当的翻译策略和方法，是否选用恰当的目的语词语和句法结构。因而，该领域的研究最终会归结到对翻译文本语言特征的分析。然而，遗憾的是，传统译学研究一直未曾从具体翻译语言特征视角切入，深度分析民族意识形态与翻译之间的互动关系。究其原因，这一方面是因为翻译文本长期以来一直被视为非自然和扭曲的文本，未曾得到应有的重视；另一方面是由于缺乏分析大规模翻译语料的技术条件。不过，凭借语料库技术，研究人员可以基于对大规模语料的分析，探讨译者的翻译策略与方法，考察译者对目的语词汇和句法结构的应用，可以揭示译者试图塑造的具体民族形象是什么，译者是否成功塑造了符合译者所处文化群体所期待的民族形象。

（4）基于语料库的个体意识形态与翻译研究

意识形态通常划分为集体和团体意识形态与个体意识形态。前者主要包括某一社会群体、阶级、政党或职业内的人对自然和社会较为系统的看法和见解，以及某一民族、国家或集体的信念、价值观和见解等，具体可表现在哲学、政治、艺术、审美、宗教和伦理道德等方面。后者指个人在一定时期内或一定历史条件下形成的一整套社会文化信念和价值观等。本质上，人是意识形态的动物。一方面，作为个体的人受所处社会、团体和国家的意识形态等的影响成为主体，另一方面也形成了与他人不同的个体意识形态。就译者而言，其个体意识形态不仅表现为其作为普通人所具有不同于他人的意识形态，而且还表现为作为译者所具有的不同于其他译者的意识形态。译者的个体意识形态主要包括译者的审美观、价值观、翻译思想、翻译理念和翻译目的等。普遍认为，译者的个体意识形态不仅会影响翻译文本的选择，而且也会对其翻译策略与方法的运用以及目的语语言结构的应用产生影响。

基于语料库的个体意识形态与翻译的研究强调通过分析翻译文本语言特征以及翻译策略与方法应用，分析译者个人的价值观和翻译目的等意识形态因素。该领域研究一般侧重于分析译者对源语文本中典型性词汇或句式结构的翻译处理以及目的语词汇和句式结构应用等方面所呈现的规律性特征，并以此为基础阐明译者的个体意识形态对其翻译实践的影响。该领域研究还常常比较不同译者在翻译同一源语文本时所表现的风格差异，并揭示这些差异背后个体意识形态的影响。

Baker（2000）基于翻译语料库对英国翻译家Peter Bush和Peter Clark的翻译作品进行分析，发现后者比前者更为简洁明了。她指出这一差异与译者对于目的语文本读者的态度、翻译主张和翻译目的等译者个体意识形态因素有关。

侯钰璐（2013）利用莎士比亚戏剧英汉平行语料库考察了梁实秋、朱生豪和方平等译者在英语性禁忌语的汉译方面所呈现的差异。研究表明，朱译本倾向于使用净化的翻译方法，尽量避免直接提及性部位和性行为。梁译本也呈现出比较明显的净化趋势，但比朱译本更加频繁地采用异化策略，直译的应用比例比朱译本高。方译本经常使用直译法，译文最为粗俗化、市井化和口语化。他指出上述差异的主要原因在于梁实秋强调翻译莎士比亚戏剧的目的旨在"引起读者对源语文本的兴趣"和"需要存真"（梁实秋，1981：18），朱生豪追求莎士比亚戏剧的翻译"使此大诗人之作品，得以普及中国读者之间"（朱生豪，1991：263），而方平则主张莎剧的翻译应还粗俗以粗俗，不加掩饰，因为那些渗透着肉俗气息的语言正是莎翁作品的基本色调（李春香，2008）。

Li et al（2011）以《红楼梦》汉英平行语料库为研究平台，比较分析了《红楼梦》的霍克斯译本和杨宪益、戴乃迭译本在类符／形符比、平均句长和文化典故翻译等方面的差异，强调这些差异的原因主要包括译者所处社会文化群体的意识形态，以及译者的翻译目的和对目的语读者的关注等个体意识形态的不同。

1.3.4.3 语料库批评译学的研究路径

如前所述，语料库批评译学依据语料库翻译学理论和原则，借鉴批评话语分析理论及其文本分析方法，分析翻译文本语言特征和翻译策略与技巧的应用，以阐明翻译文本和翻译实践背后不易为人察觉的意识形态因素。一般而言，语料库批评译学可从以下研究路径切入，研究翻译与意识形态之间的相互关系：（1）及物系统与翻译的意识形态；（2）名物化与翻译的意识形态；（3）情态系统与翻译的意识形态；（4）分类系统与翻译中的意识形态；（5）关键词、敏感词汇与翻译的意识形态。

（1）及物系统与翻译的意识形态

根据韩礼德的系统功能语法，及物系统是指描写主客观世界、表现概念功能的语义系统，涵盖语言交际参与者之间的关系，以及交际参与者的活动、状态和环境之间的关系。及物系统包括物质过程、心理过程、关系过程、行为过程、言语过程和存在过程。物质过程表示"做"某件事的过程，即某个动作者对一个目标做了什么事。心理过程是指描写"感觉"

"反映"和"认知"的过程。关系过程是指表示事物之间关系的过程，描写事物之间或事物与情境之间的关系，或者物体特性等。行为过程描写人的生理过程，如叹息、呼吸和做梦等过程。言语过程则指通过言语交流传递信息的过程。关系过程是指反映事物之间处于任何关系的过程。存在过程是指表示有某物存在的过程。常用的动词是"有""存在"和"产生"等。每个存在过程中必须有一个存在物。通常，对及物系统不同过程的选择反映了说话人的交际意图和对事件的看法，体现了说话人所处社会或团体的意识形态。此外，与具体过程相关的参与者和环境成分的安排也反映了说话者的交际意图，引导读者从特定视角看待具体事件。因而，研究具体文本语句所表示的过程属性及其与参与者和环境成分的关系，可以揭示语篇所隐含的意义和目的或意识形态。例如，1975年6月2日英国报纸《卫报》和《泰晤士报》在描述一起骚乱事件时，标题和正文第一句话分别采用了以下语句：

例1. Police shot 11 dead in Salisbury Riot.

Riot police shot and killed 11 African demonstrators.

例2. Rioting blacks shot dead by police.

Eleven Africans were shot dead and 15 wounded when Rhodesian police opened fire on a rioting crowd.

例1取自于《卫报》，例2取自于《泰晤士报》。例1和例2均采用物质过程。不过，前者采用主动式，突显枪杀事件的施动者，体现对警察的谴责；后者则采用被动式，将该事件的受动者置于显著位置，而将施动者放在次要位置，以淡化人们追究该事件施动者责任的意识。

正如Fairclough（1992：180）所言，"选择哪种过程来表达现实世界中实际发生的过程，具有重要的文化、政治或意识形态意义"。应当指出，及物系统所包含的各种过程均通过动词或其他词汇和句式结构来表示。因而，我们可以凭借语料库技术，提取并分析源语文本和目的语文本中与及物系统不同过程相关的动词词表，以及相关词汇或句式结构，深度分析源语文本及物性过程在译文中所发生的变异及其背后所蕴含的意识形态，阐明这些变异所引发的原文意识形态的变化。具体而言，我们可以利用新闻平行语料库提取被动式，分析翻译文本中被动式应用的频率和规律性特征，并与原文进行比较，分析被动式应用背后的意识形态及其对翻译文本意识形态的形成性作用。

（2）名物化与翻译的意识形态

名物化有广义和狭义之分。从广义上讲，名物化包含名词性从句、动名词、不定式、形容词的名词化和派生词等。从狭义上讲，名物化是指动词和形容词的名词化，包括动名词、动词和形容词的派生词或名词性短语。本文讨论的名物化为狭义的名物化。名物化通常被理解为一种句法过程及其结果。Halliday（1999）提出了13种概念隐喻，其中包括语义上性质、环境、过程和关系等向实体的转换，语法上形容词、动词和介词等向名词的转换。Fairclough（2008）认为名物化既是句法过程和语篇过程，也是心理过程和历史过程。

应当指出，名物化的选择与应用具有较为显著的意识形态意义。首先，名物化的应用常常隐去或掩盖具体某一事件的施动者，能够将文本受众关注的焦点从施动者转移开来，从而达到模糊行为主体的目的。正如van Dijk（2008：19）所言，说话者或作者有意掩饰施动者或降低施动者的负面动因时常常运用名物化。其次，名物化的应用往往隐去具体事件发生的时间，模糊时间界限，使得一些事件或动作被描述成不断发生的事件或长期存在的状态。2001年，美国前总统布什在9·11事件发生后发表声明。该声明中使用了"terrorist attacks"这一名物化词语，强调了恐怖主义袭击的常态化，并借此赢得国际社会对反恐事业的支持。最后，名物化的应用使得某些未知信息成为已知信息或人们共有的预设。人们常常认为这些信息已是常识或业已存在的事实，故而不加怀疑地接受，从而使得一些具体观点或立场自然化，不知不觉地影响人们的判断和思想。显而易见，对具体文本中名物化的应用进行分析，可以揭示其背后所蕴含的意识形态。为此，我们可以利用语料库技术，从名物化切入，对于翻译过程及翻译文本中蕴含的意识形态因素开展研究。一方面，我们可以分析源语文本中名物化的应用及其翻译处理，揭示背后所蕴含的意识形态因素，并考察源语文本意识形态在目的语文本中所发生的变异；另一方面，我们可以分析目的语文本中名物化的应用，并与源语文本相对照，揭示目的语文本中名物化应用与意识形态之间的互动关系，即意识形态对名物化应用的影响，以及名物化应用所体现的意识形态。

（3）情态系统与翻译的意识形态

情态系统一般用于表示说话者对话语命题真实性所承担责任的程度以及说话者对未来行为做出承诺或承担的义务，体现交际双方之间的社会距离和权利关系等。情态系统主要包括情态动词、情态形容词、情态副词和人称代词等。

情态动词，又称情态助动词或情态操作词，是表示与可能性和必要性相关的情态意义的助动词。情态分为认识情态、义务情态和动力情态。认识情态表示说话者对命题真实性程度的判断。义务情态则表示说话者认同主语的某种责任和义务。动力情态表示说话者认同主语的能力和意愿。情态形容词和情态副词则是表示与具体事物可能性和必要性相关的情态意义或者表示说话人的主观态度和判断的形容词或副词，如英语词汇"probable""likely""necessary""definitely""perhaps""important""significant""imperative""unfortunately"和"happily"等。无论是情态动词，还是情态形容词和情态副词，其应用不仅体现了说话者对某件事或人所做的价值判断，而且也体现了交际双方之间的权力关系。例如，"must"和"should"等情态动词的应用表明说话者比听话者更有权势，两者地位不平等。显而易见，分析源语文本中上述词汇的翻译处理和目的语文本中这些词汇的应用，不仅可以分析译者对于源语文本所呈现的价值判断和主观态度的操控，阐明意识形态对于译者的影响，而且还可以解释目的语文本试图建构的意识形态意义。

人称代词一般分为第一、第二和第三人称代词，且有单数和复数之别。一般而言，人称代词的选用往往受制于交际双方之间社会地位高低的差别和相互关系亲疏的不同。Brown & Gilman（1972：252）指出"人称代词与社会分析的两个基本维度即权力运作和成员团结程度密切相关。"辛斌（2005：75）认为在现实交际中，人称代词的选择往往受到交际双方的社会地位、权力关系和亲疏程度的限制。通常，英语第一人称复数代词"we"的应用分为排他性和包含性两大类。汉语第一人称复数人称代词也有类似区分。汉语"我们"的应用与"we"类似，也分为排他性和包含性。"咱们"则为包含性。第一人称复数代词排他性用法的运用往往会拉远说话者和听话者之间社会距离，疏远彼此之间的关系，而包含性用法的应用会拉近交际双方彼此之间的距离。根据Fowler等（1991：203）的观点，第一人称复数代词的包含性用法的应用旨在缩短与听话者之间的距离，给人平等参与的感觉。鉴于人称代词尤其是第一人称复数代词应用的意识形态意义，语料库批评译学应关注三方面的问题：①源语文本人称代词应用有何特征，体现的意识形态意义是什么？②译者在翻译源语文本人称代词方面所呈现的趋势及其蕴含的意识形态是什么？③目的语文本中人称代词应用与意识形态之间的关系是什么？关于该领域的研究，朱晓敏（2011）和Lakoff（1990）作了很好的说明。朱晓敏（2011）利用平行语料库考察了2000年至2009年发表的《政府工作报告》英译本中第一人称复数代词的应用，发现绝大多数第一人称复数代词并非译自原文，而是译者额外添加。作者指出译者频繁运用第一人称复数代词，除英语语言规范的内在要求之外，还在于利用其包含性用法拉近与读者之间的距离，引起读者的共鸣。此外，译者还希望利用其"权威"属性凸显《政府工作报告》的权威性。Lakoff（1990：190）指出"we"除"排除性"和"包含性"用法，还常用于代表皇室等有身份有地位的人。

（4）分类系统与翻译的意识形态

分类系统是指语篇通过词汇选择对人物和事件的命名和描述。根据 Fowler 等（1991：210）的观点，分类是指使用语言赋予外部世界以秩序。必须指出，人们在给事物命名或进行定性描述时并非完全依据事物固有的属性，而是往往受到人们的立场和思想观点等意识形态因素的影响。而且，随着不同历史阶段意识形态的影响，具体事物的命名或描述也会发生变化。事实上，"人们对事物进行命名时选择某个名称而非其他名称，蕴含着作者对于语篇提及的个人的态度。"（Simpson, 1993: 141）通过词汇选择给事物进行分类，不仅受制于命名者的意识形态，而且是产生偏见和歧视的重要途径。例如，在美国报刊《地缘政治评论》2005年1月17日、3月14日、5月31日和6月24日发表的报道中，委内瑞拉前总统查韦斯分别被称为：①委内瑞拉"总统"雨果·查韦斯（Venezuelan "President" Hugo Chavez）；②委内瑞拉左翼领导人查韦斯（Venezuela's leftist leader Hugo Chavez）；③委内瑞拉社会主义／共产主义领导人雨果·查韦斯（Venezuela's socialist/communist leader Hugo Chavez）；④委内瑞拉暴君雨果·查韦斯（Venezuela's despot Hugo Chavez）。第1个称呼中总统被加上引号，表示对查韦斯的不尊重及其总统地位合法性的质疑。第2个是中性称呼。第3个称呼选用在美国社会具有负面含义的"社会主义"和"共产主义"，表示对查韦斯的排斥。第4个称呼则是对于查韦斯赤裸裸的攻击。此外，对于具体人物和事物属性及特征所做的描述也同样反映了人们的不同立场和观点。譬如，在报道英军进驻巴士拉这一事件时，英国《每日电讯报》选用了 "pave the way" "Britain's responsibility for administer" 等表示正面意义的词语，而《独立报》则选用 "ill-starred attempt" "unclear" "unpopularity" 和 "with little achieved" 等表示负面内涵的词汇。这些词汇的应用显然体现了以上两家报纸截然不同的立场。

相比较而言，翻译文本中分类系统应用的分析要比原创文本复杂得多。它不仅体现了原文的意识形态，而且还融入了译者所处社会的意识形态，以及译者个人的意识形态。一方面，翻译文本分类系统的部分是由原文翻译而来，其中一些词汇的应用再现了原文的立场和观点，而另外一些词汇的应用则往往使原文的意识形态发生了偏离和变异。而这种偏离和变异又恰恰反映了译者的主体性及其蕴含的意识形态的影响。另一方面，翻译文本分类系统的另外一部分是译者添加的。这些添加部分既反映了译者对于原文意识形态的态度，又体现了译者对具体人物或事件的价值判断。因此，语料库批评译学研究应比较目的语文本和源语文本在分类系统应用上的差异，以阐明意识形态与翻译之间的互动关系。具体而言，我们可以以指称相关人物或事件的名词或代词为检索项，提取包含这些名词的源语语句以及与之对应的目的语译文，分析表示这些人物或事件名词的上下文，重点关注对这些名词或代词进行描述或修饰的形容词、动词和名词等，考察目的语文本和源语文本分类系统的差异，揭示这些差异所导致的意识形态变化及其蕴含的意识形态影响。除此之外，我们还可利用ParaConc软件的词频列表功能，对于目的语文本和源语文本的高频实义词尤其是具有价值判断取向的词汇进行比较，以分析目的语文本和源语文本在描写具体人物或事件方面所呈现的差异为基础，分析源语文本意识形态在目的语文本中所发生的变异，以及这些变异背后的意识形态因素。

（5）关键词、敏感词汇与翻译的意识形态

关键词，又称为主导词或焦点词汇，是"社会学方面举足轻重的词汇"（Firth, 1969: 10）。根据Firth（1969：10）的观点，我们可以从某个文化所用的词汇体系中分离出那些表现该文化主流价值观且与其他词汇不同的词汇。这类词汇即我们常说的关键词。后来，Stubbs（1996）将关键词这一概念移植到语料库语言学研究，指出"研究反复出现的措辞对于语言与意识形态的研究十分重要。"（1996：169）Scott（2006：55）则指出"关键词是指出现频率远超常态的词汇。"这些词汇通常是社会意识形态的载体。事实上，关键性程度高的词汇通常表明作者试图通过文本体现的意识形态。尽管具体文本的意识形态是通过词汇、词汇—句法和叙事手段来表现，但关键词是最重要的手段。因此，翻译文本中关键词及其搭配和语义韵的研究可以作为语料库批评译学的重要研究路径。应用WordSmith软件的关键词表（KeyWords）功能，可以生成翻译文本和原创文本以及源语文本的关键词表，比较相互之间的差异并探讨这些差异背后的意识形态影响。我们还可以选择上述文本中相同的关键词作为研究对象，利用WordSmith软件的词语共现（Concordance）功能分析这些关键词的搭配和语义韵的差异，阐明翻译在构建文本体现的意识形态方面的作用。Laviosa（2000）利用翻译英语语料库（Translational English Corpus）对于5个语义相关的词汇"European""Europe""European Union""Union"和"EU"在《卫报》和《欧洲》等报刊翻译文本中的搭配进行了分析。研究表明翻译文本所构建的欧洲形象不是咄咄逼人的、矛盾的形象，而是凭借较为均衡和客观的方式予以报道的政治现实的形象。此外，我们还可以提取包含源语文本关键词的所有语句及其对应的目的语语句，考察这些关键词的目的语对应词的语义韵所发生的变化，以及这些变化与译者所处社会的意识形态及其个体意识形态之间的关系。Kemppanen（2004）利用语料库方法考察了译自俄语的芬兰语翻译文本和芬兰语原创文本中表示"友谊"的芬兰语词汇ystǎvyys的搭配，发现该词在翻译文本中多与积极词汇搭配，其语义韵为积极语义韵，而在原创文本中常与消极词汇搭配，其语义韵为消极语义韵。他指出翻译芬兰语文本实际上在宣传一种价值观，即以友谊为追求目标。

敏感词，又称禁忌语，一般指带有敏感政治倾向（或具有与某个社会或国家意识形态相反的倾向）、暴力倾向、不健康色彩的词或不文明用语。这些词汇的应用一般与社会主流意识形态或社会文化规范相悖，亵渎译者或目的语文本读者的情感，冒犯目的语文化体系中的神灵或文化传统。普遍认为，这些词汇的翻译方法主要分为直译法、意译法和省译法三种。直译法的运用表明译者选择认可这些词汇所蕴含的立场或意识形态意义，而意译法或省译法的应用则说明译者不太认可这些词汇所表明的政治立场，或者觉得这些词汇的应用有冒犯读者之嫌。因此，可以以敏感词为检索对象，提取包含敏感词的语句以及与之对应的汉语语句，并在比较分析这些敏感词的翻译方法的基础上，阐明译者所处社会的意识形态及其个体意识形态对译者翻译活动施加的影响。

1.3.4.4 语料库批评译学研究的意义

如前所述，语料库批评译学的形成得益于语料库翻译学和批评译学的有机融合。前者意味着由于语料库方法的应用，批评译学研究方法发生重大转变，后者则意味着批评译学研究的深化与拓宽。

（1）语料库批评译学促使批评译学研究方法发生重要变革

批评译学研究曾一直以定性研究为主，并已取得了丰硕的成果。不过也有一些研究人员大多凭借个人直觉，基于个别或少量语篇的文本分析探讨探讨翻译与意识形态之间的关系，研究结论往往具有较强的主观性。语料库批评译学研究则将语料库方法和定量方法引入批评译学研究领域，实现了研究方法的重要转变。其一，利用语料库的技术优势，语料库批评译学研究可在分析大规模语料的基础上，总结具有典型意义的词语和句法结构应用的规律性特征，分析这些特征的意识形态意义。其二，凭借相关语料库软件的应用，可以自动生成关于词频、典型句式结构的应用频率、搭配值、互信息值以及不同数据差异的显著性等数据。这些数据可直接应用于翻译文本的分析，为文本特征背后的意识形态分析提供重要数据支撑。其三，语料库在批评译学中的应用不仅能证实或证伪我们关于语言应用的直觉和假设，而且还能够观察到凭肉眼看不见的或在定性研究中容易被忽略的语言事实。总体而言，语料库批评译学使批评译学研究的研究方法实现了由少量语篇分析向大规模语篇分析的转变、定性研究向定性研究和定量研究相结合的转变，从而有效减少了研究者的主观成分，研究结论因而更加客观、科学。

（2）语料库批评译学拓展并深化了批评译学研究

由于技术条件的限制，批评译学研究大多选择较为明显的翻译文本特征，如命名、评价性修饰语和被动结构等少数典型词汇或句式结构为研究对象，研究深度和广度均差强人意。然而，凭借语料库技术优势，语料库批评译学将批评译学研究的对象扩大至高频词、关键词、词丛、搭配与语义韵和名物化等。这些词汇和结构均具有明显意识形态意义。然而，如果没有语料库翻译学的介入，学界无法获取关于这些词汇和结构应用的总体趋势及其背后意识形态意义的正确认识。此外，语料库在批评译学研究中的应用可以帮助我们识别仅凭手工分析很难发现的具有显著意识形态意义的语言结构或语言特征。运用语料库，研究人员能客观地识别自然发生的语言型式，提供广泛使用或鲜有使用的例证，这些例证在小规模语料研究中可能被忽略。（Baker & McEnery, 2005: 197）利用语料库分析软件对翻译文本进行分析，不仅可以观察到仅凭肉眼无法观察到的语言应用的总体趋势，而且还可以揭示研究人员预料之外的意识形态因素。显见，语料库批评译学研究的问世不仅扩大了批评译学研究的疆域，而且深化了批评译学研究。

本章小结

本章详细分析了批评译学的属性和特征、语料库批评译学研究的缘起、研究内容、研究路径和研究意义。我们认为语料库批评译学本质上是语料库翻译学与批评译学之间的有机融合，其研究内容主要包括基于语料库的性别意识形态与翻译、民族意识形态与翻译、政治意识形态与翻译等领域的研究，以及基于语料库的译者个体意识形态与翻译研究。开展语料库批评译学研究，可从及物系统、名物化、情态系统、分类系统、关键词、敏感词和其他相关词汇等视角切入，分析翻译与意识形态之间的互动关系。语料库批评译学的诞生不仅导致批评译学研究方法发生重要变革，而且拓展并深化了批评译学研究。

第二章

基于语料库的政治意识形态与翻译研究

2.1 ｜ 引言

政治是不同权力主体维护自身利益所采取的特定行为和彼此之间形成的特定关系，是人类历史发展到一定时期产生的一种重要社会现象。政治作为权力主体维护自身利益的方式，主要表现为以国家权力为依托的各种支配行为，如统治行为、管理行为、领导行为和权威性影响等，和以对国家的制约性权力为依托的各种反支配行为，如参与行为、斗争行为、反政府行为和权力竞争等。这些行为的共同特点是都以利益为中心，具有不同程度的强制性、支配性和相互斗争性。政治作为权力主体之间的关系，主要表现为上述特定行为的相互作用，如统治与被统治的关系、管理与参与的关系、权威与服从的关系、相互斗争的关系等。这些关系又基本上取决于社会经济关系所具有的必然性。具体而言，政治可以理解为不同国家、组织、团体或个人之间的权力关系，以及一个国家或社会的主流意识形态，一个政府、政党或团体的政治立场或意识形态。

众所周知，作为一种特殊的社会实践活动，翻译一方面受到各翻译主体交际意图及其权力关系的制约，另一方面受到译者所处社会的政治意识形态或主流意识形态的影响以及译者本人的政治立场影响。可以说，翻译文本是各翻译主体在话语交际过程中相互协调的产物。同时，翻译语篇的形成关涉各翻译主体在翻译过程中所展现的情感、态度、政治立场，翻译策略的采用也体现出各翻译主体之间的权力关系。正如Álvarez & Vidal所言（1996：1），"翻译不可避免是对话语实践中权力关系的一种探究，而翻译话语实践反映更大文化背景中的权力结构"。Schäffner和Bassentt也指出：

"唯有考虑到译者周围相关行为的整体框架以及这些行为所基于的政策及意识形态因素，我们才能真正理解翻译过程以及翻译成品。分析翻译中的社会、文化、政治及意识形态背景对文本及话语的影响恰是当代翻译研究与批评话语分析志趣相投之所在。"（2010：274-275）

本质上，翻译是一种文化和政治行为，是一种文化、思想和意识形态对另一种文化、思想和意识形态的改造、变形和再创造。翻译活动是不同权力主体之间较量的场所。无论是翻译方向性的控制和翻译文本的选择，还是翻译策略和目的语语言结构的应用，以及翻译文本的社会效应，均受到权力关系的制约。

2.2 ｜ 政治意识形态与翻译研究回顾

一般而言，政治意识形态与翻译研究包括三个层面，即：（1）政治意识形态对于翻译影响的研究；（2）翻译对于政治意识形态的反作用研究；（3）政治意识形态在翻译文本中的再现与重构研究。

2.2.1 政治意识形态对于翻译影响的研究

政治意识形态对于翻译影响的研究涉及社会主流意识形态、政府或包括政党在内的政治团体的价值观和政治立场对于翻译的影响。普遍认为，翻译并非中立的语言转换活动，而是政治意识形态斗争和利益冲突交织在一起的跨文化交流活动。本质上，翻译是一种文化和政治行为，无论是翻译方向的控制、翻译文本的选择、译者的选择，还是翻译策略和方法的应用、译本的社会效应，都会受到社会主流意识形态或官方政治意识形态的影响或操控。

倪秀华（2005）立足翻译研究中的描写方法，深入分析了爱尔兰女作家艾塞尔·丽莲·伏尼契所著小说《牛虻》在我国20世纪50年代的译介现象。研究表明，《牛虻》在50年代初被译介到我国并迅速成为广为颂读的"经典"之作，是我国当时特定文化日程下的一种独特的文化政治行为，生动地彰显了我国建国初期特有的政治文化现实。该作品的译本在我国当时遭到删节并得到广泛评论和流传，与其说只是一种文本上的改动与诠释，不如说是两种不同社会制度、不同文化、不同意识形态之间的冲突和斗争的见证。这种改写与诠释充分体现了我国当时主流意识形态为抵御资产阶级思潮、巩固我国社会主义文化进行了一次成功的实践。朱耀先（2007）从历时和共时角度考察翻译的政治问题，论述了翻译在两种不同文化碰撞和交融过程中显现或隐含的政治权力关系。他指出翻译与政治、权力和社会语境因素有着千丝万缕的联系，体现了社会主流价值观或某个政党的政治信仰。Aksoy（2001）考察了土耳其共和国初期文学翻译的起源和发展。他指出，在当时占主导地位的国家意识形态强调启蒙和教化社会，一方面推进教育和语言方面的改革，另一方面推进现代社会的民族文学的建立。这一意识形态直接影响了当时的文学翻译，并在很大程度上推进了该时期文学翻译的发展。

上述研究从宏观层面或理论层面揭示主流意识形态对于翻译的影响，在一定程度上推进了政治意识形态对翻译影响的研究。此外，近年来学界开展了一系列实证研究，从具体词汇的翻译等微观层面分析政治意识形态对翻译的影响。

Jones（2006）对*Geldshark Ares God of War*翻译文本进行分析，发现译者所做出的许多选择，尤其是原文中具有显著时代标记词汇的翻译策略受当时社会主流意识形态所制约。同样，Al-Mohannadi（2008）所做的研究也说明了政治对于翻译的影响。她对本·拉登2001年10月7日讲话的几个译本进行比较，发现译者的政治立场直接导致原文中一些评价性词汇的翻译处理存在差异。

Joz, et al.（2014）以伊朗共和国总统内贾德演讲的英译为研究对象，重点分析了一些非等值词汇的字幕翻译，发现一些具有意识形态意义词汇的英译体现了英美社会主流价值观对于字幕翻译的操控。

Wu & Zhang（2015）依据批评话语分析理论，对关于南中国海新闻报道的标题汉译进行分析，发现译者受其所处社会的主流意识形态影响，对于那些关于中国的负面描述进行显化、删译和替换处理，以冲淡或消除关于中国的负面形象。

2.2.2 翻译对于政治意识形态的反作用研究

翻译对于政治意识形态的反作用研究应涵盖翻译对于社会主流意识形态、政府或政治团体价值观的反作用研究，以及翻译在塑造某个国家、政府或政党形象方面所发挥的作用等领域的研究。

Missiou（1993）分析了希腊文献中表示"国王的奴隶"这一内涵的希腊词语，发现该词语系波斯语中表示"奴隶"一词的字面直译并仿造而成。研究表明该词被翻译并进入希腊语词汇体系中，向希腊人传播了有关波斯帝国专制主义意识形态，从而强化了希腊民主自由的意识形态。该研究还表明译者常常通过关键词语的翻译塑造他者的文化身份，同时也重构自身的文化身份，并强化自身的意识形态。

Milton（2010）探讨了José Beuto的翻译作品所发挥的重要作用。她指出这些翻译作品不仅推动了巴西的现代化进程，而且对20世纪30年代、40年代Gethlio Vargas的独裁统治发挥了有力的抵制作用。Ben-Ari（2006）的研究佐证了文学翻译对社会主流意识形态的削弱作用。根据该研究，以色列建国时期相当活跃的性爱文学翻译活动导致性爱文学中一些词汇成为以色列语言的合法词汇，并对当时在以色列占主导地位的清教主义文化产生冲击。

应当指出，作为特殊的话语实践，翻译不仅仅体现了社会主流意识形态、政党或政治团体信仰和价值观的影响，而且对后者产生影响，强化或削弱某一社会的主流意识形态，并在国家、政府或政党形象塑造中发挥着重要作用。事实上，在特定历史时期，翻译被视为抵抗文化霸权、削弱甚至动摇主流意识形态的重要手段。

2.2.3 政治意识形态的再现与重构研究

政治意识形态的再现与重构研究是指关于某一社会主流意识形态、政府或政党价值观在翻译文本中的再现与重构的研究。一般而言，一个社会的主流意识形态或者一个政党的政治立场或价值观通过词汇或句法结构的应用尤其是政治术语和评价性词语来体现。为此，要分析政治意识形态的再现与重构，有必要重点考察这些词汇或句法结构的翻译处理。

朱义华（2012）分析了南沙群岛名称所蕴含的政治立场以及这些名称英译所折射的国家政治立场，并阐明了外宣翻译中的政治意识。他指出，维护国家利益是外宣翻译政治意识的最高层次与最终目标。从某种意义上来说，任何国家的对外宣传和翻译工作实际上都是坚持本国所持政治立场与方向、服务本国利益与形象建构的政治表现行为与意识形态传播活动。

王平兴（2008）分析了中共十七大报告中一些重要术语所体现的社会主义核心价值观，如"中国特色社会主义""生态文明""小康社会""党内民主"和"依法治国"等，在此基础上分析如何将这些词语译作英语，以再现这些词语体现的中国社会主流意识形态。他（2014）还探讨了一些政治词汇或术语如"中国大陆""大国"和"发展"等蕴含的社会主流意识形态和国家立场，在分析这些词汇英译所隐含的政治立场的基础上，阐明了如何在译文中再现社会主流意识形态和政治立场。

2.3 | 基于语料库的政治意识形态与翻译研究

2.3.1 基于语料库的政治意识形态与翻译研究现状

1993年，英国曼彻斯特大学Mona Baker教授发表题为"Corpus linguistics and translation studies: implications and applications"的论文，阐述了语料库在译学研究中应用的理论价值、实际意义和具体路径。自那时以来，语料库相继应用于翻译共性、具体语言对翻译语言特征、译者风格、翻译规范和译员培训等领域的研究。然而，直至21世纪初，学界才开始将语料库应用于政治与翻译研究之中。

Baumgarten（2001）从句法型式、最高级使用和粘连等角度对希特勒的*Mein Kampf*的两个英译本进行语料库考察。这两个英译本分别由James Murphy和Ralph Manheim于1939年和1943年翻译。Murphy是德国宣传部的官方翻译，同情希特勒写这本著作时的处境。Manheim认为希特勒写得不好，觉得有必要忠实再现原作，这样英译本读者会觉得希特勒的风格平庸。研究表明Murphy译作中的一些变异体现了译者对于希特勒的同情。

Beaton（2007）采用语料库方法，从词汇重复、词汇缩写、词汇突显和粘连等角度考察了欧洲议会演讲口译的语言特征。研究表明这些目的语词汇和结构的应用强化了欧洲机构霸权，European Union始终处于醒目的位置，而European Parliament和European Community则处于背景位置。研究还发现受欧洲社会主流意识形态的影响，原文中的一些隐喻在口译文本中发生了变异。

Alghamdi（2014）依据批评话语分析的理论和原则，利用语料库，从被动和主动、名物化和非名物化以及增译和删译等角度，对于乔姆斯基所著Media Control及其两个阿拉伯语译本进行分析。研究发现与原文相比，译文发生了许多变异，这些变异绝非任意的，而是受译者所处社会的主流意识形态制约，具有一定目的和功能。

不难看出，上述研究均从具体词汇和句法结构的应用以及翻译策略与方法的选择角度切入，揭示译者所处社会的主流意识形态或译者的政治立场与翻译之间的关系。然而，遗憾的是，目前该领域研究才刚刚起步，关于政治意识形态对于翻译影响的语料库研究不大多见，而关于翻译对于政治意识形态反作用的语料库研究则寥寥无几。

2.3.2 基于语料库的政治意识形态与翻译研究：路径和方法

应当指出，无论是政治意识形态对翻译的影响，还是翻译对于政治意识形态的反作用，均可体现于翻译文本中译者具体词汇和句法结构的应用以及译者具体翻译策略和方法的选择。这为语料库在政治意识形态与翻译相互关系研究的应用提供了现实可能。语料库具有自动提取大量语料和自动数据生成等优势，因而语料库在政治与翻译关系研究中的应用可以使该领域的研究建立在大量语料分析的基础上，使研究因而具有客观性和科学性。从这个意义上讲，开展基于语料库的翻译与政治意识形态研究不仅可行，而且很有必要。

一般而言，基于语料库的政治意识形态与翻译研究主要采用翻译文本的语料库分析方法，具体分为三个步骤：（1）建设专门应用于翻译与政治意识形态研究的专题语料库；（2）从词汇、句法和语篇层面对翻译文本的语言特征以及翻译策略与方法应用进行分析；（3）依据批评话语分析、批评译学和翻译社会学等理论和原则，揭示翻译与政治意识形态之间的互动关系。

首先，建设收录文学作品、政治文献、宗教文献、新闻文献及其翻译文本的语料库。该语料库应当尽量收录同一源语文本的不同翻译文本。这些翻译文本的译者要求来自不同国家或政党，支持不同政党或者具有不同的政治立场。比如，我们可以选择分别有中国和欧美国家译者的作品。众所周知，中国的社会主流意识形态或政治价值观与欧美国家显然不同。我们可以选择来自中国大陆和港澳台地区的译者所译同一作品的不同翻译文本。我们还可以选择分别支持国民党和民进党的台湾译者所译的作品。

其次，分析翻译文本的语言特征，并与原文相对照，考察译者在翻译策略和方法应用上呈现的规律性特征。具体而言，我们可以从具有意识形态意义的词汇或句法结构切入，分析翻译文本在目的语词汇或句法结构或翻译策略和方法应用方面所呈现的特征。具体而言，我们可以统计并分析翻译文本中及物系统、名物化、情态系统、分类系统和隐喻等词汇或句法结构应用的频率和分布特征。我们还可以采用定量和定性分析相结合的方法，分析译者在翻译这些词汇或句法结构，以及源语文本中包括政治术语和宗教词汇在内的敏感词汇和文化限定词等时所采用的翻译策略和方法。此外，我们还可以分析翻译文本中高频词和关键词的搭配及语义韵，并与这些词汇的源语对应词的搭配和语义韵进行比较，分析翻译过程中这些词汇的搭配和语义韵发生的变异。如果我们分析的对象是同一文本的不同翻译文本，我们可以比较这些翻译文本在上述词汇和句法结构应用以及相关源语词汇或句法结构的翻译等方面的差异。还应指出，一个国家、政府或政党形象可以通过词汇或句法结构的应用来再现。因而，利用语料库技术，我们可以以相关国家、政府或政党名称为检索项，提取所有包含这些名称的语句，分析这些词汇的前后搭配，尤其是评价性修饰语，并基于此描写这些国家、政府或政党的形象。我们还可以对源语文本和目的语文本所构建的某一国家、政府或政党形象进行比较，描写该国家、政府或政党形象在翻译过程中发生的变异。

最后，依据批评译学或批评话语分析的相关理论和原则，从具体翻译活动的社会文化语境入手，分析翻译文本语言特征及翻译策略和方法应用特征背后的政治因素，探讨这些特征与译者所处社会的主流意识形态或政治信仰之间的关系。通常，一个社会的主流意识形态或一个政党的政治信仰会通过一些词汇或句法结构来表现。考察这些词汇或句法结构在翻译文本中的应用显然能够揭示对译者产生影响的政治意识形态。此外，考察译者如何翻译体现社会主流意识形态或个人政治信仰的词汇或句法结构，同样能够表明翻译与政治意识形态之间的关系。具体而言，译者在翻译那些与目的语社会的主流意识形态相冲突或对立的词汇或句法结构时，往往采用删译和净化翻译方法或添加负面评价词汇的方法。

2.4 ｜ 个案分析1：等级趋弱级差资源翻译重构的批评话语分析

2.4.1 研究设计

本研究以语料规模、时间跨度和话题大致相同的记者招待会汉英口译语料库和政府工作报告汉英语料库为研究平台，探索中国政治语篇高频等级趋弱级差资源及其搭配资源在口笔译中重构及其所蕴含的权利关系。根据Martin & White（2005：35）的观点，级差系统分为语势和聚焦两个系统。其中，语势依据强度和量度等级标识增强或减弱评价意义的力度，分强势和弱势两类；聚焦依据典型性把不能分级的范畴层次化，包括锐化和钝化两种。在级差系统整体层面，级差资源是指级差等级趋强或等级趋弱。

本研究主要回答如下问题：（1）级差资源搭配词的不同语义向度差异是否会影响级差资源翻译重构？（2）等级趋弱级差资源及其搭配语词在口译和笔译两种不同语式翻译层面上是否存在差异？（3）什么因素影响上述结果的产生？

本节研究选取5个等级趋弱级差资源作为研究对象，包括"比较""初步""大体""基本"和"相对"。之所以选取等级趋弱级差资源，一方面，这五个等级趋弱级差资源为口译语料库和笔译语料库所共有的级差资源，具有可比性且频次较高；另一方面，先期考察发现我国政治语篇中积极性评价语词较多，因此翻译主体对等级趋弱级差资源的翻译处理更有利于考察译者所体现的翻译立场。这5个词汇均具有等级趋弱级差资源特征，在级差系统内表现为语义等级趋弱，降低、减弱说话人表达态度的力度或有意虚化范畴边界，模糊所传达的话语意义，暗含说话人对话语语义的不确定，或在态度上显得不够真诚且规避责任。

2.4.2 等级趋弱级差资源及其搭配的翻译重构

　　基于所提取的汉英检索行，我们把等级趋弱级差资源的翻译分为三类，即对应翻译、零翻译和转译。其中对应翻译是指译文中提供对应语言单位且在评价语义上表现为等级趋弱，如"比较"被翻译为"fairly"。零翻译是指译文中没有提供任何对应语言单位。转译则是指通过变通手段传达出等级趋弱级差资源所承载的评价语义，如译者通过转变词性重新配置语句以再现源语篇中所传达的级差意义。此外，我们还区分了这些等级趋弱级差资源的正面搭配词和负面搭配词，其中正面搭配词包括积极性动词[1]和积极性形容词。如"[[初步]]遏制了严重刑事案件上升势头""物价[[相对]]稳定"，负面搭配词则与此相反。等级趋弱级差资源及其搭配型式在口译和笔译语篇中的翻译情况，具体见表2-1和表2-2：

表 2-1　口译中等级趋弱级差资源及其搭配型式的翻译

	对应翻译		转译		零翻译	
	正面搭配词	负面搭配词	正面搭配词	负面搭配词	正面搭配词	负面搭配词
比较	16	9	13	8	31	17
初步	3	0	0	0	3	0
大体	1	0	0	0	0	0
基本	9	0	1	0	4	0
相对	0	2	0	1	1	2
共计	**29**	**11**	**14**	**9**	**39**	**19**

---

① 这里我们之所以不采用"积极韵动词"或"消极韵动词"等术语，是因为我们在语料库中发现许多例子，诸如"商品**短缺状态**[[基本]]**结束**""三年内[[基本]]**解决**农村'普九'**债务问题**"，按照现有定义（参见Stubbs, 1996；卫乃兴, 2002），"结束"和"解决"均具有消极语韵。但是我们认为，节点词具有积极性语义韵还是消极性语义韵，不能仅仅依靠其所吸引的词项是积极性或消极性词汇，而应该扩展观察范围，观察节点词与其搭配词在整体意义上表现出积极性还是消极性。"短缺状态"得以"结束"，"债务问题"得以"解决"，这从整体上来说表达出了语义积极向度。

表 2-2　笔译中等级趋弱级差资源及其搭配型式的翻译

	对应翻译		转译		零翻译	
	正面搭配词	负面搭配词	正面搭配词	负面搭配词	正面搭配词	负面搭配词
比较	6	11	5	0	20	21
初步	18	0	14	0	7	0
大体	1	0	0	0	0	0
基本	61	17	9	0	6	6
相对	7	1	0	0	5	1
共计	**93**	**29**	**28**	**0**	**38**	**28**

　　在观察语料时，我们发现当等级趋弱级差资源与正面搭配词共现时，如"实现""稳定"等，其搭配词的正面语义向度由于等级趋弱级差资源而趋于缓和、弱化，使得所属句子层面的积极性语义减弱，如"各具特色的区域发展格局[[初步]]形成"意味着"各具特色的区域发展格局"并未达到"完全形成"的程度，从而使整体积极性语义减弱。而当等级趋弱级差资源与负面搭配词共现时，如"严重""落后"等，其搭配词的负面语义向度由于等级趋弱级差资源而趋于减弱、纯化，如与"形式主义、官僚主义问题突出"相比，"形式主义、官僚主义问题[[比较]]突出"就意味着这些问题尚不十分突出，使其所属句子层面的整体消极性语义趋弱。同时，搭配词的语义程度不同会影响等级趋弱级差资源的级差语义传递，即"实现""稳定"所传递的积极意义与"严重""落后"所带来的消极意义，在程度上哪个更强或更弱，那么等级趋弱级差资源就使得"更弱"的稍强、"更强"的稍弱。也就是说，等级趋弱级差资源与正面搭配词共现和等级趋弱级差资源与负面搭配词共现的情形，均会使前者的积极性语义和后者的消极性语义趋弱，从而使得等级趋弱级差资源及其搭配型式在整体语篇语义层面上形成语义中和现象。而这种等级趋弱级差资源在语篇语义层层的语义中和现象显然也会体现在翻译语篇中，这有待以后进一步考察。

从级差资源重构来看，如果译员或译者采用对应翻译，或者采用转译方法实现源文与译文的对应，无论源文中的级差意义等级趋强抑或等级趋弱，我们都认为译文与源文之间实现了级差持衡。但如果译员或译者采用零翻译，则源文中的正面语义减级趋势得以缓和、弱化甚至终止，那么译文语篇相较于源文而言事实上表现出级差增级向；而源文中的消极性语义趋强趋势得以缓和、弱化甚至消失，从某种程度上来说译文语篇相较于源文而言也实现了级差增级向。具体如表2-3所示：

表2-3　等级趋弱级差资源及其搭配型式的口笔译重构

	正面搭配词		负面搭配词	
	级差持衡	级差增级向	级差持衡	级差增级向
口译语料库	43	39	20	19
笔译语料库	121	38	29	28
$\chi 2$检验	$\chi 2 = 13.931; p = .000$		$\chi 2 = .002; p = .968$	

经卡方检验，我们发现当等级趋弱级差资源与正面搭配词共现时，源文中的评价语义在两类不同语式翻译中的实现方式存在差异（$\chi 2 = 13.931$；$p < .05$）。可以观察到，当等级趋弱级差资源与正面搭配词共现时，笔译比口译更倾向于实现级差持衡，级差持衡及级差增级向分别占其总频数的76%和24%；而口译同样倾向于实现级差持衡，但相对于笔译而言，口译则更加倾向于实现级差增级向，级差持衡及级差增级向分别占其总频数的52%和48%。当等级趋弱级差资源与负面搭配词共现时，数据显示两类不同语式翻译对等级趋弱级差资源的实现方式并未产生显著影响（$\chi 2 = .002$；$p > .968$）。但也可以看出，在与负面搭配词共现时，无论口译和笔译都整体更倾向于实现级差持衡，均超过总频数的50%。下面我们以具体例句进行详细说明：

例1 ……中国的沿海地区是经济[[比较]]发达的地区……

例1' Along the coast some regions there are economically **fairly** developed.

例2 ……由于目前粮食的[[相对]]过剩，粮价的下跌，收入，主要是讲主产区的农民的收入在下降……

例2' At the moment, there is relative surplus in food supply and the price of grain has dropped, which has resulted in the decline of increase of income for the farmers in the grain producing areas ...

例3 ……[[初步]]解决进城务工人员随迁子女在城市接受义务教育问题……

例3' The problem of providing compulsory education to children of rural migrants working in cities was basically solved.

例4 ……铺张浪费严重，腐败现象还[[比较]]突出……

例4' ... and some forms of corruption are relatively conspicuous.

上面例1、例2、例3和例4分别取自口译语料库和笔译语料库，其中等级趋弱级差资源在例1和例3中与正面搭配词共现，在例2和例4中与负面搭配词共现。可以看出，"比较""相对"和"初步"在源文中都起到了降低、减弱所搭配词汇的语义力度，形成级差等级趋弱趋势，"比较发达、突出"暗含并非足够发达、突出，"相对过剩"也不是十分过剩，而"初步解决"也传递出尚未全部解决的意思。在译文中，翻译人员把"比较""相对""初步"和"比较"分别对应翻译为"fairly""relative""basically"和"relatively"，在译文中也表达出等级趋弱趋势，基本实现了源文和译文间的级差持衡。

例5 ……十五规划我们大多数的指标都[[基本]]完成了，但是坦白地告诉大家……

例5' I can tell you that we have been able to meet the original goals in most of the categories and at the same time to be honest with you ...

例6 ……但是存在的问题依然是严重的。主要是不良资产的比重[[比较]]高……

例6' Mainly these problems include high NPL ratios.

例7 ……全面发展。基本普及九年义务教育和[[基本]]扫除青壮年文盲的目标初步实现。高等教育……

例7' Initial success was achieved in fulfilling the objectives of making nine-year compulsory education universal in the country and eliminating illiteracy among young and middle-aged people.

例8 ……行政审批事项仍然过多，社会管理和公共服务职能[[比较]]薄弱；一些部门之间职责不清……

例8' ... there are still too many items requiring administrative approval, and social management and public services are inadequate.

例5、例6和例7、例8分别取自口译语料库和笔译语料库，其中例5和例7对应等级趋弱级差资源与正面搭配词共现，例6和例8对应等级趋弱级差资源与负面搭配词共现。源文中的"基本"和"比较"同样传达级差等级趋弱趋势，如若译员或译者采用零翻译处理该等级趋弱级差资源，则在译文中实际实现了级差增级向。如例5中"指标基本完成"被处理为"we have been able to meet the original goals"。如果把译文回译为汉语，即"我们已完成了原定指标"，表达出全部彻底地完成了指标，从而在译文中实现了级差等级趋强，即级差增级向。而例8中，"社会管理和公共服务职能[[比较]]薄弱"被翻译为"social management and public services are inadequate"，译文中缺乏等级趋弱级差资源"比较"的对应语言单位，没有传译"比较"的级差等级趋弱趋势，因而译文中其搭配词"薄弱"的对应单位"inadequate"所传递的负面语义得以增强，使得译文表现出评价语义的级差增级向。

2.4.3 等级趋弱级差资源及其搭配翻译重构的批评话语阐释

对于上述研究结果，我们认为政治语篇翻译活动中的话语权力关系和译者译员立场可以部分解释上述发现。

话语是一个十分复杂的系统概念。就语用学及社会语言学取向而言，话语总是要关涉语言符号之外的事物，涉及其所描述、传达的外在世界，包括话语主体、权力和情境等因素。翻译不仅是双语语言符号间的相互转换，也是涉及各类翻译主体，是同时被置于广阔的社会、文化、历史场景之中的话语实践活动，与其他社会话语活动共同构建现实世界。因此，无论是口译还是笔译，作为话语的实践活动，必然要受到其他社会话语活动及其权力关系的制约。其中权力是指权力运作领域中固有的多重力量关系，权力的形成是因为各种力量关系的相互支持从而形成权力链条或系统。（辛斌，2006）显而易见，翻译作为一种社会话语实践活动，涉及源语篇生成者、译者、受众等多重权力关系，这些权力关系形成翻译话语权力系统，在翻译过程中自觉不自觉地对翻译活动施加影响。

首先，由于政治语篇系公开发表，其信息权威、语言严谨，代表国家立场，所以在整个翻译过程中，信息源都居于绝对权威地位。这种权力关系的不对称形成一整套有形和无形的政治语篇翻译规范和译员译者职业规范，而这些规范在译员或译者翻译过程中实施权力制约。记者招待会发言人以及官方文件起草人不仅是译文形成的发起人，同时也因为其相对较高的政治地位，实际上对译者起到了权力约束作用。具体而言，对于政治语篇翻译人员来说，服从源文信息发布单位或个人是翻译规范和职业规范的基本要求。这一要求表现在翻译话语实践中，就是忠实再现源语篇信息，违反翻译规范将会导致政治性风险和后果以及公众对其翻译职业信任的丧失。其次，在整个翻译过程中，存在翻译话语权力系统的运行监督机制，包括对翻译人员翻译行为的监督权力体系。记者招待会工作人员以及官方文件英文审定人实际上发挥着监督权力，对于翻译过程中出现的不忠实信息源现象予以干涉。"译者译员的翻译自由不仅受制于翻译法则、翻译职业规范与传统，同时也受翻译活动中其他参与人员强加或试图强加的限制的制约。"（Mayoral Asensio，2003：49）再者，政治语篇的翻译主要作用在于对外宣传国家政策、政府施政方案等，其受众多为国外听众或读者，而此类受众对于翻译的期待在于忠实传译信息源，从而透过译文语篇获取我国发布的最新、权威信息。受众期待对于翻译人员而言也是一种翻译权力制约，要求译员或译者忠实再现源语篇信息。这些翻译过程中涉及的话语权力约束体现在具体翻译上，就是翻译人员整体上都更多地采用对应翻译，使得源文和译文中的等级趋弱级差资源实现级差持衡。

我们也需要注意到，"必须永远停止使用负面词汇来描述权力的效果：如权力'排斥'、权力'压制'、权力'审查'、权力'抽象'、权力'掩饰'、权力'隐藏'。"（Foucault，1991：194）在我国政治语篇翻译话语实践的权力关系中，译员或译者与信息源实际上是一种共谋关系。无论口译语篇还是笔译语篇，都是由母语译入外语，译员以及译者都是我国国家政府机构工作人员，受我国政府机构雇用，其所持立场就是要传达我国国家立场，维护国家形象和利益。翻译人员在处理政治语篇中的等级趋弱级差资源时，无论采用对等翻译还是零翻译，都体现出维护国家形象和利益的翻译立场，这一点在翻译等级趋弱级差资源与正面搭配词共现时更加明显。但我们也看到，当等级趋弱级差资源与负面搭配词共现时，口笔译在级差持衡和级差增级向之间未表现出显著统计差异。也就是说，翻译人员在处理等级趋弱级差资源与负面搭配词共现时，在一定程度上保持了源文中的负面评价语义，甚至促使源文中的负面评价语义在译文语篇中呈现出级差等级趋强。我们详细观察了相关语料，发现这些负面搭配词多指一些不正之风或人民困苦。保持与源文中的负面评价语义对应或者实现级差增级向，呈现国家抨击不正之风以及早日解决人民困苦的期望，恰恰体现了翻译人员传达国家立场、维护国家形象和利益的翻译立场。

2.4.4 小结

本节基于记者招待会汉英口译语料库,对评价系统框架中等级趋弱级差资源及其搭配型式的口笔译翻译进行比较。研究发现中国政治语篇汉英口笔译总体上都倾向于实现级差等级持衡,但搭配词的语义向度差异影响等级趋弱级差资源的口笔译翻译。具体表现为:当等级趋弱级差资源与正面搭配词共现时,笔译比口译更倾向于实现级差持衡,而口译比笔译更加倾向于实现级差增级向;当等级趋弱级差资源与负面搭配词共现时,口笔译在级差持衡和级差增级向之间未表现出显著统计差异。我们认为研究结果可部分归因于政治语篇翻译活动中翻译职业规范、话语权力关系和译者译员立场等因素。本节研究可为评价系统在翻译中的重构等研究提供研究思路和借鉴,以便将来丰富、拓展评价语义跨语际体现方式差异考察以及评价系统在其他文类翻译中的应用,同时本节研究对政治语篇翻译研究与实践也有一定的启示。

2.5 ｜ 个案分析2:当代中国政治文献英译中的"他国"形象建构

2.5.1 引言

语言传达言说者的态度和立场,而态度和立场的话语表征方式又影响话语参与者的形象构建。翻译作为跨文化社会实践活动,必然涉及话语使用,其话语表征方式亦反映译者的态度、立场及其话语中的个人、国家形象的呈现。译者如何在翻译话语实践中引介自身态度和立场,如何通过调节源文和译文以展现个人或国家形象,这是翻译研究和评价系统研究的重要交叉课题,也是语料库批评译学研究的重要关注点。

随着中国国际影响日益增强,中国对于国内外焦点问题的态度及立场受到广泛关注,而中国态度及立场的表述集中体现于中国的政治话语,因此中国政治话语外译理应成为中国文化走出去的重要组成部分。然而,学界对于政治话语如何译入其他语言历来看法不一（武光军，2010；王平兴，2011）。译者如何传达中国政治话语中所体现的态度及立场？译者如何在译文中糅合自身的评价态度及立场？译者如何在有意无意之间通过对源文中评价资源的翻译迁移实现国家形象的转变？显然，此类论题值得深入思考。

形象学（imagologie）发端于比较文学，研究"他国及他族特征的起源和功用，特别是文学、戏剧、诗歌、游记著作中他国及他族的呈现方式"（Beller，2007：7）。但囿于比较文学学科，以往翻译中的形象研究多限于文学作品（如Frank，2007；Hung，2005；方开瑞，2005；夏云、李德凤，2009）。近年来，随着传播学等其他学科的介入，形象研究逐步呈现跨学科特征，翻译中的形象研究也逐步拓展至新闻等其他语类，其研究方法也不再限于宏观讨论，已经有部分研究从语言微观层面开展了实证分析。

Caimotto（2016）基于1969至1980年间意大利《新闻报》中源自英国《泰晤士报》且关于"意大利"的135篇新闻平行语料库，考察了译自英语的意大利语翻译文本中的"意大利"国家形象。研究发现，"意大利"国家形象在译文中出现偏移，呈现出对意大利减轻批评以及凸显其积极评价的特征，如"英语中带有负面语义韵的词项在意大利语中被替换为积极（或至少中性）语义韵的语言单位"（Caimotto，2016：250）。该文的研究路径和研究切入点对考察翻译中的国家形象具有重要的启示意义，但对翻译中涉及的语言微观层面缺少系统的分析框架。还应指出，综观先前研究，翻译中的国家形象探讨大多局限于文学作品，较少涉及新闻、政治等其他语类。此外，翻译中的国家形象研究仍以宏观概述为主，在为数不多的实证研究中，翻译中涉及的语言微观层面缺少系统的分析框架，且中国语境下"他国"国家形象的翻译实证研究尚付阙如。有鉴于此，本节将以当代中国政治文献汉英平行语料库为研究平台，探讨当代中国政治文献英译中的中外国家形象建构。

2.5.2 政治语篇翻译中的"他国"国家形象建构

本节在评价系统和意识形态对称模型综合框架下，基于当代中国政治语篇汉英平行语料库，系统考察当代中国政治语篇中所涉及"他国"的评价修饰语英译特征，并重点探讨英译过程中"他国"形象的再现。主要回答如下问题：（1）当代中国政治语篇中所涉及"他国"的评价修饰语英译有何规律？（2）当代中国政治语篇英译中"他国"形象呈现何种特征？（3）什么因素影响上述结果的产生？

2.5.2.1 数据采集及研究步骤

本研究所用语料取自当代中国政治语篇汉英平行语料库，内容包括自2000年至2015年的中国共产党全国代表大会报告、中央政府工作报告、外交部公文、白皮书及其英译，共计90个对应文本。源文与译文库容分别为1,469,213字和1,090,850词。为便于提取国家名称，使用中文分词和标注软件ICTCLAS对中文语料进行处理。为确保分词和标注的准确性，项目组开展了人工校对。

我们选取涉及"他国"的评价修饰语作为研究对象。选取评价修饰语是因为"评价修饰语是传达评价语义的最典型语言单位"（Munday，2012：103），而评价系统被认为是"唯一系统、详尽、细致的评价性语言分析框架"（Bednarek，2006：32）。如前所述，评价系统分为介入、态度和级差三个子系统（详见Martin，2000；王振华，2001；Martin & Rose，2003；Martin & White，2005；Hood，2010；Hood & Martin，2010）。其中态度系统又分三个范畴，即情感、判断和鉴赏。简而言之，情感关涉言语使用者情感反应的评价资源，判断指依据伦理道德的标准来评价语言使用者的行为，鉴赏涉及对事物、现象的评价。态度各子系统中的评价资源均有正面和负面之分。介入系统用来表示态度来源以及言说者表达态度所预留的话语空间，可以分为单声和多声两类。单声是指说话语境下仅有单一态度来源，不存在对话性。多声是指通过选择不同的话源或预留协商空间来实现说服的目的，又分为压缩类多声和扩展类多声。话语紧缩是指作者或言说者压缩、减少、关闭外在言说者表达立场、态度的空间；而话语扩展则表示作者或言说者扩大、增多、开放不同态度、立场声音的话语空间。级差系统分为语势和聚焦两个子系统。语势运作依据强度或量度等级轴线，标识增强或减弱评价意义的力度，有强势和弱势两类；聚焦依据典型性轴线运作，实质上是把不能分级的范畴层次化，包括锐化和钝化。评价修饰语将依据评价系统框架进行分类。

  "他国"是指当代中国政治文献中涉及的所有非中国的国家，而涉及"他国"的评价修饰语是指作为"他国"搭配词的评价修饰语，即最能彰显"他国"形象的评价修饰语。数据采集主要步骤如下：第一步，使用WordSmith（6.0）提取所有评价修饰语，共计1,753个。然后提取所有国家名称单位，人工剔除非国家名称，如中东、亚洲等地理名称，共获取159个。第二步，按照左右各5个词项为基准提取159个国家作为节点词的所有搭配词，其中用来计算搭配关系的参照语料库为合并的兰卡斯特大学汉语语料库（LCMC）和现代汉语语料库（TORCH）。第三步，匹配所有评价修饰语和所有"他国"搭配词，获取涉及"他国"的189个评价修饰语作为研究对象，并依据评价系统，把这些评价修饰语归类到评价子系统中。第四步，通过ParaConc软件提取所有159个国家作为节点词的汉英平行索引行，通过文本细读，考察这些评价修饰语的翻译，主要关注不同评价子系统中评价修饰语翻译策略的使用频次。最后，依据评价修饰语翻译数据，探究评价修饰语的翻译规律以及评价修饰语英译所形成的"他国"形象呈现特征。

2.5.2.2 当代中国政治语篇中涉及"他国"的评价修饰语

  基于以上研究步骤，提取了当代中国政治语篇中涉及"他国"的评价修饰语，依据评价系统子系统范畴和评价修饰语极性两个维度进行分类，分布频次如表2-4所示。

表2-4　中国政治文献语料库中的评价修饰语频次

评价系统				频次
介入系统	压缩类型	否认	正面	42
			负面	43
		宣告	正面	19
			负面	38
	扩展类型	包容	正面	18
			负面	4
		归属	正面	0
			负面	0
态度系统		情感	正面	0
			负面	0
		判断	正面	69
			负面	45
		鉴赏	正面	96
			负面	61
级差系统	语势	升级向度	正面	206
			负面	189
		降级向度	正面	8
			负面	16
	聚焦	升级向度	正面	8
			负面	3
		降级向度	正面	5
			负面	9

　　这里评价修饰语极性在态度子系统及介入和级差子系统中有所不同，需要做一区分。就态度子系统而言，如果该态度资源是明示型，也就是说态度资源本身呈现积极或消极极性，那么该极性即被认为是该态度资源的极性；如果该态度资源为融合型，其极性受其搭配词项的影响，则该搭配词的极性被视为该态度资源的极性，如"[[美国]]国家安全局2012年夏季**成功**侵入了联合国总部的内部视频电话会议设备"中，"成功"与"侵

入"搭配，"成功"这里被看作负面极性的判断资源。而介入和级差子系统中的评价修饰语极性主要取决于其搭配词的极性。如果其搭配词为明示型词项，即其极性不受共现词项影响，则该搭配词极性认定为评价修饰语的极性。如果其搭配词为融合型词项，则把整体语义效果作为极性认定依据。例如，依据语义韵定义（如Stubbs，1996），"解决"共现词项多为消极性词项，如"问题"等，因此被认为具有消极语义韵。但是我们认为"问题"得以"解决"，其整体语义效果呈现积极向度，因此"大力解决问题"中的"大力"被看作具有积极极性的语势资源。

2.5.2.3 当代中国政治语篇中涉及"他国"的评价修饰语英译

通过分析包含评价修饰语的汉英平行索引行，可将评价修饰语的翻译划分为三个翻译类别，即对应翻译、零翻译和转译。其中，对应翻译是指译文中提供评价修饰语对应语言单位，且在译文中实现对等功能；零翻译是指译文中没有提供任何评价修饰语的对应语言单位。转译亦分为三个类别：第一类指采用变通手段，如译者通过转变词性重新配置语句，再现源语篇中评价修饰语所传达的意义；第二类指译文提供相应语言单位，但使评价修饰语在源文中的评价语义升级；第三类指译文提供相应语言单位，但使评价修饰语在源文中的评价语义降级。其中，第一类转译实现了源文和译文的功能对等，此类转译归类为对应翻译。为方便起见，评价修饰语的翻译情况将按照评价系统的不同子系统进行分类呈现。不过，必须指出的是，评价系统各子系统是合取关系，共同作用呈现评价语义。

态度系统分为情感、判断和鉴赏三个子系统，如表2-5所示，情感子系统中涉及"他国"的评价修饰语频数为零，而判断和鉴赏子系统频数较多。依照翻译分类，并通过汉英平行索引行文本细读，统计出态度系统中的评价修饰语英译情况，详见表2-5。

表 2-5　态度系统中的评价修饰语英译

翻译类型	对应翻译		升级转译		降级转译		零翻译	
极性 态度系统	正面	负面	正面	负面	正面	负面	正面	负面
情感	0	0	0	0	0	0	0	0
判断	63	39	0	0	0	0	6	6
鉴赏	94	60	0	0	0	0	2	1

　　表2-5显示大部分态度系统中的评价修饰语都采用对应翻译策略，其中在判断和鉴赏子系统中分别占89%和98%。也就是说态度系统中涉及"他国"的评价修饰语基本遵循政治语篇翻译要求（程镇球，2003），为评价修饰语提供对应语言单位。这也显示"他国"形象在态度系统中的评价修饰语英译层面并没有产生较大的变异。

　　如前所述，介入系统涉及作者或言说者的评价立场包括单声和多声。由于多声语言表现形式复杂，更具代表性，我们主要考察了多声介入资源。依照翻译策略类别，并基于话语紧缩和话语扩展分类，通过汉英平行索引行文本细读，统计出介入系统中的评价修饰语英译数据，如表2-6所示。

表 2-6　介入系统中的评价修饰语英译

翻译类型	对应翻译		升级转译		降级转译		零翻译	
极性 介入类型	正面	负面	正面	负面	正面	负面	正面	负面
紧缩	54	46	0	0	0	2	7	34
扩展	18	2	0	1	0	1	0	0

　　与态度系统类似，多数介入系统中的评价修饰语采用对应翻译策略，紧缩和扩展类型分别占据了相应总数的70%和91%。但就零翻译而言，紧缩类型出现的频数为41次，占相应总数的29%；而扩展类型却出现0个频

次。此外，在极性层面，紧缩类型正面评价修饰语零翻译仅占非对应翻译策略的16%，而负面评价修饰语零翻译却高达79%。

在级差系统中，语势和聚焦子系统内都存在升级和降级两种向度，其中强势和锐化为升级向度，而弱势和钝化为降级向度。通过汉英索引行细读，围绕翻译策略、升级或降级向度、正面或负面极性三个维度，统计级差系统中的评价修饰语，详细见表2-7和2-8。

表 2-7　语势系统中的评价修饰语英译

翻译类型	对应翻译		升级转译		降级转译		零翻译	
极性 向度	正面	负面	正面	负面	正面	负面	正面	负面
升级向度	181	154	3	1	0	1	22	33
降级向度	8	14	0	0	0	0	0	2

对于语势系统中的评价修饰语而言，对应翻译依然占比最高，升级向度和降级向度评价修饰语分别占85%和92%。这说明如同其他子系统一样，译者倾向于采用对应翻译方法处理语势系统中的评价修饰语。不过，值得注意的是，在非对应翻译策略中，无论是升级向度还是降级向度，译者都更多地采用零翻译方法处理负面评价修饰语。

表 2-8　聚焦系统中的评价修饰语英译

翻译类型	对应翻译		升级转译		降级转译		零翻译	
极性 向度	正面	负面	正面	负面	正面	负面	正面	负面
升级向度	8	1	0	0	0	0	0	2
降级向度	3	7	0	0	0	0	2	2

表2-8显示，无论升级向度还是降级向度，聚焦系统中的评价修饰语多采用对应翻译方法处理。就零翻译而言，降级向度评价修饰语更多采用

零翻译，但对评价修饰语极性并没有产生太大影响。升级和降级转译均未出现，这也从侧面表明聚焦系统中评价修饰语频数不高。

可以看出，中国政治语篇中的评价修饰语英译多采用对等翻译处理，但仍存在较多翻译迁移现象。在评价系统各子系统中的评价修饰语翻译策略使用存在差异，具体表现为：态度系统中，译者多采用对应翻译处理评价修饰语，占比高达94%；介入系统中，相比于紧缩类型正面评价修饰语，译者更倾向于采用零翻译策略处理紧缩类型负面评价修饰语，频次分别为7和34；级差子系统中，相比于正面评价修饰语，译者更倾向于采用零翻译策略处理负面评价修饰语，除降级向度聚焦资源零翻译策略频次一致外，其余负面评价修饰语零翻译策略频次均高于正面评价修饰语零翻译频次。

2.5.3 当代中国政治语篇英译中的"他国"形象

在翻译过程中，译者从意义潜势中做出不同选择，采用不同语言形式实现评价语义，有意或无意间展现了不同的态度、立场，从而在译文中呈现出不同的个人或国家形象。通过考察翻译源文和译文的对应关系，本节试图基于涉及"他国"的评价修饰语翻译数据，揭示"他国"形象在译文中的变异。

这里我们区分三类翻译中的国家形象，即形象对应、形象升级、形象降级。形象对应是指评价语义在译文中得以完整保持，没有发生意义偏差，译文中对某些国家的态度和立场与源文中相似，因此译文中呈现的国家形象与源文一致。形象升级是指与源文相比，译文传达了更多的评价语义，使得对国家的正面态度和立场变得更强，而负面的态度和立场变得更弱，从而使国家形象在译文中更加正面、积极。与之相反，形象降级是指与源文相比，译文所传达的评价语义使得译文中对国家的正面态度和立场变得更弱，而负面的态度和立场变得更强，从而使国家形象在译文中更加负面、消极。

对于态度系统中的评价修饰语，无论评价修饰语为正面还是负面，对应翻译方法的应用都实现了"他国"形象对应，因此对应翻译的频次应作为形象对应的频次。对于升级转译而言，如果用来处理正面评价修饰语，则意味着相较于源文，译文中对"他国"的态度和立场更加正面，也就是说"他国"形象在译文中更加正面；如果升级转译用来处理负面评价修饰语，则译文中对"他国"的态度和立场更加负面，"他国"在译文中的形象相较于源文更加负面。与升级转译相反，当译者使用降级转译和零翻译处理正面评价修饰语时，译文呈现的"他国"形象更为负面；当译者使用降级转译和零翻译处理负面评价修饰语，"他国"形象在译文中则更为正面。

介入系统旨在描述言说者表达态度、立场的话语空间。介入资源的翻译可能传达言说者对表达不同态度、立场潜在声音的容忍程度。具体而言，话语紧缩类型介入资源翻译为话语扩展类型介入资源，但并不表示明显的态度或立场的转变以及形象变异，而是言说者多大程度上容忍对个人或国家态度、立场的其他声音。值得注意的是，话语紧缩子系统否定（deny）的语言实现形式是否定语词。从某种程度上来说，否定资源可以改变其共现的态度修饰语所传达的态度、立场。如"[[美国]]公民并没有真正享有平等的选举权"[American citizens have never really enjoyed common and equal suffrage]，作者使用否定修饰语"没有"[not]否定了"美国公民真正享有平等选举权"。虽然级差修饰语"真正"被认作正面，但否定修饰语"没有"使得"真正"的正面向度转为负面向度。因此，需要把否定系统纳入"他国"形象变异的综合考察中。

通过数据统计发现，涉及"他国"的否定修饰语数量较少，其中对应翻译频次为52次，另有2个频次负面评价修饰语的降级转译。对应翻译同样被认为在译文中实现了"他国"形象对应，而2例负面评价修饰语的降级转译则被认为实现了"他国"形象降级。这是因为两例中的否定修饰语使得共现的负面评价修饰语在译文中语义呈现更为正面，而降级翻译又使得趋于正面的评价语义更为负面。

就级差系统而言，"他国"形象变异涉及三个层面：翻译策略、级差修饰语正、负极性和级差修饰语升、降向度。与其他子系统一样，级差系统中评价修饰语无论正面、负面、升级、降级，如以对应翻译策略处理，则可认为在译文中实现了"他国"形象对应。对于升级转译策略，存在四种形象变化情形。第一，当评价修饰语为正面，同时又有升级向度，则相较于源文，译文中的"他国"形象更为积极、正面。第二，当评价修饰语为负面，同时又有升级向度，则译文中的"他国"形象不如在源文中呈现得积极、正面，即形象降级。第三，当评价修饰语为正面，但同时又有降级向度，则升级转译策略使得"他国"形象在译文中出现降级。第四，当评价修饰语为负面，同时又有降级向度，采用升级转译策略处理，则译文中的"他国"形象相较于源文更为积极、正面。对于降级转译和零翻译策略，同样存在四种形象变化情形。第一，当评价修饰语为正面，同时又有升级向度，采用降级转译或零翻译策略进行处理，则译文中的"他国"形象就会出现降级，即相较于源文其形象更为消极、负面。第二，当评价修饰语为负面，同时又有升级向度，采用升级转译策略处理则"他国"形象在译文中更为积极、正面。第三，当评价修饰语为正面，但同时有降级向度，采用降级转译或零翻译策略进行处理就促使"他国"形象在译文中更为积极、正面。第四，当评价修饰语为负面，同时有降级向度，则相较于源文，译文中的"他国"形象被呈现得更为消极、负面。

基于以上分析，我们对涉及"他国"评价修饰语英译进行重新考察，揭示译者如何通过协调源文和译文以调整对"他国"的态度和立场，进而在译文中实现"他国"形象的变异。通过数据计算和统计检验，中国政治文献英译中的"他国"形象如表2-9所示。

表 2-9　中国政治文献英译中的"他国"形象

形象类型 评价系统	形象对应	形象升级	形象降级
情感	0	0	0
判断	102	6	6
鉴赏	154	1	2
否定	52	0	2
语势	357	37	25
聚焦	19	4	2
总计	684	48	37

根据表2-9，形象对应与形象变异（包括形象升级和形象降级）之间在评价系统各子系统（排除情感子系统）都存在差异，且形象对应频次较高。也就是说，整体而言，译文中呈现的"他国"形象与其在源文中的形象大体一致，实现了形象对应。但同时，数据也显示，中国政治文献英译中的"他国"形象存在变异，且形象升级与形象降级相比，译文中"他国"形象存在更多升级的可能性。

2.5.4　"他国"形象重构的意识形态阐释

上述研究结果显示，尽管中国政治文献汉英译者在处理涉及"他国"评价修饰语时，主要采用对应翻译策略，但依然存在翻译迁移，并进而导致"他国"形象在译文中出现变异。具体而言，翻译迁移尤其表现在对介入紧缩类型负面评价修饰语和级差升级向度负面评价修饰语的零翻译处理，由此导致了"他国"形象在译文中的变异，表现为译文中"他国"形象存在更多升级的可能性。我们认为，翻译背后的意识形态因素可以部分解释上述发现。

这里"意识形态"是指"观念、价值的政治性或社会性体系，或者说团体行为准则，具有组织团体行动或为其背书的功能"（van Dijk，1998：3）。同时，van Dijk（1998：6）还认为话语是形成意识形态最重要的社会实践，如果要了解意识形态如何展现、运作、形成、改观以及重构，就需要仔细考察其话语表现形式。

翻译作为跨文化的社会实践，其背后的意识形态因素必然体现在翻译话语层面。可以说，翻译话语是翻译行为背后意识形态驱动的结果。中国政治话语英译不可避免也会受到特定意识形态因素的制约，包括中国政治语篇翻译观念、价值的社会性体系以及中国政治语篇汉英译者的团体行为准则。

中国政治文献汉英平行语料库所收录的汉语语料均为我国中央党政文献，信息权威，体现国家的态度和立场。由此可知，信息源在翻译过程中处于绝对权力地位，而译者则居于权力从属地位。"这种权力关系的不对称形成一整套有形和无形的政治语篇翻译规范和译员译者职业规范，而这些规范在译员或译者翻译过程中实施权力制约"（李涛，胡开宝，2015）。换言之，中国政治语篇译文的形成至少在某种程度上受到特定的中国政治语篇汉英翻译意识形态的影响。而中国政治文献汉英翻译要紧扣源文，不得任意增删，甚至连词序也不能轻易颠倒，违反中国政治文献汉英翻译规范可能会导致政治性错误（程镇球，2003）。这就要求中国政治文献译者对待源文要极尽忠实，完整再现源文语义信息。就评价修饰语而言，就体现在译者整体上更多地采用了对应翻译策略进行处理，从而进一步促成"他国"在译文中的形象与源文中大体一致。

然而，需要提及的是，尽管意识形态在宏观层面以团体为基础，表征团体观念、价值的政治性或社会性体系，然而"并非所有个体成员在某些层面都与团体保持一致，因此对团体意识形态并不认同"（van Dijk，1998：71）。这可以作为中国政治文献汉英翻译过程中出现翻译迁移的重要理论支撑。也就是说，中国政治文献汉英翻译译者整体上遵循政治语篇翻译规范和译者职业规范，对"涉及"他国评价修饰语采取忠实对译，从而促成"他国"在译文中的形象与源文中大体一致。然而，并非所有译者都认同中国政治文献汉英翻译亦步亦趋的机械对译。特别是近年来，越来越多的译者提倡更要面向译文读者，采用更加符合译文语言规范的翻译策略。中国政治文献需要忠实于源文，但"翻译要完成的不是字面的表面转化，而是文章的实质含义的传达"（黄友义，2015）。

此外，在论述意识形态时，van Dijk（1998：267；2006) 提出了意识形态对称模型，即团体通常以积极表征自我并且消极呈现他者来构建自我和他者的意识形态形象，并认为"自我积极呈现和他者消极呈现是意识形态的最基本特征"（van Dijk，1998：69）。中国政治文献的翻译受意识形态制约，译文语篇体现意识形态，则译文语篇理应负面、消极呈现相对于我国而言的"他国"，即"他者"。然而，表2-8显示译文中的"他国"形象相较于源文出现更多的升级情况，这似乎与意识形态对称模型不符。通过考察平行语料，我们发现译文中"他国"形象变异存在两种情况：第一，"他国"并非都是意识形态对称模型中的"他者"，既包含侵害我国利益的"他国"，即真正的"他者"，也涵盖对我国友好的"他国"，即潜在的"自我"。第二，"他国"与我国既冲突又合作，是"他者"和"自我"的综合体。而这与van Dijk（1998：171）的论述一致，即"意识形态对手可能会为了实现相同目标而化敌为友"。也就是说，在159个"他国"中，有潜在的"自我"需要积极呈现；同时也有部分"他国"与我国同时存在冲突和合作，而在合作层面，仍然可以视为"自我"予以积极呈现。这可以说明为什么中国政治语篇英译译文中的"他国"形象存在更多升级情况。

2.5.5 结语

综上研究，本小节在评价系统和意识形态对称模型综合框架下，基于当代中国政治语篇汉英平行语料库，系统考察了当代中国政治语篇中涉及"他国"的评价修饰语英译特征，并重点探讨了英译过程中"他国"形象的再现。研究发现，尽管中国政治语篇多采用对等翻译处理，但仍存在较多翻译迁移，且在评价系统各子系统中的评价修饰语翻译策略存在差异。

同时，相较于源文而言，中国政治语篇英语译文中呈现的"他国"形象更为正面、积极。我们认为包括中国政治语篇英译规范和译者职业规范在内的意识形态因素可部分解释上述研究发现。然而不可否认，基于平行语料库探究中国政治语篇英译中的国家形象仍有待深入，研究数据仍需进一步扩容和验证。本研究展现了中国政治话语中的评价修饰语英译特征并探讨了其影响因素，有利于进一步细化批评译学研究路径，并可为提升我国国家形象以及国家政策的对外宣传提供新思路。

2.6 ｜ 个案分析3：中国政治语篇英译中中外国家形象建构比较研究

在上一小节中，我们开展了关于"他国"国家形象重构的研究。考虑到国内外翻译与形象的研究总体上较为薄弱，关于汉英翻译文本中国家形象的研究尚不多见。此外，中国语境下对外翻译中的中外国家形象的实证研究仍有待开展。我们拟在中国政治语篇英译中的"他国"形象研究基础上进一步比较中国国家形象与其他国家形象在政治语篇英译中建构的异同。

2.6.1 理论框架与研究设计

本节采用评价系统和意识形态对称模型综合框架。如前所述，评价系统被认为是"唯一系统、详尽、细致的评价性语言分析框架"（Bednarek，2006：32）。在本节中，我们选取级差子系统中的评价修饰语作为研究切入点。一方面因为"评价修饰语是传达评价语义的最典型语言单位"（Munday，2012：103）；另一方面因为级差系统在整个评价系统中起着重要作用，介入和态度两子系统皆受辖于级差系统，级差性是介入、态度及其各子系统的典型属性（Martin & White，2005：135-136）。

在论述意识形态时，van Dijk认为"所有的意识形态话语都表现出自我积极呈现和他者消极呈现的意识形态对称模型"（2006）。该模型又详细表述为（1）表述或强调关于自我的积极信息；（2）表述或强调关于他者的消极信息；（3）隐瞒或淡化有关他者的积极信息；（4）隐瞒或淡化自我的消极信息（van Dijk，1998：267；2006）。同时，意识形态具有利我特质，即"意识形态驱动的社会实践通常最大限度地服务于自我利益"（van Dijk，1998：68-69）。需要注意的是，van Dijk（1998：9）强调意识形态是以群体为基础，而非个体意志的社会建构，但"部分个体成员在某些层面与群体并非一致，因此并不共享该集体意识形态"（van Dijk，1998：71）。该模型可图示如下（见图2-1）：

图2-1　意识形态对称模型

值得一提的是，van Dijk（1998：33）强调"意识形态以**评价性信念或观点**为主要特征"（原文斜体）并认为"意识形态组织社会态度"（van Dijk，2006），表现出对自我和他者的态度评价，这是评价系统和意识形态对称模型的分析框架结合点。

本研究所涉及的自我范畴即指中国，包含"中国""中华人民共和国""中方""我国""我方"和"祖国"等6个词形，以下统称"我国"；而他者范畴即其他国家，包括当代中国政治语篇语料库中所涉及的所有非中国的国家，以下统称"他国"。评价修饰语是指语料库中具有形容词或副词词性特征，同时又传达级差意义的语词。而本研究所讨论的评价修饰语专指作为中外国家搭配词的评价修饰语，即最能彰显我国及他国形象的评价修饰语。

本研究的主要步骤包括：（1）使用ParaConc分别提取我国及他国作为节点词的汉英平行索引行，通过文本细读方式，考察这些评价修饰语的英译以及不同翻译策略的使用频次。（2）以SPSS对翻译数据进行统计检验，进而探究中国政治语篇中的评价修饰语英译的规律以及评价修饰语英译所致使的中外国家形象呈现特征。

2.6.2 级差系统评价修饰语的分布及英译

基于以上研究步骤，提取了当代中国政治语篇中作为我国及他国搭配词的评价修饰语，并依据级差系统范畴、评价修饰语等级向度和评价修饰语极性三个维度进行分类，分布频次如表2-10所示。

表2-10 评价修饰语在级差系统中的分布及频次

评价系统			自我	他者
级差系统	语势	等级趋强 正面	1877	206
		等级趋强 负面	138	189
		等级趋弱 正面	42	8
		等级趋弱 负面	34	16
	聚焦	等级趋强 正面	82	8
		等级趋强 负面	1	3
		等级趋弱 正面	49	5
		等级趋弱 负面	7	9

应当指出，级差系统中评价修饰语极性取决于其搭配词的正、负面极性。如果其搭配词为明示型语词，即其极性不受共现词项影响，则此搭配词极性认作该评价修饰语的极性。如果其搭配词为融合型语词，则把整体语义效果作为该评价修饰语极性的认定依据。例如，"解决"共现语词多

为消极性词项，如"问题"等等，具有传统意义上的消极语义韵，但"问题"得以"解决"，其整体语义效果呈现积极向度。因此，"大力解决问题"中的"大力"则被认定为具有正面极性的语势系统评价修饰语。

整体而言，无论是自我还是他者范畴内，级差系统中的等级趋强评价修饰语均出现较高频次，且等级趋强评价修饰语正面极性频次均高于相应的负面极性频次。但在等级趋弱评价修饰语内，自我与他者范畴具有一些差别，即在他者范畴内，等级趋弱评价修饰语负面极性频次均高于相应的正面极性频次，这与自我范畴正好相反。

分析评价修饰语汉英平行索引行，可以认为这些评价修饰语英译策略分为三个类别，即对应翻译、零翻译和转译。

如前所述，级差资源整体上可为级差等级趋强和等级趋弱，其中强势和锐化为级差等级趋强，而弱势和钝化为级差等级趋弱。通过平行索引行细读，以翻译策略、等级趋强或趋弱向度、正面或负面极性三个维度，统计分析级差系统中的评价修饰语英译特征，详细见表2-11和2-12。

表2-11　自我范畴评价修饰语英译

| 翻译策略 | 对应翻译 | | 升级转译 | | 降级转译 | | 零翻译 | |
极性 级差类型	正面	负面	正面	负面	正面	负面	正面	负面
等级趋强	1751	120	16	0	14	0	178	19
等级趋弱	65	32	0	0	0	0	26	9

表2-12　他者范畴评价修饰语英译

| 翻译策略 | 对应翻译 | | 升级转译 | | 降级转译 | | 零翻译 | |
极性 级差类型	正面	负面	正面	负面	正面	负面	正面	负面
等级趋强	189	155	3	1	0	1	22	35
等级趋弱	11	21	0	0	0	0	2	4

可以看出，无论是在自我还是他者范畴内，评价修饰语均以对应翻译策略为主。其中自我范畴内等级趋强评价修饰语对应翻译频次占相应总频次的89%，等级趋弱评价修饰语对应翻译频次占相应总频次的73%；在他者范畴内相应比率分别是85%和84%。这一研究结果与胡开宝、陶庆（2012）、李涛、胡开宝（2015）较为一致。但表2-11和2-12也显示级差系统中的评价修饰语英译仍然存在较多翻译变异现象，自我和他者范畴存在两个差异。在转译层面，自我范畴内等级趋强正面评价修饰语出现降级转译。在零翻译层面，无论等级趋强还是等级趋弱评价修饰语，在自我范畴内正面评价修饰语零翻译频次均高于负面评价修饰语的零翻译频次，这与他者范畴内的评价修饰语零翻译恰好相反。

2.6.3　中国政治语篇英译中的中外国家形象建构

级差系统中评价修饰语英译所产生的中外国家形象建构涉及三个层面：翻译策略、等级趋强或趋弱向度、正面或负面极性。级差系统中评价修饰语无论正面或负面、趋强或趋弱，如采用对应翻译处理，则认定译文中实现了中外国家形象对应。就升级转译策略而言，译文中存在四种形象变化情形。第一，当评价修饰语为等级趋强且正面时，则相较于源文，译文中的中外国家形象更为积极、正面。第二，当评价修饰语为等级趋强但负面时，则译文中的中外国家形象不如其在源文中呈现得积极、正面，即形象出现降级。第三，当评价修饰语为等级趋弱且正面时，则升级转译策略使得中外国家形象在译文中出现降级。第四，当评价修饰语为等级趋弱但负面时，采用升级转译策略处理，则译文中的中外国家形象相较于源文更为积极、正面。对于降级转译和零翻译策略，也存在四种形象变化情形。第一，当评价修饰语为等级趋强且正面时，采用降级转译或零翻译策略进行处理，则译文中的中外国家形象就会出现降级，即相较于源文其形象更为消极、负面。第二，当评价修饰语为等级趋强但负面时，则中外国家形象在译文中更为积极、正面。第三，当评价修饰语为等级趋弱且正面时，采用降级转译或零翻译策略进行处理就促使中外国家形象在译文中更为积极、正面。第四，当评价修饰语为等级趋弱但负面时，则相较于源文，译文中的中外国家形象被呈现得更为消极、负面。

基于以上分析，在评价修饰语英译数据基础上，统计分析中国政治语篇英译中的中外国家形象建构，揭示译者如何通过协调源文和译文以调整对中外国家的态度和立场，进而在译文中实现中外国家形象的重新建构。通过数据计算和统计检验，中国政治语篇英译中的中外国家形象建构如表2-13所示。

表 2-13　中国政治语篇英译中的中外国家形象建构

形象建构 中外国家	形象对应	形象升级	形象降级
我国	1,968	61	201
他国	376	41	27
卡方检验	$\chi2 = 45.269$　$p = .000$		

表2-13显示翻译中的形象建构与中外国家存在显著相关关系。从原始数据可以看出，中国政治语篇级差系统中的评价修饰语的英译整体上实现了译文中中外国家形象与原文的对应，在自我和他者范畴内分别占据整体的88%和85%。然而，进一步考察形象升级和降级数据，可以发现二者之间存在显著差别。在自我范畴内形象降级与形象升级比率高达330%，而在他者范畴内该比率仅为66%。这表明译者通过级差系统中的评价修饰语英译所构建的译文话语事实表现为：相较于源文，译文中的中国形象更为负面、消极，而外国形象却更为正面、积极。这与Caimotto（2016）、Pan（2015）的研究结果存在一定的出入。

2.6.4　中国政治语篇英译中的中外国家形象建构异同动因阐释

基于上述研究结果，可以发现，现有意识形态对称模型无法解释中国政治话语中的级差系统评价修饰的语英译及其产生的中外国家形象变迁。基于此，本文对意识形态对称模型进行修正完善，提出双层意识形态对称模型：表层意识形态对称模型和深层意识形态对称模型。表层意识形态对称模型受普遍礼貌策略制约，因此可能出现一种反意识形态对称模型的话语表征，即自我消极呈现和他者积极呈现。然而普遍礼貌策略与意识形态对称模型的话语表征冲突仍未解决。因此，我们假定在表层意识形态对称模型背后有潜在的深层意识形态对其进行约束，表层意识形态对称模型下所呈现的自我贬抑和他者褒扬话语表征有更深层的话语意图——最终服务于自我利益，即意识形态利我原则，在深层意识形态对称模型中呈现积极自我和消极他者。对意识形态对称模型的进一步区分使得该模型具有更强的理论解释力。该双层意识形态对称模型如图2-2所示。

图2-2　修正的意识形态对称模型

就评价修饰语英译而言，虽然翻译数据显示在话语层面译文中的中国形象降级而他国形象升级，但中国政治话语中的中外国家形象变迁依然符合受利我原则制约的深层意识形态对称模型，根本目的在于最终实现维护中国国家利益。

例9 a ……[[中国]]**全面**参与并推动了全球经济治理机制的改革……

b ...China has participated in and helped push forward the reform of the global economic governance mechanism ...

　　在例9中，"全面"作为语势等级趋强评价修饰语，在源文中增强中国参与并推动全球经济治理机制改革的评价语义力度。"全面"可以翻译为"fully""completely"或者"thoroughly"，其搭配型式"全面参与"可以英译为"fully participate"，在COCA中确实存在两词索引行共现情形，如"Families and community members monitor the school's accountability in relation to educational results and they fully participate in the decision-making process"，但译者采用了零翻译策略，某种程度上来说，译文中降低了"参与"的语义力度。我们认为译者之所以省译"全面"是因为遵守普遍礼貌策略，赋予自我（中国）品质以低量值。但在话语层面，译文中的中国国家形象不如源文中所呈现的形象更为积极，即在表层意识形态对称模型下呈现为自我贬抑。

　　然而，意识形态利我原则要求译者维护自我利益。作为国家机构成员的译者，必然要维护中国国家利益。然而，汉英翻译过程中，中国国家形象自我贬抑与意识形态利我原则产生冲突。这一冲突的合理性消解即为：在表层意识形态对称模型中由于普遍礼貌策略的约束，在话语层面所呈现的自我贬抑其实有其深层目的——在深层意识形态对称模型中依据意识形态利我原则维护自我利益。这一理论假设的现实依据可追溯至中国改革开放总设计师邓小平对中国外交政策所制定的指导方针，可以概括为"韬光养晦，有所作为"，即"中国永远不称霸，中国也永远不当头。但在国际问题上无所作为不可能，还是要有所作为"（邓小平，1993：363）。同时，"我们不要吹，越发展越要谦虚"（邓小平，1993：320），"不随便批评别人、指责别人，过头的话不要讲，过头的事不要做"（同上）。例9中，"全面"可以表达中国参与并推动全球经济治理机制改革的热情和努力，但也可被解读为中国寻求霸权和全球经济体制中领导地位的意愿。虽然对"全面"的省译在译文话语层面导致了中国国家形象降级，但译文中的中国国家形象符合中国外交政策指导方针，维护了中国国家利益。综合而言，译者受普遍礼貌策略制约，在话语层面采用零翻译策略处理级差评价修饰语，但其根本目的仍是维护中国国家利益，在利我原则规约下的深层意识形态对称模型中正面呈现中国国家形象。

2.6.5 结语

本节基于当代中国政治语篇汉英平行语料库，在评价系统和意识形态对称模型综合分析框架下，以级差系统中的评价修饰语英译为切入点，系统考察了当代中国政治语篇英译过程中的中外国家形象建构。研究发现当代中国政治语篇中级差评价修饰语的英译存在翻译迁移，且自我和他者范畴存在差异。同时，翻译中的形象建构与中外国家显著相关，表现为相较于源文，译文中的中国形象更为负面、消极，而外国形象却更为正面、积极。我们认为意识形态因素对当代中国政治语篇的评价修饰语在英译过程中的翻译迁移及其翻译中的中外国家形象变迁具有重要影响。同时，基于翻译数据，我们提出意识形态对称模型需区分为表层意识形态对称模型和深层意识形态对称模型，以使意识形态对称模型更具理论解释力。其中，表层意识形态对称模型受制于普遍礼貌原则，深层意识形态对称模型由利我原则规约。

本章小结

自20世纪90年代以来，学界利用语料库技术对翻译共性、具体语言对翻译语言特征、译者风格、翻译规范和译者培训等领域开展了卓有成效的研究。语料库翻译学研究获得快速发展，并最终发展成为重要的翻译学分支学科。然而，遗憾的是，直至21世纪初，学界才开始就翻译与政治意识形态或狭义的意识形态之间的关系开展语料库研究。本章首先回顾了政治意识形态与翻译的研究和基于语料库的政治意识形态与翻译研究所取得的进展，之后分析了基于语料库的政治意识形态与翻译研究的路径和方法。最后，本章以三个个案分析为例，说明如何开展基于语料库的翻译与政治意识形态研究。在本章的个案分析部分，我们首先基于记者招待会汉英口译语料库，对于评价系统框架中等级趋弱级差资源及其搭配型式的口笔译翻译进行对比分析。研究发现中国政治语篇汉英口笔译总体上都倾向于实现级差等级持衡，但搭配词的语义向度差异影响等级趋弱级差资源的口笔译翻译。我们认为这一趋势可部分归因于政治语篇翻译活动中的话语权力关系、译者的政治立场和其他相关因素。我们还以级差系统中的评价修饰语英译为切入点，系统考察了当代中国政治语篇英译过程中的中外国家形象建构。结果表明，与源语文本相比，在目的语文本中中国形象更为负面，而外国形象却更为正面。我们认为中外形象在中国政治语篇翻译中的变异在一定程度上归因于政治因素的影响。

第三章
基于语料库的性别意识形态与翻译研究

3.1 ｜ 引言

　　性别意识形态作为一种无处不在的意识形态形式，组织着社会生活的方方面面（Cranny-Francis et al.，2003：1）。20世纪70年代，西方第二波女性主义运动期间，社会科学领域内区分出"生理性别"（sex）和"社会性别"（gender）两个概念，用以研究父权社会中性别不公的本质（Pilcher & Whelehan，2004：56）。肇始于20世纪60年代末的第二波女性主义，借用"社会性别"作为分析框架，研究西方社会对男性和女性的定义，认为个体的社会性别不是与生俱来，而是后天在社会生活中习得的，个体在习得社会性别的过程中，既巩固了社会中的父权结构，也就此造成了女性的从属地位[①]。随着女性主义不断演化，到90年代出现后结构女性主义，提出无论是生理性别还是社会性别，都是社会建构；社会性别不是由生理性别决定的本质属性，而是在话语中建构而成的。"异性融合"（heterosexuality）的性别话语为父权社会中个体社会性别的建构及女性

[①] 以下如"性别"一词单独出现，无"生理"或"社会"作定语，皆指"社会性别"。

从属地位的确立提供了依据（Butler，1999）。后结构女性主义尤其认为，建构性别最基本的一种途径是语言的使用（West et al.，1997：119-120）；语言不是表现了个体特性，而是建构了个体的主体性（建构的方式须受到具体社会文化历史条件的制约）。翻译作为一项语言活动，不仅会在一定程度上受到译者性别或性别角色的影响，而且直接参与性别话语的传播。翻译通过语言手段，既可巩固父权社会性别话语，亦可抵抗这一话语，建构女性主义话语。本章将首先对性别意识形态与翻译之间的互动关系进行探讨，回顾性别意识形态视角下翻译研究所取得的成果，随后讨论利用语料库开展性别意识形态与翻译研究的可能路径与方法，最后以个案分析对前述方法进行说明。

3.2 ┃ 性别意识形态与翻译研究回顾

性别意识形态进入翻译领域是西方第二波女性主义运动的产物，亦是促使翻译研究发生"文化转向"的重要契机。第二波女性主义运动发端于20世纪60年代，其宗旨是将女性从父权社会的压迫中解放出来。为了实现这一目标，女性主义致力于批判父权社会的性别意识形态，认为无论是在家庭生活中还是社会范围内，男女分工历来极度不公，体现出父权社会对女性的压迫。第二波女性主义对社会意识形态的批判没有停留在表层，而是进入社会的深层结构之中，研究女性的经验和利益在不同领域中如何受到忽视与排挤。这其中不仅包括历史与哲学，还包括文学、文化与语言。语言是最早受到关注的领域之一。女性主义语言学家开始研究语言在维系男性霸权及两性不平等地位中起到的作用，揭示语言的意识形态功能，以期带来社会变革。譬如：Dale Spender在1980年出版的*Man Made Language*一书中，就系统探讨了英语如何成为父权意识形态的工具，意图通过对父权语言的批判，唤醒大众的性别意识。

女性主义对语言的批判很快影响到了文学创作。自20世纪60年代起，一批女性作家响应女性主义语言学家的号召，尝试在文学写作中向性别歧视语发起挑战，采用种种带有实验性质的语言手段，避开或凸显语言中带有性别歧视的形式。这一试验性的文学创作，首先出现在法语（法语为典型的性别语言，其词汇区分阴性、阳性）中，随即进入英语。70年代，在加拿大魁北克省（英语和法语皆为该省官方语言），有一批利用法语写作的女性作家也开始进行实验性的文学创作。她们质疑法语中造成女性隐身的形式，采用非传统拼写、生造词和双关语等创造性手段，解构传统的父权语言，书写出以女性体验和利益为中心的篇章（von Flotow，1991）。为了将这些法语写就的实验性文学作品翻译成英语，一些译者不仅接受并赞成这些作品中体现的女性主义语言观，而且采用类似的语言手段用英语进行表达。英译本进而也具有了批判父权语言的力量，向读者展示英语中的性别歧视语。为了达到语言批判的目的，译者极大程度上介入译文之中，采用"补充说明"（supplementing）、"前言"（prefacing）、"脚注"（footnoting）、"绑架"（hijacking）（von Flotow，1991：72-79）等策略，对原义加以说明和改写，不仅向原作者发起挑战，且随处留下译者的足迹，与传统翻译所强调的忠实、译者隐身、原作至上的标准背道而驰。由此发展出的翻译理论即为女性主义翻译理论。

女性主义翻译宗旨与第二波女性主义运动相同，即关注受到压迫的女性群体，批判女性所受的不公待遇，让女性发声，彰显女性身份。事实上，自20世纪70年代起，在第二波女性主义理论指导下，西方性别与翻译研究也出现了长足发展，研究内容主要集中于以下三个方面：

（1）重新审视重要文化文本并进行再翻译

自20世纪70年代起，女性主义翻译从性别视角对《圣经》文本进行了重新解读、重新翻译，在新译本中采用包容性（inclusive）语言以表明女性身份。针对《圣经》的重新翻译，学者开始研究《圣经》中涉及的性别问题（Ringe，1987；Castelli，1990；Dewey，1991）。研究发现，《圣经》的翻译造成天主教对女性的消极态度，对源语文本的解读带有目的性，把女性塑造成给世界带来罪恶与死亡的源头（Stanton，1972，引自Simon，1996：108）或罪恶之根（Korsak，1994），同时把上帝塑造成男性模样。

（2）发掘尘封的女性译者及其译作

西方传统上从男性角度界定文学标准，致使女性的作品长期遭受忽视与埋没。第二波女性主义运动期间，女性主义者开始质疑男性中心的文学标准，重新发掘历史上的女性译者的译作，包括18、19世纪，甚至文艺复兴时期的女性译者作品（Agorni，2005，Stark，1993，Krontiris，1992），进行女性历史书写，还原女性在历史进程中的作用和地位。譬如：Hannay（1985）研究发现，在都铎王朝，英国少数受教育的女性通过翻译宗教作品以逃避当时的社会约束。这些女性采用颠覆性的手段翻译宗教作品，在其中穿插了个人的政治主张。Robinson（1995）则研究了文艺复兴时期的女译者Margret Tyler。Tyler认为，既然男性常将女性视为缪斯或女主人，那么女性即可以像男性一样进行写作及翻译，女性不必做被动的缪斯或女主人，而是可以主动进行创作。

（3）分析译作语言中涉及的性别

这一类不同于前两类从宏观视角开展的研究，而是着眼于微观文本分析，以性别为分析范畴，关注译文中包含性别信息的语言细节。研究往往着眼于重要女性作家作品的译文，探讨作者和译者之间的权力关系。尤其受到关注的女性作家包括Sappho、Louise Labé及Simone de Beauvoir。Rayor（1991）探讨了Sappho诗歌的翻译，认为Sappho的女性身份正是造成其形象被误读且不断被重新塑造的原因，因为女性作家的作品不具权威性，在翻译时往往在极大程度上受到操纵。Batchelor（1995）对比了不同时期Louise Labé诗歌的译本，发现女性主义运动之前的译本往往反映出传统的女性观，而1975年之后的新译本，受女性主义思潮影响，则避免了性别成见与偏见。此外，Simons（1983）研究了Howard Parshley所翻译的*The Second Sex*，发现译本对原文进行了大量的删减，包括78位女性政治家、将军、圣人和诗人等的故事，以及对同性恋等文化禁忌的讨论。译者这样做的动机则是使译文仅留下男性感兴趣的部分。

受后结构主义思潮影响，西方第二波女性主义运动到20世纪90年代逐渐式微，出现新的后结构女性主义（Weeden，1997）。以Judith Butler（1999）为代表的后结构女性主义批判第二波女性主义运动所赖以为继的本质主义性别观，认为性别的二元对立并非绝对，异性融合是一种话语建构；性别身份不是个体的本质属性，而是在不同语境中通过语言建构的。Butler提出的性别操演（gender performativity）理论对性别进行了重新定义，不仅影响了语言研究，也对性别与翻译研究产生了冲击。按照von Flotow（1999，2007）的观点，后结构女性主义理论的出现，使西方的性别与翻译研究在20世纪90年代发展出一种新的研究范式，即，通过翻译研究性别的不确定性。Maier提出了"质问女性"（woman-interrogated）（Maier，1996：102）的翻译方法，以质疑性别的绝对定义，抵抗性别身份限制。Maier及Massardier-Kenney撰文指出，翻译是揭示性别身份不稳定性的"极佳渠道"，可以在很大程度上表明，性别定义绝非放之四海而皆准的，也绝非男女固有差异的体现；相反，性别是相对的、局部的、受制于多重历史文化因素而不断变化的（Maier，1996：102）。

近年，又有一批学者基于后结构主义理论提出，既然性别与翻译研究及性别与语言研究都认为语言建构了社会现实，且性别是通过语言完成的话语建构，那么性别与翻译研究可以借鉴性别与语言研究的理论和方法，研究性别、语言与翻译的互动关系，（Castro, 2013a, 2013b; Ergün, 2012; Elmiger, 2013; Santaemilia, 2013; Godayol, 2013）。这批学者尝试借用性别与语言研究的分析方法，尤其是批评话语分析，研究翻译中性别与语言的关系。譬如，在译文中有意识地使用性别包含性语言（gender inclusive language）或性别排斥性语言（gender exclusive language）与译者个人的性别观、译入语社会的翻译传统以及译者面临的经济压力都有关（Castro, 2013b）。

西方性别与翻译研究经历了从女性主义翻译到基于后结构主义理论的性别与翻译研究的转变，借用性别与语言研究方法的翻译研究正在发展。反观国内性别与翻译研究，在广度和深度上都落后于西方。20世纪90年代末，国内译学研究界开始关注西方女性主义翻译理论（穆雷，1999；谢天振，1999）。之后，一批学者纷纷撰文对这一理论进行介绍与讨论（廖七一，2002；葛校琴，2003；徐来，2004；张景华，2004）。总体而言，目前国内在性别视角下进行的翻译研究大致分为以下三类[①]：

（1）西方女性主义翻译理论评介。这类研究以介绍和探讨西方女性主义翻译理论及其核心概念为主（何高大，陈水平，2007；李文静，穆雷，2008；蔡晓东，朱健平，2011）

（2）本土女性译者研究。主要关注我国女性翻译史，尤其是20世纪初我国早期女性译者群体（朱静，2007；郭延礼，2010；罗列，2011），或探讨重要的个体女性译者的翻译思想，如陈吉荣、张小朋（2007）对张爱玲女性主义翻译思想的研究。

（3）译本个案研究。这类研究基于西方女性主义翻译理论，对西方女作家作品或女性主义作品的汉译本进行分析，对比不同性别译者的汉译本是否成功传递原文的性别信息，译本采用何种翻译策略呈现原文（陈钰，陈琳，2005；罗列，穆雷，2011；李红玉，2008；陈瑛，2013）。

与西方相比，国内性别与翻译研究几乎集中于女性主义视角，尚未关注性别理论的新发展，尤其是后结构主义视角下的性别理论，对性别的定义过于狭隘，个案研究缺乏语境意识。而西方的研究，虽然已开始尝试采纳后结构主义理论，并试图融合性别与语言研究的方法，但这类研究目前仍处于起步阶段，研究范围亟待扩大。此外，无论是西方的研究还是国内的研究，在方法上都以定性分析为主，往往以少量案例进行论证，鲜有定

---

① 国内性别与翻译研究现状及问题参考孟令子（2016）一文，该文对这两个问题有更为详细的阐述。

量研究或实证研究。采用语料库进行研究，可以在很大程度上弥补上述不足。

3.3 | 基于语料库的性别意识形态与翻译研究

3.3.1 语料库在性别意识形态与语言研究中的应用

性别视角下的语言研究肇始于20世纪70年代，是第二波女性主义运动的产物，致力于探讨语言和性别身份以及性别意识形态之间的互动关系（Cameron，1996；Sunderland，2004）。20世纪90年代，语料库方法进入性别与语言研究领域，学者利用大型通用语料库研究与性别相关的不同语言形式。其中，最为知名的是新西兰学者Janet Holmes与Robert Sigley以及英国学者Paul Baker。Holmes和Sigley利用大型通用语料库WWC、BROWN、LOB、FROWN以及FLOB，研究英国英语及新西兰英语中的性别，主要关注带有性别歧视性质的语言使用的历时变化，如：性别词缀（-ess、-ette）（Holmes，1993b）、礼貌称谓词（lady）（Holmes，1999；Holmes & Sigley，2001）、泛指名词man（Holmes，1993a）、泛指代词he（Holmes，1997）、girl/boy的用法（Sigley & Holmes，2002）等，揭示语言背后的英国及新西兰社会的性别意识形态以及这一意识形态的变迁过程。

Baker主要考察英国英语中的性别（Baker，2014：6）。Baker认为，性别与语言研究领域内利用语料库方法的研究尚属少数。为了向从事性别与语言研究的学者介绍推广语料库，他撰写了*Using Corpora to Analyze Gender*一书，基于后结构主义性别理论，利用语料库方法，采用BNC等通用语料库以及自建语料库，探讨了性别意识形态与语言研究的一系列课题。书中既涵盖了性别意识形态与语言研究的经典课题，如：男性及女性使用语言的方式是否不同，女性是否更倾向于采用合作式的、非威胁性的语言等，又包括后结构主义视角下的研究课题，即：语言如何建构性别、语言建构性别的方式是否随时间发生改变以及怎样改变。Baker在书中展示了如何利用语料库的索引行、关键词、高频词、搭配、语义韵、语篇格律（discourse prosody）等手段对文本进行不同维度的分析，将语料库方法和性别意识形态与语言研究的重要课题进行了融合。

诚如Baker所言，虽然语料库提供的语言信息有时需要结合更广泛的语境信息才能加以解释，但其优势仍是其他研究方法或手段无法比拟的，那就是可以对大量数据进行统计分析，且能够在相当程度上避免研究者主观性对研究的干扰（Baker，2014：197-201）。利用语料库进行性别意识形态与语言研究为基于语料库的性别意识形态与翻译研究提供了参照。

3.3.2 基于语料库的性别意识形态与翻译研究：路径和方法

从语料库翻译学诞生至今，用语料库研究翻译已为学界广泛接受与认可（胡开宝，2012）。然而，用语料库研究翻译中的意识形态问题则尚处于起步阶段（胡开宝，李晓倩，2015）。用语料库研究翻译中的性别意识形态，在研究课题及研究方法上都不同于以往的性别意识形态与翻译研究。这些差异主要表现在理论基础的更迭以及语料库手段的应用上。

首先，研究理论基础发生了变化。以往的性别意识形态与翻译研究，尤其是第二波女性主义所催生的女性主义翻译研究，多从性别的本质主义及二元对立出发研究性别意识形态与翻译的互动关系，基于语料库的性别意识形态与翻译研究则主要从两方面探讨翻译与性别意识形态之间的关系。一方面，学界依据批评话语分析理论，在翻译文本语言特征分析的基础之上，揭示性别意识形态对翻译的影响；另一方面，学界依据后结构主义理论，探讨性别意识形态与翻译之间的关系。根据后结构主义理论，性别不是绝对的、一成不变的、没有社会文化差异的范畴，而是在不同社会交际情境中进行互动时所呈现出的特征，是"从话语中浮现"（Bucholtz，1999：4）出来的、由话语建构的（Butler，1999）产物。参与交谈的主体的身份（subject position）是其谈话方式造成的，谈话方式可以随谈话的进行而改变，主体在进行不同的交谈时也可以采用不同的谈话方式，因此谈话人的身份可以时刻改变（Edley，2001：210）。据此，译者可能在不同翻译文本中通过不同的语言风格呈现不同的性别身份。从历时的角度来看，同一文化中性别的内涵也可能随时间变化而改变，在翻译中表现为不同时期的译文建构出不断变化的性别身份。

其次，对研究手段进行了革新。以往性别意识形态与翻译研究多为定性研究，或对事实与史实进行宏观描写与叙述，或基于翻译实例进行理论探讨。这其中，研究者的主观判断及主观解读起到决定性作用。而语料库的基本特征为科学、客观①，即语料库借助电脑程序对大量语料进行数据统计，过程中不涉及人的意识与偏见，且通过统计大量数据，可能揭示人工分析难以发现的规律，或反证人的主观判断。因此，基于语料库的性别与翻译研究以数据统计为起点，分析性别意识形态对翻译的影响，或发掘性别语言（gendered language）的规律，再结合宏观社会文化历史语境，探讨性别意识形态与翻译的互动关系。

基于语料库的性别意识形态与翻译研究以批评话语分析和后结构主义性别理论为基础，依托语料库方法，主要研究以下三个课题：

（1）源语文化中的性别概念如何通过翻译进行跨文化、跨语言传播

不同文化中性别的内涵不同，对男性及女性言行举止的规范也不同。迥异的性别概念进入异域文化，如不经过翻译中介的修饰或改写，势必与目的语文化中的性别观念发生碰撞，对目的语文化产生冲击，挑战目的语文化中的性别意识形态。翻译中介如若对源语文本中的性别概念进行改写，其依据也必是目的语文化中的性别规范，无论这些性别规范是主流性别意识形态，还是其他性别意识形态。研究翻译是否对源语文本中的性别概念进行改写，怎样进行改写，改写了哪些性别概念，不仅可以分析男性

---

① 诚然，语料库的客观不是绝对的客观。语料库的建库原则是人为设定的，对语料库的统计数据进行解释也需要人的主观判断。Baker（2014：199-201）对这一点亦有解释。

译者和女性译者在典型词汇或句式结构应用以及翻译策略与方法应用方面所呈现的差异，从而揭示某一特定目的语文化中性别意识形态的作用方式，而且可以表明不同文化中性别内涵存在什么样的差异，发现性别概念在进行跨文化传播时可能出现的变形。

具体而言，可以利用平行语料库的索引行功能，查找源语文本中的性别歧视语（如：泛指代词"他""红颜祸水"）、与性别相关的话语（"三从四德"）、男性人物及女性人物的言行举止等，细读在目的语文本中对应的译文，总结翻译策略，分析译文对源语文本中性别概念的改写方式，并结合目的语文化中的性别意识形态，探讨出现翻译改写的原因。

（2）翻译与目的语文化中的性别意识形态如何互动

由于性别无处不在，无论译者是否具有性别意识，具有何种性别意识，目的语文化中的性别意识形态——不论主流的还是非主流的——皆通过译者的中介作用体现在目的语文本中。面对一个有男尊女卑思想的文本，具有平权意识的译者可能在译文中抵制男尊女卑的性别意识，弘扬男女平等，而缺乏性别意识的译者则可能下意识地遵从目的语社会中的主流性别意识形态。因此，在译者的中介作用下，翻译既可以成为巩固目的语社会主流性别意识形态的工具，亦可以是宣扬女性主义思想的渠道。与此同时，译者也通过翻译建构了自身的性别身份。研究翻译与目的语文化中的性别意识形态如何互动，既可研究译文如何体现或抵制目的语社会的性别意识形态，也可研究译者的性别意识／无意识怎样影响译文的形态。

这类研究与前一类不同，不是从分析源语文本入手，而是从目的语文本开始。依据目的语文化中已研究证实的体现性别意识形态的语言形式，将这些形式作为检索项，对目的语文本进行检索。目的语文本中是否存在这些语言形式，存在的范围有多大，可以通过这些信息探知主导目的语文本的性别话语。再利用平行语料库的索引行功能，检索目的语文本中的语言形式所对应的源语文本，分析是否发生了翻译转换，在多大程度上发生了转换，转换的结果是巩固了目的语文化中的主流性别意识形态还是削弱了该意识形态,由此可以表明翻译在维系或抵制目的语文化某种性别意识形态中所起的作用。例如:对译自汉语的英译文本进行分析,可结合英语中性别与语言研究的成果,选取相关语言形式对英译文本进行检索,如:英语中泛指人称代词、男性、女性称谓等。

若研究焦点为译者,则需在分析目的语文本的基础上,分析译者的相关言论,譬如译者前言、后记、访谈等等。参照译者关于性别的观点以及译者的翻译目的,探讨译文在多大程度上与译者的观点相符。若发生言行不一致的情况,则需进一步分析其他语境要素,包括赞助人、出版社等在翻译中发挥的作用。

(3)翻译如何体现性别意识形态的变迁

性别意识形态不是超越时间的客观存在,而是由社会话语建构,随社会变迁而发生变化。西方至今出现了三波女性主义运动,自19世纪以来,西方社会的性别概念一直在不断改变。我国近现代社会动荡,西方思想传入,致使传统的性别观念发生剧烈变化。尤其在当代,改革开放带来精神解放,当今社会传统保守的性别观念与开放前卫的性别观念并行不悖。性别观念的这些发展变化,在文学作品中得到了很好的体现,而不同时期文学作品的译文则可以成为目的语文化不同时期性别意识形态的缩影。因此,对翻译开展历时研究,可以探究目的语社会性别意识形态的变迁。

就具体方法而言,以英汉翻译研究为例,可以构建历时英汉平行语料库,选取清末民初(1910—1930)、中华人民共和国成立初期(1950—1970)、改革开放以后(1990—2010)三个时间段,分析不同时期翻译选材和翻译策略有何差异或共同点。就翻译策略而言,可以利用语料库检索与性别有关的概念如何翻译成汉语,或者以人物姓名为关键词,检索搭配词,分析译文中人物形象的建构等。不同翻译策略可以反映出某一时期社会中存在的性别意识形态。若译者对关于女性身体的描写进行删减或使用委婉语,可以说明在翻译中起作用的是保守的性别意识形态。若译者将反传统的女性形象忠实再现,甚至通过改写使其形象更丰满,那么则表明翻译受到了不同于传统的性别观念的影响。譬如：有研究发现，五四时期出现了一批女性译者，她们通过文学翻译积极参与性别话语建构（罗列，2013）；而在建国初期，由于政治意识形态占据主导，性别话语被边缘化，文学翻译中出现了女性人物形象的扭曲（李红玉，2012）。利用语料库，分析不同时期的多部译文，能够较为全面地呈现我国现当代性别意识形态的发展脉络，以及翻译与这一意识形态的互动关系。

3.4 ｜ 个案分析1：文学翻译中的性别建构：以强势语为例

3.4.1 引言

第三波女性主义语言研究深受后结构主义理论的影响，尤其是Judith Butler（1999）提出的性别"操演"理论，认为"性别不是人本质的一部分，不是人本身，而是一种成就，是人的作为。性别是一系列人们建构并声明自身身份的行为实践，而不是一个将人进行归类的系统。性别行为实践不仅是身份确立的途径，还是经营社会关系的渠道"（引自Eckert & McConnell-Ginet，2003：305）。Butler指出，个体身份通过某种语言使用风格得以建构，而具体的语言风格又受制于交际情境及交际对象（Butler，2004）。个体对具体交际语境进行权衡，进而决定在该语境中展示何种性别身份。换言之，社会体制上的以及具体交际语境中的种种限制因素决定了个体在交际中可能的语言使用方式和身份类型（Mills & Mullany，2011：43）。以此为基础，新的"话语转向"（discursive turn）（Eckert & McConnell-Ginet，2003；Sunderland，2006）研究模式下的性别与语言研究否定性别的不同，必然导致男女在语言使用上存在差异这种观点。这种研究模式否定语言使用方式与语言使用者性别之间存在绝对的关系，认为语言与语境及更广阔的社会之间存在互动，因此需要将语言单位视为可变的，并注重分析语言单位在特定语境中承担的功能。第三波女性主义语言研究认为，两性在通过语言协商自己的性别身份，而语言又随语境变换而改变，同时还受到诸如社会阶层、种族、地区等因素的影响，致使由此建构的性别身份也随之不断变化（Mills & Mullany，2011）。"话语转向"下的性别与语言研究重新审视以Lakoff（1975）为代表的第二波女性主义语言研究者的一些关键性论断，认为这些早期研究中归纳出的男女语言模式特征正反映出社会中根深蒂固的性别成见和性别意识形态（Mills & Mullany，2011：53）。这些第二波女性主义语言研究的成果可以成为"话语转向"的性别与语言研究的出发点（ibid）。第三波女性主义语言研究的意义部分就在于证实或反证之前所得出的结论，或揭示更为复杂的情况（Swann，2002：60）。基于上述理论，本节试图以翻译语篇为研究对象，探讨性别如何通过翻译得以建构。具体而言，本节将以强势语为切入点，考察翻译与性别意识形态之间的互动关系。

3.4.2 强势语与性别

强势语（amplifier）是强调成分（intensifier）的一种（Quirk et al.，1985：589），又分为极大词（maximizer）和增强词（booster）两类。前者意指程度的最上限，后者则用以提高程度（ibid：590）。换言之，强势语是用来增加形容词、副词、动词或句子所表达程度的一些副词（Bolinger，1972，转引自Tagliamonte & Roberts，2005：281）。强势语表达的程度具有主观性，反映出使用者的态度（Xiao & Tao，2007：242）。

强势语的使用与性别之间的关系，是自Lakoff的研究发表以来性别与语言研究的热点之一。Lakoff是强势语与性别研究的开先河者。她基于西方典型中产阶级女性的语言使用习惯，依靠自身直觉感知，定义了一种称之为"女性语言"的风格，认为"女性语言"缺少权威性，特点是有礼貌，缺乏明确的观点，多使用鼓励性言辞及表达感情色彩的词汇等（Lakoff，1975：53）。具体到语言手段上，Lakoff提出，女性说话时常出现犹豫停顿，使用反问句、空洞的形容词、模糊限制语以及强调成分

（ibid）。她认为强势语是"女性语言"的显著特征之一，女性通过使用诸如I like him so much之类的表达以调节情感强度（Lakoff，1975：54-55）。随后出现许多实证研究，以期证明Lakoff的这一论断。一些研究支持Lakoff的观点，发现女性比男性使用强势语更加频繁（Bradac et al.，1995；Stenström，1999；Tagliamonte & Roberts，2005）。也有研究得出相反结论，例如Vasilieva（2004，转引自Xiao & Tao；2007：242）发现在与电脑相关的说明性文本中，男性比女性更加频繁地使用副词性增强词和模糊限定语。此外，还有研究表明性别差异与词类或语域有关。Bradac等（1995）发现，女性惯常使用的是一些更为常见的强势语（如so，really），而男性则倾向于使用频率略低的词汇（如pretty，completely）。Xiao和Tao（2007）基于BNC的研究发现，总体而言，男性和女性使用的强势语在统计学上并无显著差异，但在传记和机构文献等书面题材中，男性使用的强势语比女性更为频繁，而对于说明性文本，情况则恰恰相反。

这些研究一方面对强势语与性别之间的关系进行了不断深入的探讨，另一方面也存在两个问题。首先，大多数此类研究认为诸如"性别""权利""语言"等是静止不变的概念，语言形式和社会身份是反映与被反映的关系，忽略了性别和身份的流动性以及语言（话语）的建构作用（Bucholtz et al.，1999；Talbot，1998）。其次，大部分研究关注的对象是对话语言，对书面语言的研究较少，涉及翻译语篇的研究更为稀少。据有限调查，似仅有一项研究考察了电视剧剧本中强势语的翻译（Bañosa，2013），且并未考察性别因素。有鉴于此，基于新的性别理论、话语转向下的研究亟待展开，以探究翻译与性别意识形态之间的互动关系。

3.4.3 研究设计

3.4.3.1 研究问题

本节基于后结构主义性别理论，参照话语转向的性别与语言研究模式，以强势语为切入点，探讨翻译与性别意识形态之间的互动关系，性别身份如何通过翻译语篇构建。

具体而言，本节试图回答以下问题：

（1）翻译语篇中男性与女性使用的强势语呈现何种特征？这些特征与之前的研究结果相符还是相悖？

（2）男性译者和女性译者是怎样在翻译语篇中通过强势语建构自身性别身份的？是否体现出差异或共性？

（3）影响上述两个问题答案的可能因素有哪些？

3.4.3.2　研究语料

本节选取的研究语料为小说《沉重的翅膀》及其两部英文译本。《沉重的翅膀》是女作家张洁于1981年出版的作品，1985年获第二届"茅盾文学奖"。这部小说以"四个现代化"为题材，开20世纪80年代初"改革文学"之先河，颇具影响。小说正文部分共计224,023个汉字。戴乃迭翻译的 *Leaden Wings* 于1987年由伦敦Virago出版社出版，正文包括55,727个英文单词。另一个译本 *Heavy Wings* 由葛浩文翻译，1989年在纽约由Grove Weidenfeld出版社出版，正文共计107,938个英文单词。两个译本都对原作有所删减，但并未改变原作的整体章节结构与叙事结构。

3.4.3.3　研究步骤

首先，利用语料库软件ParaConc将两译本分别与原文进行句级对齐平行。

其次，参照Quirk等（1985：590-591）及Holmes（1990）的理论及研究方法，确定以下常用强势语（包括极大词与增强词）作为研究对象：absolutely、completely、entirely、extremely、fully、perfectly、quite、thoroughly、totally、utterly、badly、bitterly、deeply、enormously、greatly、highly、much、so、terribly、a lot、very、pretty、of course、really。

然后，将上述强势语作为检索项，利用ParaConc分别在两个译本中进行检索。作为强势语使用的予以记录，否则排除不予进一步考察。

最后分析两译本中强势语的具体特征、功能及与原文的关系。

3.4.4 结果

3.4.4.1 强势语在译本中的整体使用情况

检索结果发现，两个英译本中使用的强势语在数量及种类上存在一定差异。戴乃迭译本中检索出17类词汇，葛浩文译本中包括19类。详见表3-1和表3-2。

表 3-1　戴乃迭译本强势语使用频率统计

强势语	频数／每千字频率
So	119/2.14
Very	44/0.79
Really	35/0.63
Much	12/0.22
Completely	11/0.20
Of course	8
Quite	7
Highly	6
Thoroughly	5
Extremely/pretty/bitterly	3
A lot/fully	2
Absolutely/badly/deeply	1
合计	263
每千字频率	4.719

表 3-2　葛浩文译本强势语使用频率统计

强势语	频数／每千字频率
So	240/2.22
Really	86/0.80
Very	49/0.45
Completely	28/0.26
Quite	18/0.17

强势语	频数／每千字频率
Pretty/much	15
Perfectly	11
Of course	10
A lot/deeply/totally	6
Absolutely/badly/extremely/highly	4
Terribly	2
Entirely/fully	1
合计	510
每千字频率	4.725

根据表3-1及表3-2，首先，两译本使用的强势语在每千字频率上并无显著差异。这与Lakoff（1975）的经典论断不符，即女性使用的强势语多于男性。本研究所用语料中，女性译者使用的强势语在频率上反而低于男性译者。Lakoff同时认为，so是具有女性特征的强势语，女性比男性更喜欢使用so，因为相较于very而言，so所表达的强度略弱，因而可以使女性的语言显得不那么直白（Lakoff，1975：54-55）。但我们的语料表明，男性使用so的频率（每千字约2.22）高于女性（每千字约2.14），因而也与Lakoff的观点不符。可见，强势语的使用与性别之间并非存在绝对关系。随着交际场景的改变——包括语域的改变——这一关系也在改变，进而致使性别身份的构建发生变化。

其次，两个译本使用次数最多的都是so、really和very。这一点与Tagliamonte及Roberts（2005）的研究结果部分一致。后者考察了《老友记》中使用的强势语，发现剧中无论男性还是女性，使用最为频繁的都是so、really、very三个词。然而，这两位学者还发现，《老友记》中女性使用so的频率是男性的两倍多，而男性和女性使用very的频率相当。就这一点上，本研究所用语料与Tagliamonte及Roberts（2005）的发现相反。男性译者使用so的频率约为（每千字）2.22，女性译者使用的频率为（每千字）2.14，男性的使用频率高于女性。另外，男性译者使用的very在频率上低于女性译者（0.45对0.79），同样与Tagliamonte及Roberts（2005）的发现不符。同时，这一点与Bradac等（1995）的研究发现部分不符。Bradac等（1995）研究了男性和女性在以解决问题为导向的对话交际中使用强势语的情况，发现女性使用较多的是一些更为常用的词汇，诸如so、really等，而男性使用不太常用的词汇（如pretty、completely）的次数更多（Bradac et al.，1995：106）。此处翻译语料中，男性及女性都更倾向于使用so、really及very这些常见词汇，但从completely及pretty的使用频率来看，男性译者每千字使用分别约0.26次和0.14次，明显高于女性译者（每千字各约0.20和0.05次），又印证了Bradac等（1995）关于男性更倾向于使用出现频率较低词汇的论断。

3.4.4.2 强势语在译本中的功能

Holmes（1990）指出，强势语在语境中承担的功能是强调其所分析的关键要素（Holmes，1990：188）。为此，我们进一步考察了上述强势语分别在翻译文本中所修饰的词汇类型／小句。这些词汇包括形容词（包括动词过去分词）、副词、动词、名词和代词[①]，又可分为情感类表达及表达事物、属性、方式或动作过程的中性表达。譬如下例中so的用法：

例1.　But why does she look so unhappy?（情感，戴乃迭）

例2.　The bread has been cut into thick slices so uniform they might have been measured with a ruler.（中性，葛浩文）

[①] 修饰名词和代词是针对quite而言，在quite+a/the+noun及quite+pron这样的结构中，quite作为强势语使用（Martínez，2009：205ff）。

具体统计结果见表3-3^①。

表 3-3　两译本中修饰情感类及中性表达的强势语

	情感		中性	
	频数	百分比	频数	百分比
戴乃迭	42	15.97%	221	84.03%
葛浩文	58	11.37%	452	88.63%

Lakoff（1975）认为，可能是由于女性使用的情感词汇比男性多，女性更为频繁地使用强势语。本研究所用语料中，女性译者用以修饰情感词汇的强势语频率为每千字约0.75，男性译者的译本中这一频率为每千字约0.54。此外，女性译者用以修饰情感词汇的强势语所占比例高于男性译者4个百分点，说明强势语的使用和情感词汇之间可能确实存在关联。然而，与这一差异相比，两个译本之间的共性更为明显：两个译者使用强势语修饰中性表达的比例都远高于修饰情感表达的比例。

Tagliamonte及Roberts（2005）统计《老友记》中出现最多的两个强势语so和very所修饰的词汇类型，发现男性角色及女性角色用以修饰感情类词汇的so都是用以修饰中性词汇的两倍多，而男性角色用very修饰感情词汇的比例超出中性词汇的两倍，女性角色使用very修饰两种词汇的比例则相当。我们统计了《沉重的翅膀》两个译本中so、very及really所修饰的词汇类型，发现无论是男性译者还是女性译者使用这三个强势语修饰中性表达的比例都远高于修饰感情类词汇的比例。详见图3-1。

---

① 由强势语修饰的小句被统计入"中性表达"类里。这类小句在两个译本中的数量都不是很多，戴乃迭译本中有5句，葛浩文译本中有10句。

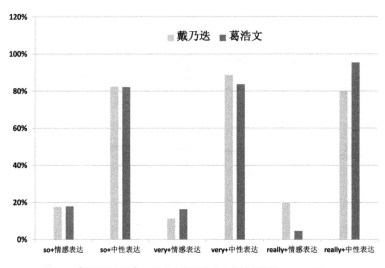

图3-1 《沉重的翅膀》两译本中修饰情感及中性表达的so、very及really

可见，在翻译语篇中，译者通过强势语构建的性别身份并不等同于模拟日常交际情境的电视剧对话所构建的角色性别身份。就本研究语料而言，男性及女性译者使用so、really及very修饰感情词汇及中性词汇上体现出的性别身份并无差异。

3.4.4.3 译文中的强势语与原文的关系

翻译语言与自然语言（尤其是对话语言）不同，被称为"中介语"或"第三语码"，是介于源语及目的语之间、受二者共同影响的产物。同时，译者具有主体性，并非原文透明的传声筒，势必在译文中留下"声音"及"指纹"。因此，需要考察译文中使用的强势语与原文之间存在的关系，查看译文在多大程度上与原文对应，在多大程度上增强或减弱了原文表达的程度。如果译文使用了强势语来增加程度，而原文并无增加程度的词汇，或译文使用了超出／降低原文表达程度的强势语，都是译者留下的"指纹"，表明译者的介入。

我们考察了与上述强势语所在索引行对应的原文，发现两个译本都存在改变原文表达程度的现象，包括增强程度和减弱程度。改变程度的手段又有两种，一是原文没有使用强势语的情况下在译文中增添强势语；另一是在译文中使用表达程度比原文更高／低的强势语。详见表3-4。

表3-4 两译本使用的强势语与原文的关系

	程度不变		程度增强		程度减弱		合计
	频数	百分比	频数	百分比	频数	百分比	
葛浩文	230	45.10%	274	53.73%	6	1.18%	510
戴乃迭	152	57.79%	111	42.21%	0	0	263

统计结果表明，两个译本使用的强势语与原文之间的关系存在显著不同。男性译者的译本中存在减弱原文表达程度的情况，尽管只有6例，但女性译者的译本中则没有发现这种翻译策略。另外，男性译者在译文里增强原文表达程度的比例高于保持原文表达程度不变的比例，相差约8个百分点。而女性译者的翻译策略则恰相反，保持原文表达程度不变的比例比增强程度的比例高约15个百分点。说明男性译者更倾向于将原文进行增强程度的改写，而女性译者则可能希望在译文中保持程度不变。换言之，女性译者比男性译者在程度表达上更忠实于原文，而男性译者对译文介入的更多。一方面，男性译者利用强势语对原文中超过一半的程度表达都进行了调整；另一方面，男性译者使用强势语的翻译策略更多样，不仅对原文表达的程度进行增强，还在一些情况下将其减弱。譬如以下各例：

例3. 汪方亮是个*绝顶*聪明的，又能够洞悉别人心理状态的人，虽然有时这种剖析未免过于刻薄。

An ***extremely*** bright man, Wang Fangliang has a knack for sensing what is on other people's minds, even though his conclusions are often overly critical.（不变，葛浩文）

例4. 况且，这女人和跟他共同生活了多年的妻子不同，不能用男人对女人的那种迁就态度，她是完全独立于男人之外的。

As she was *so* different from his wife he couldn't humor her or throw dust in her eyes. （增强，戴乃迭）

例5. 脸上没有一点喜兴的样儿，气色也不好，准是吃肉吃得太少的过。

She doesn't look *very* happy, and you can tell she doesn't eat enough meat. （减弱，葛浩文）

例3译文中，强势语extremely对应原文"绝顶"一词。在语义上，二者都表达程度的最上限，因此，译者将"绝顶"译为extremely，原文表达的程度保持不变。例4中，so different对应原文的"不同"一词。译者添加so强调different，从而增强了原文表达的程度。例5中very与not连用，表达的程度显然比原文"没有一点"要弱。"没有一点"与not...at all所表达的程度更为接近。

3.4.5 讨论

自Lakoff提出"女性语言"的论断后，针对性别与强势语之间相互关系的研究都是基于对自然语言，尤其是对话语言的考察之上，并未涉及翻译语言。我们考察翻译语料中使用的强势语，印证了之前的部分研究结果，但也与之存在一些不符之处，主要包括以下几点：

（1）本研究涉及的翻译语料中，男性译者使用强势语的频率整体上几乎与女性译者持平，与Lakoff（1975）的女性使用的强势语多于男性这一论断不符。

（2）Lakoff（1975）、Bradac等（1995）以及Tagliamonte和Roberts（2005）的研究发现，女性比男性使用so的频率高。但在我们的翻译语料中，男性译者使用so的频率高于女性译者。

（3）Lakoff（1975）认为女性可能会避免使用very这种直接表达强烈情感的词汇，转而以so代替。此外，Tagliamonte和Roberts（2005）发现男性和女性使用very的频率相当。但我们发现翻译语料中，女性译者比男性译者使用的very更多，频率约为男性译者的两倍（0.79对0.45）。

（4）就两个译本中使用最多的三个强势语so、really及very而言，修饰中性表达的比例都远高于修饰情感表达的比例，这与Tagliamonte和Roberts（2005）的研究结果部分不一致，他们发现女性角色使用very修饰两种词汇的比例相当。

除此之外，我们考察了译文和原文的关系，发现男性译者使用的强势语中，有超过一半改变了原文表达的程度，而女性译者的译本中，这一比例是约百分之四十。另外，男性译者不仅使用强势语增强原文表达的程度，而且存在减弱原文程度的情况，但女性译者的译本中仅出现程度增强的情况。

传统的社会语言学研究一直认为，由于女性喜欢夸张的表达（Stoffel，1901：101转引自Ito & Tagliamonte，2003：260），使用强势语是女性语言的特征之一（Jespersen，1922；Lakoff 1975）。就我们的翻译语料而言，整体上男性译者使用强势语的频率与女性译者并不存在明显差距，这意味着至少在本研究涉及的语料中，强势语无法成为女性语言的标志。女性在某些场合中可能如Lakoff所言的那样使用更多的强势语，但整体性的论断，即强势语与女性语言之间存在必然的关系，却无法令人信服。不同语域中，男性或女性使用这一语言手段的方式可能发生改变，因而强势语与性别之间并不存在一种固定不变的标志性关系。

此外，"女性喜欢夸张的表达"这一说法也无法从译文与原文的关系中得到证实。如前文所述，男性译者的译本中，过半的强势语改变了原文表达的程度，比女性译者的译本高出近十二个百分点。这一方面说明女性译者的译文在程度表达上比男性译者更忠实于原文，另一方面也说明女性的表达方式不一定比男性夸张，男性在一些情况下可能反倾向于程度夸张的表达。

翻译语料中呈现出的这一特征是译者自身风格的体现，可能是受到强势语的功能及译者的翻译经历双重影响的结果。从功能上讲，强势语是"表达、表扬、劝说、侮辱以及对听话人信息接收加以影响的工具"（Partington，1993：178），向读者传达出使用者对所陈述的观点的自信程度及态度（Hyland，1998：351）。Hyland（1998）认为，增强词"允许作者进行肯定的表达，带有自信地陈述命题，是对事实的强烈声明。情感上，增强词同时表明了与读者之间团结一致的关系，因为增强词强调共享信息、成员身份以及与读者的直接联系"（Hyland，1998：350）。译者若想增强译文对读者的影响，建立起与读者更为密切的关系，让读者参与互动，并从字里行间体现出翻译时的自信，换言之，译者如想译文在读者中取得较好的接受效果和反响，就可能会动用包括改变原文表达程度在内的种种语言手段以实现其目的。反观葛浩文的翻译经历，似乎不难理解翻译《沉重的翅膀》对他的职业生涯的意义。80年代初，葛浩文受美国Grove Press出版公司邀请翻译《沉重的翅膀》。在此之前，他作为译者为人所了解的作品仅有与殷张兰熙合译的台湾小说家陈若曦的短篇小说集《尹县长》（吕敏宏，2010：31）。而正是在翻译了《沉重的翅膀》之后，葛浩文"才开始有意识地走上翻译的道路……接手一部又一部中国当代小说。"（ibid）可见，翻译《沉重的翅膀》时，葛浩文仅是翻译界的新手，若要成功，他的译作必须与读者建立起共鸣，从而获得好评。为此，他可能会在翻译时采取调节原文表达程度的策略以抓住读者的心理，左右读者的情感与判断，进而赢得读者的兴趣反馈。戴乃迭的翻译经历则不同。翻译《沉重的翅膀》之前，戴乃迭早已是蜚声海内外的知名译者，由她自己独译或和杨宪益合译的中国文学作品是国外研究汉语和汉学的必读书目。翻译《沉重的翅膀》时，译者虽然可能需要在一定程度上利用语言把握住读者的心理，然而这时她更多关注的应该是如何更好地传达原作的思想内涵以及中国的文化与现状。两位译者迥异的翻译身份可能就是导致他／她们在使用强势语这种调节程度表达的语言手段上存在差别的重要因素。葛浩文通过改变原文表达的程度以使译文对读者更具影响，与读者建立更密切的联系，从而赢得读者的兴趣。戴乃迭则更注意与原文保持一致。

就两个译本中使用最多的强势语so、really及very而言，男性译者使用so及really的频率高于女性译者，使用very的频率则低于女性译者，与之前的研究结果不一致。Lakoff（1975）认为，相较于very而言，女性一般更倾向于使用so，因为so和very虽同为强势语，但so所表达的程度相对克制，不若very那样直白，而女性喜欢"像淑女那样说话"，所以更愿用so，既可表达出情感的强烈或言语的肯定，又可以"在剧烈程度或肯定程度上含糊其词"（Lakoff，1975：54-55）。Tagliamonte和Roberts（2005）则认为，之所以《老友记》中女性角色使用的so及really比男性角色多，使用的very和男性角色相当，是与拉波夫（Labov）的第二定律有关，即女性通常是语言变化中的创新者（Tagliamonte & Roberts，2005：288）。这两位学者指出，无论是美式英语还是英式英语，so、really及very三个词中，very是最古老的强势语，really其次，而so是最新出现的一个，因此，女性多使用so，正表明她们在引领语言的变化，very是存在时间最长、被认为是最典型的强势语，因而在男女使用者之间的分布十分均匀，really居中，女性使用的really比男性多，但差距不若so那么大，因此这与语言变化的规律及女性在这一变化中起到的引领作用是吻合的。然而，我们的翻译语料中，情况则恰恰相反：女性译者使用so及really的频率低于男性译者，使用very的频率则高。这意味着翻译语料所呈现出的"异样"模式背后，存在不同于前述两项整体性论断的可能影响因素。我们认为，此处翻译语料中的不同结果可能和两位译者的年龄差距有关。年龄和语言使用之间的密切关系已经被证实（cf. Cheshire，1987；Coupland & Coupland，2001）。同时也已有研究揭示出强势语的使用与年龄之间存在的规律（Poynton，1990）。就此处涉及的so、really及very三个词而言，Ito和Tagliamonte（2003）发现，35岁以上的语言使用者当中，very是出现最频繁的强势语，而在35岁以下的人群里，really则是使用最多的一个。另外，整体上so的使用频率位于very及really之后。Singh（2005）的研究结果类似：老年人使用very最为频繁，中年人使用最多的是really，而年轻人则偏好so。本研究中的两位语言使用者之间存在较明显的年龄差距，足以形成语言使用习惯上的差异。戴乃迭生于1919年，葛浩文生于1939年，二人年龄相去20年。翻译《沉重的翅膀》时，葛浩文尚属中年（40+），而戴乃迭已步入老年（60+）。因此，从年龄上看，本研究的结果与之前的发现是吻合的，即中青年人使用的really或so更多，老年人使用的very更多。

另外，在我们的翻译语料中，无论男性译者还是女性译者使用强势语修饰情感词汇的比例都远低于修饰中性词汇的比例，这可能与小说本身的题材有关。《沉重的翅膀》主要讲述的是与20世纪70年代末80年代初中国重工业领域内"四化"建设有关的故事，很大一部分篇幅围绕汽车制造厂、重工业部门改革、管理机制革新等问题展开。此外，小说着重描写的人物是男性及少数有话语权的（职业）女性，对人物的刻画上——无论是人物的语言还是全知型叙述者的讲述——涉及情感的表达与其他题材的小说相比并不很多。总体上，这部"改革"小说不同于其他侧重于探讨人性、人生和人的情感的作品，更多地是为了契合大的政治环境，探讨政治经济问题，这可能就导致小说中使用的直接体现人物情感的词汇少于表达更为客观的中性词汇，从而直接影响译文中与之搭配的强势语的分布。

3.4.6 结论

第三波女性主义性别与语言研究以第二波女性主义性别与语言研究的整体性论断为研究背景，其出发点是认为，性别的建构受到具体交际语境、社会文化传统及语言使用者的其他身份等多重因素的共同作用，因而是不断流动变化的。语言是建构性别身份最基本的途径（West et al.，1997：119-120），而不是性别的标志。因此，具体语境中不同的语言使用方式建构出不同的性别身份。翻译作为一种语言交际活动，自然也是译者"操演"性别身份的渠道。

本研究以强势语为例，考察了翻译与性别意识形态之间的互动关系。研究结果表明，男性译者及女性译者使用强势语建构性别身份的方式存在差异以共性。整体上，两位译者使用的强势语在频率上及功能上无甚区别，没有体现出性别的差异。但就具体的强势语而言，以及从译文中的强势语与原文的关系来看，两位译者之间存在明显不同。两个译本中出现最多的三个词中，男性译者使用的so及really比女性译者频率高，very比女性译者频率低。此外，男性译者对原文表达程度所做的改动幅度高于女性译者。无论是两个译者使用强势语的整体特征，还是具体词汇的使用方式，都与之前的第二波女性主义理论下的性别与语言研究的论断不同，这不仅给之前的论断提出了反证，也在一定程度上折射出这些论断本身隐含的性别意识形态和性别成见。

本研究认为，性别身份与其他多种因素之间存在互动，包括语言使用者的个人经历、年龄以及语域。本研究中涉及的语言使用者为翻译工作者，译者翻译经历的丰富程度，包括译者的翻译水平和知名度，对译者的翻译策略和翻译语言有直接影响。此外，翻译话语是具有独特性质的语域，翻译语言同时受到至少两种语言的共同作用以及原文的制约，必然有其不同于自然语言的本质特征。实质上，对性别建构加以作用的乃是整个翻译活动运作的机制，这其中包括译者的主体性以及翻译过程的本质等等。

本研究由于语料的局限，难免存在种种不足。要进一步考察翻译话语中性别建构的方式，未来的研究需要扩大研究语料的范围，对不同性别的译者群体的多部译作加以分析，从而深入探究翻译活动的运作机制以及翻译的本质与性别建构之间的互动关系。

3.5 ｜ 个案分析2：记者招待会汉英口译中性别差异研究

3.5.1 引言

　　自从20世纪80年代翻译研究的文化转向以来，学界开始将视线投向翻译与意识形态之间的互动关系（查明建，2001；Ruiz，2013；姜秋霞，2006；Munday，2007；贾卉，2008；王晓元，2010；杨柳，2010；朱晓敏，2011）。其中，性别与翻译之间关系研究亦愈来愈受到学界的关注（Simon，1996；刘霞敏，2007；穆雷，2008；罗娜，曾利沙，2014）。然而，这些研究均未涉及性别与口译之间的关系。鉴于此，本节以汉英会议口译语料库为研究平台，分析从事记者招待会汉英口译的男性译员和女性译员在英语词汇或句式结构应用以及汉英口译策略与方法等方面的差异及其原因，以期揭示记者招待会汉英口译与译员性别之间的关系。

3.5.2 文献回顾

　　自从20世纪70年代初女性主义翻译理论兴起以来（Lori Chamberlain，1993；Simon，1996），性别与翻译关系的研究逐渐发展成为翻译研究的热点。一方面，学界探讨性别意识尤其是女性主义意识对于翻译的影响，另一方面则分析翻译在性别身份或性别形象构建中的作用。

　　Godard（1984）比较了男译者和女译者翻译行为的差异，指出女性在进入公共领域时必须将女性语言翻译到父权语言之中，因而女性具备两种看待现实的视角。而男性处在权利关系中的主人地位，视角单一。在翻译女性作品时，男性视角的狭隘性往往被暴露出来。她强调女性译者在一些意义具体的词汇尤其是关乎身体的词汇的应用方面更为系统。

　　Nissen（2013）主张具体语言中性别的语言结构以及性别的不同内涵会在较大程度上影响翻译过程以及目的语读者观察现实的方式，因为译者在分析源语文本的性别以及确定源语和目的语文本中性别内涵的意识形态影响方面发挥着重要作用。

Hsin Chia-hui（2011）基于多部英语儿童文学作品汉译本的分析，从人物形象塑造和女性翻译策略的应用等方面论述了译者的性别对翻译过程的影响。作者指出儿童文学作品的男译者往往凸显男性的主导地位，勾勒女性的弱势地位，而女译者往往会自觉或不自觉地表达对女性的同情，强调男女平等，挑战男权至上的传统。

孟翔珍（2002）分析了《呼啸山庄》的杨苡和方平译本差异，指出中国译界"忠实"和"通达"是主流，但女译者作品表现出了与男作家不同但不太显著、无意识的性别差异特征。

刘霞敏（2007）对分别由男女译者翻译的《简·爱》汉译本所做的比较表明，男译者受父权社会及其制度的影响，往往赋予原文中性词汇以贬义色彩，以此彰显男性的优越感，而女译者则通过词汇选择有意识地表现出强烈的自我提升意识。作者指出男性和女性在心理性别和社会性别上的差异通常会在自然语言中留下印记，这在翻译，尤其是文学翻译中多有体现。

王璟（2011）以张爱玲翻译的《老人与海》汉译和《怨女》的英译为研究对象，较为系统地分析张爱玲的性别意识对其文学翻译实践的影响。研究表明张爱玲在翻译与其性别意识相冲突的文本时，倾向于从文本解读、词汇选择和撰写译序等方面对原文进行性别重写。在翻译其具有女性主义色彩的文本时，张爱玲强化了原文的女性主义立场，促进了原作的性别建构，从而使译者的身影在译文中得到充分体现。

应当指出，上述研究或从理论层面阐述了性别意识形态与翻译之间的互动关系，或基于翻译语料的分析，对翻译文本所体现的性别意识作了较为深入的分析，深化了我们对于翻译与性别意识形态关系的认识。不过，这些研究局限于笔译语料的分析，研究的语料规模较为有限。为此，本节利用汉英会议口译语料库3.0版，依据批评话语分析相关理论或原则，深入分析记者招待会汉英口译中的性别因素。批评话语分析是指在分析语篇的语言特征及其生成、传播和接受的社会历史语境基础上，探讨语篇所蕴含的意识形态意义，阐明语言、权利和意识形态之间关系的研究。具体而言，批评话语分析以语篇的分类系统、及物系统、情态系统和转换系统为切入点，分析语篇之中含而不露的意识形态意义。本节将具体回答两方面问题：（1）从事记者招待会汉英口译的男性译员和女性译员在典型英语词汇或句式结构应用以及口译策略与方法运用方面是否呈现差异？（2）如果存在差异，其具体表现和内在原因是什么？

3.5.3 研究设计

3.5.3.1 研究语料

汉英口译语料库3.0版收录了5位男译员完成的12场记者招待会汉英口译语料，以及12位女译员完成的16场记者招待会汉英口译语料。为确保用于研究的口译语料之间具有可比性，我们选取了分别由5位男译员和7位女译员完成的口译语料，他们完成的记者招待会场数均为12场。具体情况如表3-5所示：

表 3-5　男性译员和女性译员口译语料的相关信息

	男性译员语料	女性译员语料
记者招待会场数	12	12
记者招待会的录音时间（分钟）	1,223	1,356
源语文本的形符	84,388	108,598
源语文本的类符	1,792	2,113
目的语文本的形符	71,816	78,763
目的语文本类符	4,953	5,169

根据表3-5，作为本文研究对象的男译员和女译员口译语料所涉及的记者招待会场数一致，记者招待会的录音时间以及目的语文本的形符总数相当接近。而且，这两类语料主题相同，涵盖国防、经济、政治和外交等，翻译方向均为将译员的母语（汉语）译成英语。此外，这两类语料所涉及的口译活动均在全国人民代表大会和中国人民政治协商会议期间举

行，地点均为人民大会堂。最后，男性译员和女性译员的背景相同，均接受过良好的外语教育，能够较为流利、自然地运用英语。因此，这两类语料的可比性较为理想。

3.5.3.2 研究步骤与研究方法

根据批评话语分析相关理论（Fairclough，1989，1992，2008），情态系统具有显著的意识形态意义。情态系统一般用于表示说话者对话语命题真实性所承担责任的程度、说话者对未来行为做出承诺或承担的义务，体现交际双方之间的社会距离和权利关系等。情态系统主要包括情态动词、情态形容词、情态副词和人称代词等（胡开宝，李晓倩，2015）。此外，强势词和态度动词的应用均蕴含了说话者的主观态度，体现了说话者与听话者之间的权力关系。为此，我们利用ParaConc软件，分别从男性译员和女性译员的口译语料中提取含有英语情态动词、强势词、态度动词和人称代词"we"的语料及其对应的汉语原文，比较分析男性译员和女性译员在上述词汇应用方面所呈现的差异。此外，作为一种特殊的话语实践，翻译必然会受到包括译者性别意识形态在内的意识形态的影响。这一影响具体表现为意识形态因素对于译者翻译策略和方法应用的制约。因此，我们以英语情态动词、强势词、态度动词和人称代词与汉语原文之间对应关系为切入点，分析了男女译员在口译策略与方法应用方面的特征以及两者之间的不同之处。最后，我们依据关于批评话语分析以及关于社会性别角色的相关理论，探讨形成上述差异的内在原因。

3.5.4 结果与讨论

3.5.4.1 男性译员和女性译员口译文本语言特征比较

我们从情态动词、强势词、态度动词和人称代词"we"的应用切入，对男性译员和女性译员口译文本的语言特征做了比较分析。

（1）英语情态动词的应用

英语情态动词是用于表达可能性和必要性等情态意义的助动词。根据

Palmer（1990；2001）的观点，情态动词分为认识情态、义务情态和动力情态三类。认识情态表示说话者对命题真实性程度的判断。义务情态表示说话者认同主语的某种责任、义务，对某事的允诺或对将来事件的许诺。动力情态则表示主语的能力或意愿。在日常交际中，情态动词可用于对一个命题的真实性表达不同程度的判断，也可以用于向一个针对听话者的提议或指令施加不同程度的压力。根据Halliday的观点（2000：76；358），情态强度分为高、中、低三个基本量值。其中，"must""ought""need"和"have to"属于高量值的情态动词，而"can""could""may"和"might"为低量值情态动词。我们以这些情态动词为检索项，提取包含这些词汇的英语语句及其对应汉语原文，计算这些词汇的应用频率。具体情况如表3-6所示：

表3-6　男女译员口译文本中情态动词的应用比较

情态动词	男性译员口译文本	女性译员口译文本
must	52	56
ought to	0	54
need	0	0
have to	26	27
小计	78（11／每万词）	137（17.39／每万词）
卡方检验	X平方=11.244，P值=0.001	
can	271	155
could	14	29
may	27	38
might	11	7
小计	323（44.98／每万词）	229（29.07／每万词）
卡方检验	X平方=26.006，P值=0.000	
总计	401（55.98／每万词）	366（46.46／每万词）
卡方检验	X平方=6.506，P值=0.011	

　　根据表3-6，男性译员口译文本的高值和低值情态动词应用频率之和

为每万词55.98次，女性译员口译文本的应用频率则为每万词46.46次。前者显著高于后者。其中，男性口译文本中高值情态动词的应用频率为每万词11次，而女性口译文本高值情态动词的应用频率则是每万词17.39次。后者显著高于前者。不过，前者低值情态动词的应用频率为每万词44.98次，后者低值情态动词的应用频率为每万词29.07次。前者显著高于后者，为后者的1.55倍。很明显，女性译员比男性译员更倾向于使用高值情态动词，而男性译员比女性译员更频繁地应用低值情态动词。通常，情态动词用于表达说话者对于可能发生的状态或行为的态度或心情。高值情态动词一般表示说话者的主观取向和决心，传达强制的态度。中低值情态动词的应用可以使某一主张的表达较为委婉，不带有强制色彩，使听众更容易接受。总体上看，女性译员更倾向于表现记者招待会嘉宾谈及有关问题时的决心，强调该问题的重要性，凸显嘉宾的权威地位。而男性译员则频繁应用低值情态动词，以期采用较为委婉、理性的方式向听众传达嘉宾或其他说话者的观点，使其更容易为听众所接受。

我们分析了与高值情态动词搭配的主语，发现女性译员口译文本中，与"must"和"have to"搭配的主语主要为第一人称复数"we"（频数分别为40和20）。分别与"we"搭配的情态动词"must"和"have to"占这两个词汇频数总数的71.43%和74.07%。此外，与第一人称单数主语"I"搭配的"have to"占"have to"频数总和的14.8%。这些情态动词与以上第一人称的搭配既表达了记者招待会嘉宾的坚强决心和坚定立场，又在语言表达上给人强势的感觉，拉大了嘉宾与听众之间的距离。而在男性译员口译文本中，虽然与"must"和"have to"搭配的主语也以第一人称复数"we"为主，与"we"搭配的"must"和"have to"频数分别占这些情态动词频数总和的65%和50%，但仍有为数较多的高值情态动词与名词主语搭配，如"China""Hong Kong""measures"和"resolution"等。相比较而言，高值情态动词与名词的搭配在语言表达上要比这些情态动词与第一人称主语的搭配客观些，更容易让人接受。

我们还发现男女译员口译文本中一定数量的情态动词系译者采用增译法而来。具体情况如表3-7所示。

表 3-7　男女译员口译文本中增译而来的情态动词应用比较

情态动词	男性译员口译文本	女性译员口译文本
must	25	34
ought to	0	1
need	0	0
have to	13	6
小计	38（5.29／每万词）	41（5.21／每万词）
卡方检验	X平方=0.005，P值=0.942	
can	161	60
could	7	14
may	15	19
might	6	2
小计	189（26.32／每万词）	95（12.06／每万词）
卡方检验	X平方=40.553，P值=0.000	

根据表3-7，男性译员口译文本与女性译员口译文本中增译而来的高值情态动词应用频率的差异并不显著（P值大于0.05），不过前者增译的低值情态动词的频率显著高于后者（P值小于0.05）。不难看出，男性译员更倾向于凭借低值情态动词的应用拉近记者招待会嘉宾与听众之间的距离，以构建嘉宾作为中国政府高级官员的亲民形象。

（2）英语强势词的应用

强势词是强化语义，表达对观点的确信，突出信息中心，以及建立作者和读者关系的词汇的总称。强势语一般分为3类，即：①强化词。强化词具体分为最高程度词、增强词和减弱词。最高程度词即语义信息强度已达到最高强度，如absolutely、completely、entirely、fully和thoroughly等。增强词即增强语义信息强度的程度副词，如very、quite、considerably、greatly、highly和strongly等。减弱语则为减弱语义信息强度的程度副词，如

somewhat、a little、a bit等。②强调词，即增加陈述力度，增强说服力的词汇，如indeed、really、actually、definitely等。③确信词汇，即表达对命题确信的词汇。该类词汇分为确信副词、确信形容词、确信动词和确信名词，如clearly、certainly；clear、certain；demonstrate、show；fact等。我们分别提取男性译员和女性译员口译文本中包含英语强化词"absolutely""completely""extremely""always"，强调词"actually""certainly""indeed""of course""really""surely"，和增强词"very""rather""quite""greatly"和"considerably"等的英语语句及其对应的汉语原文，分析这些词汇的应用频率及其特征（具体情况如表3-8所示）。

表3-8　男女译员口译文本中强势词的应用比较

强势词	男性译员口译文本	女性译员口译文本
absolutely	0	3
completely	11	8
extremely	9	2
always	48	60
小计	68（9.47次／每万词）	73（9.27次／每万词）
卡方检验	X平方=0.016，P值=0.896	
actually	78	39
certainly	14	3
indeed	20	33
of course	24	14
really	30	7
surely	8	6
小计	174（24.23次／每万词）	102（12.96次／每万词）
卡方检验	X平方=26.117，P值=0.000	
very	209	158
rather	2	11
quite	55	21
greatly	5	4
considerably	1	0
小计	272（37.87次／每万词）	194（24.63次／每万词）

强势词	男性译员口译文本	女性译员口译文本
卡方检验	X平方=21.356，P值=0.000	
总计	503（70.04次／每万词）	369（46.85次／每万词）
卡方检验	X平方=35.090，P值=0.000	

由表3-8可知，男性译员口译文本中，强势词的频数为503次，应用频率为每万词70.04次，而在女性口译文本中，强势词的频数为369次，应用频率为每万词46.85次。前者的应用频率为后者的1.49倍。其中，男性译员口译文本的最高程度词应用频率为每万词9.47次，女性译员口译文本为每万词9.27次，两者之间并无显著差异；两者强调词和确信词的应用频率之和分别为每万词24.23次和每万词12.96次，前者显著高于后者（P值小于0.005），为后者的1.87倍；增强词的应用频率分别为每万词37.87次和每万词24.63次，前者为后者1.54倍。相比较而言，男性译员比女性译员更倾向于使用强调词、确信词以及增强词。如前所述，强势词一般用于强调语义信息的焦点与重点，增强某一观点或主张的可信性，影响并说服读者接受说话者或作者的观点。根据Hyland的观点（1998：353），强势词的应用不仅可以增加命题的真值，给读者以信心，而且能够构建权威、决断的可信形象，并策略地将信息作为共享和共识呈现。从这个意义上讲，男性译员比女性译员更注重强调词、确信词和增强词的应用，以增强记者招待会嘉宾说话的可信度，说服听众接受嘉宾的主张或观点。

（3）英语态度动词的应用

英语态度动词是指直接表明某一主张或意见是说话者本人的观点或态度的动词，如"think""believe""feel"和"wonder"等。该类词汇的应用可以使得某一观点的表达比较委婉、客气，不至于那么绝对和盛气凌人。比如，"I think you are wrong."（我觉得你错了。）要比"You are wrong."（你错了。）客气，因而更容易让人接受。我们考察了男性译员口译文本和女性口译文本中与作主语的第一人称代词"I"搭配的态度动词，分析了这些词汇的应用频率和特征，结果如表3-9所示：

表3-9 男女译员口译文本中英语态度动词的应用比较

英语态度动词	男性译员口译文本	女性译员口译文本
I believe	58	156
I think	185	71
I thought	0	0
I wonder	2	0
I believed	1	0
I feel	1	0
I felt	0	0
总计	247（34.39次／每万词）	227（28.82次／每万词）
卡方检验	X平方=3.718，P值=0.054	

由表3-9可知，男性口译文本中，上述态度动词的频数为247次，频率为每万词34.39次。女性口译文本中，这些态度动词的频数为22次，频率为每万词28.82次。男性译员口译文中态度动词的应用频率与女性译员口译文本不存在显著差异。我们分析上述态度动词中哪些是由译者增译而来，发现男性译员口译文本中增译而来的态度动词频数为150次，应用频率为每万词20.89次；在女性译员口译文本中，增译而来的态度动词频数为87次，应用频率为每万词11.05次。前者显著高于后者（P值小于0.05）。很明显，男性译员比女性译员更倾向于使用态度动词，其结果导致男性译员口译文本在语言表达上要比女性译员的口译文本更加和缓，更容易让听众接受。

（4）英语人称代词"we"的应用

英语第一人称复数代词"we"的指示意义分包含性和排斥性两种。前者指包含听话人在内的多个人，后者指排除听话人以外的说话人一方的多个人。"we"的包含性指示的应用既可以使听众或读者产生认同感，又可以说服听众接受说话者的观点。根据Fowler等（1979：203）的观点，第一人称复数代词包含性用法的应用可缩短说话者与听话者之间的距离，给人平等参与的感觉。排斥性指示可用于体现权威声音，构建权力身份，同时排斥与说话人对立的立场。我们考察了男性译员和女性译员口译文本中"we"的应用频率，发现前者"we"的频数为1,162次，频率为每万词161.80次。其中，由译员增译而来的"we"的频数为595次，占"we"频数总和的51.20%，应用频率为每万词82.85次；后者"we"的频数为1058次，频率为每万词134.33次。其中，增译而来的"we"的频数为373次，所占百分比为35.26%，应用频率为每万词47.36次。就"we"的应用频率而言，男性译员的口译文本显著高于女性译员的口译文本。此外，前者增译而来的"we"的应用频率也明显高于后者。从这个意义上讲，男性译员比女性译员更倾向于应用"we"。

一般而言，记者招待会旨在向国外听众宣传中国的内政和外交政策以及对国家问题或国际事件的立场，故而记者招待会口译译员所选用的"we"对于国外听众而言基本上属于排斥性的用法。在这种情况下，译者选用"we"会使听众觉得记者招待会嘉宾所表述的观点并非个人观点，而是一个团体或机构的意见或主张，代表着集体的智慧，从而凸显记者招待会嘉宾所表达意见或观点的权威性和可信度。不过，由于"we"兼具包含性用法，其应用可以拉近讲话者与听话者之间的距离，使听众感觉亲切，使他们在心理上容易接受说话者所表达的观点。就人称代词"we"的应用而言，男性译员比女性译员更为关注嘉宾观点或主张的可信度和可接受性。

（5）男性译员和女性译员口译策略与方法比较

我们对男性译员口译文本和女性译员口译文本中英语情态动词、强势语、态度动词和第一人称代词复数"we"与汉语原文之间的对应关系进行分析，比较了男性译员和女性译员口译策略与方法的异同。我们发现男性译员和女性译员采用的口译策略与方法主要为显化、对应、增译、强化和弱化。（具体情况如表3-10所示）。显化是指采用词汇手段明示原文隐含意义的方法。对应法即分别将汉语情态动词、强势词和态度动词以及汉语第一人称复数"我们"译作英语情态动词、强势词、态度动词和第一人称代词复数"we"。增译法是指根据语言表达需要在译文中增加原文并未表达的语义的方法。强化和弱化分别是指选用程度量级或语义强度高或强度低的词汇翻译原文情态动词或程度副词等。

表 3-10　男女译员口译策略与方法的比较

英语词汇	译员	显化	对应	增译	强化	弱化
情态动词	男性	176 (43.89%)	174 (43.39%)	18 (4.49%)	26 (6.48%)	7 (1.75%)
	女性	94 (29.93%)	178 (56.69%)	6 (1.91%)	29 (9.24%)	7 (2.22%)
强势词	男性	0	194 (37.5%)	9 (1.14%)	291 (60%)	9 (1.36%)
	女性	0	183 (46.87%)	1 (0.30%)	174 (48.96)	13 (3.89%)
态度动词	男性	0	98 (39.68%)	149 (60.32%)	0	0
	女性	0	140 (61.67%)	87 (38.33%)	0	0
人称代词 "we"	男性	0	513 (44.15%)	595 (51.20%)	54（变译）(4.65%)	0
	女性	0	609 (57.56%)	373 (35.26%)	76（变译）(12.48%)	0

根据表3-10，男性译员和女性译员均强调忠实于原文，频繁采用对应译法。在男性译员口译文本中，采用对应译法译出的相应英语词汇均占这些词汇频数总和的40%左右，分别为43.39%、46.87%、39.68%和44.15%；而在女性口译文本中，除采用对应译法译出的强势词之外，对应译法应用的比例均高于55%，分别为56.69%、46.87%、61.67%和57.56%。显见女性译员要比男性译员更倾向于应用对应译法。不过，男性译员比女性译员更偏爱运用显化、强化和增译等方法。在男性译员口译文本中，采用显化译

法翻译而来的英语高值和低值情态动词占英语高值和低值情态动词总数的43.89%，是女性译员口译文本（29.93%）的1.47倍；采用强化译法翻译而来的英语强势词占强势词总数的比例高达60%，是女性口译文本（48.96%）的1.2倍；由增译而来的英语态度动词和第一人称代词"we"所占比例分别为60.32%和51.20%，分别是后者（38.33%和35.26%）的1.57倍和1.45倍。总体而言，女性译员比男性译员更为重视对原文的忠实，而男性译员尽管也关注对原文的忠实，但更倾向于对原文进行介入，对原文进行某种程度的改写，其介入程度显著高于女性译员。

3.5.4.2 记者招待会汉英口译中性别差异的原因

综上所述，记者招待会汉英口译中，男性译员和女性译员的口译文本在典型英语词汇以及口译策略与方法的应用方面存在显著差异。男性译员比女性译员更倾向于使用英语低值情态动词、强势词、态度词和第一人称代词"we"，更经常对原文进行某种程度的改写，更为频繁地使用显化、强化和增译等口译方法；女性译员则比男性译员更偏爱使用高值情态动词，更为强调对原文的忠实，其对应译法的应用频率显著高于男性译员。究其原因，这与男性和女性社会性别角色的差异对于口译活动影响不无关系。

社会性别（gender）与生理性别（sex）相对。生理性别是男性和女性的自然性别，表现为生理结构和解剖结构的具体特征。社会性别是指在特定社会文化中形成的性别规范和性别角色以及两性的行为方式，主要体现在性别角色上。社会中的个体总是处于一定的社会位置上，担当着一定的社会角色。社会对每一个处于一定社会地位上的人都提出一定的要求和期望。这种期望反映了社会生活的行为模式，对个人的行为具有很强的引导和制约作用。由于社会期望的形成和发展受制于一定的社会文化，这种文化制约性就赋予社会角色以相当的文化内涵。职业角色和社会性别角色是文化色彩最浓的两类角色。自从人类进入父权社会以后，社会对于男性和女性设置了行为规范和评价体系，界定了男性和女性的社会性别角色。自古以来，我国便有"男尊女卑"和"男强女弱"的传统观念。在封建时代，受三从四德的影响，女性的社会性别角色定义为贤良、体贴和顺从，而男性的社会性别角色表现为独立自主和自由自在等。即使在当代，尽管许多女性的社会地位有所提高，女性的社会性别角色仍然是"被动、接受、服从"，而男性的社会性别角色仍然定位于"主动、创造、征服"。相比较而言，女性社会地位较低，较为感性、主观，倾向于尊重权威、遵守规则；而男性社会地位高，拥有更多的话语权，较为理性、客观，往往质疑权威和规则。

在本节研究的记者招待会中，嘉宾通常是国家领导人或政府部门领导。对于女性译员而言，嘉宾的观点或主张具有较高的权威地位。此外，作为一种特殊的政治文献的翻译，记者招待会汉英口译对翻译质量有着很高的要求。由于女性社会性别角色的影响，一方面女性译员在记者招待会汉英口译过程中往往比男性更为尊崇原文，同时也很重视政治文献翻译的有关要求，故而要比男性译员更加强调译义对原文的忠实，频繁应用对应译法；另一方面，女性译员比男性译员更倾向于使用更富于情绪化特征的高值情态动词，以凸显记者招待会嘉宾所表达观点或主张的权威性。与女性译员不同，男性译员尽管也在一定程度上尊崇原文的权威地位，遵循政治文献翻译的相关要求，但由于其男性性别角色的影响并非被动地忠实于原文，而是在口译过程中表现出积极、主动的姿态，对原文进行适当的介入，灵活运用增译法、显化和强化的翻译方法。受其社会性别角色对理性的要求，男性译员比女性译员更为倾向于选用低值情态动词、态度动词和"we"，因为这些词汇的应用不仅使语言表达不那么盛气凌人，而且也缩短了嘉宾与听众之间的距离。

应当指出，译者翻译策略与方法的选择在很大程度上取决于译者与原作之间的权力关系。如果译者以仰视的态度看待原文，则往往会追求译文与原文之间的忠实与对应，采取异化策略，运用直译法或对应译法。如果译者以俯视的态度对待原文，往往会在翻译过程中对原文进行较大程度的干预，通常会采用归化策略，采用显化、强化、弱化和变异等方法。如果译者以平视的态度看待原文，译者便会同时采用归化和异化策略，不仅会强调对原文的忠实，而且也会对原文进行一定程度的干预。由于记者招待会汉英口译的汉语原文出自国家领导人或政府部门领导之口，加上女性译员的社会性别角色处于较低的社会地位，女性译员便以仰视态度对待原文，在口译过程中往往会更多地强调对原文的忠实。与女性译员不同，男性译员的社会性别角色处于较高的社会地位，而且男性特质之一表现为主动、积极。这些因素在一定程度上抵消了汉语原文对于男性译员的权威性，因而男性译员常常在运用对应译法的同时亦对原文进行某种程度的操控，频繁运用增译法、强化和显化等翻译方法，其对应法应用的频率不及女性译员。

此外，普遍认为强势词常用于强调说话者的意见，加强其话语力度，巩固其社会地位，因而其应用体现了权力关系。本质上，强势词的应用具有权力关系属性，因而社会地位高的人使用强势词的频率要比社会地位低的人高。地位较低的人一般而言处于弱势、被动的地位，常常较少使用与其地位不太相称的强势词。由此可见，女性译员口译文本中强势词应用频率之所以低于男性口译文本，主要是因为男性和女性的社会性别角色不同以及女性的社会地位低于男性。

3.5.5 结语

本节采用语料库方法，较为深入地分析记者招待会汉英口译的男性译员和女性译员口译文本在语言特征和口译策略与方法等方面的差异。研究发现男性译员口译文本中英语低值情态动词、强势词、态度词和第一人称代词 "we" 的应用频率均高于女性译员的口译文本，女性译员口译文本中高值情态动词的应用频率高于男性译员口译文本。就上述词汇与汉语原文之间的对应关系，男性译员更为倾向于使用显化、强化和增译等口译方法，女性译员偏爱应用对应译法。我们认为男性译员和女性译员在典型英语词汇或句式结构应用以及具体翻译策略和方法的运用等方面之所以呈现差异，主要原因在于男性和女性社会性别角色的差异以及女性社会地位低于男性社会地位。

3.6 ｜ 个案分析3：记者招待会汉英口译中的性别差异：以插入语I think和I believe为例

3.6.1 引言

Lakoff（1975）最早注意到了男性和女性在语言特征上的差异。她认为女性的语言相较男性更为间接与犹豫，譬如更多地使用情态词、模糊语等。该说法随后得到一些学者的证实（如Crosby & Nyquist，1977，Preisler，1986）。然而，Holmes（1986：4）却指出许多先前的研究存在重大的方法论问题，这些研究多依赖于不加区分的频次统计而未能考虑相关语言特征的具体功能。基于对I think等几个语言特征的详细考察，Holmes（1986，1988）发现男性和女性只是偏好语言的不同方面而已：男性语言更注重认知方面来表达命题的不确定性，女性语言则更突出情感意义以维持人际间的和谐与团结。因此，她认为女性语言并非比男性更为犹豫或迟疑。本节拟以记者招待会汉英口译为研究对象考察译员性别差异对语言应用的影响，具体探讨Holmes（ibid）的主张在双语转换语境中是否成立。

基于以下原因，本节拟选取插入语I think和I believe为切入点：首先，Holmes（1986：1）指出为了研究结果的有效性，任何对相关语言特征的研究"很显然需要先前的功能分析"，而关注少量的语言特征使得详尽的功能分析成为可能；其次，I think和I believe作为典型的插入语及评价成分，已经高度地语法化（Kaltenböck，2010：237），在口语中常被说话者用于表达主观态度；再者，已有相关研究表明，这些插入成分在口语使用中可能存在性别差异（如Holmes，1986；Aijmer，1997）。本节研究语料为自建的记者招待会汉英口译语料库。

3.6.2 文献回顾

Holmes（1990：202）指出为了能有效地研究语言与性别的关系，研究者需要"建立一套连贯的框架来识别语言特征"，因此有必要梳理有关插入语I think/believe以及性别研究的文献以建立一套可用的分类框架。

Stubbs（1986）较早从语用的角度进行了探讨，他指出包括believe，think等在内的"私有动词"既有情态意义也有心理状态意义。二者的区分取决于命题内容：I think/believe用作情态意义时，命题内容具有可验证性，表达不确定功能；用作心理状态意义时，命题内容不可验证，与可能性无关。Stubbs的分类随后被Jucker（1986）用于新闻访谈话语的分析。

Persson（1993）从语义的角度对I think的用法做了分析，主要区分三种功能：信念、纯粹的观点、主观评判。"信念"指基于可能性的意见，"纯粹的观点"通常伴随表达义务与必要性的命题，"主观评判"则涉及说话者的主观态度与印象。可以看出，Persson的"信念"意义与Stubbs的情态意义较为相似，"纯粹的观点"和"主观评判"则与后者的心理状态意义比较对应。然而Persson指出，在该分类中前两种语义下的I think通常可以与I believe互换，但在第三种语义时则与I believe不再相关。Aijmer（1997：12）对think语义的分析与之类似，主要区分了信念、观点和意图三类。

Holmes（1986：2-4）区分了口语中I think的两种用法：审议和迟疑。前者用于增加命题的分量并表达确信，后者用于传达不确信与迟疑。研究表明，尽管男性和女性在整体频次上并无显著差异，但是在功能上女性更多使用审议用法来传递确信，男性则更频繁借助迟疑功能来缓和命题语力。Aijmer（1997）的发现则与之相反，他采用同样的分类对London-Lund Corpus（LLC）中的非正式对话进行分析，发现尽管男性在I think的总频次上高于女性，但就功能分布而言男性和女性之间并无显著差异。然而，Holmes和Aijmer均指出对于这两种用法的判定取决于韵律及句法特征，如后者就得益于LLC语料库对韵律特征的标注。但本研究所用语料并不涉及韵律特征标注，故该分类难以执行。本节拟基于上述回顾，建立适用于本研究的分类框架，以便能更好地研究双语转换中的性别差异。

3.6.3 研究设计

3.6.3.1 分类框架

基于上述文献回顾及本研究目的，本文以Stubbs（1986）的语用分类为基础，并结合Persson（1993）的概念建立关于I think/believe的分类框架，主要区分"信念"和"观点"两种用法，详见表3-11。

表 3-11　I think 和 I believe 的主要用法

信念	观点
a) 后接可验证的命题；	a) 后接不可验证的命题；
b) 表达基于可能性的看法，通常可以用"probably"替换；	b) 与可能性无关，表达纯粹性的意见；
c) 删掉I think/believe将改变话语意义	c) 删掉I think/believe基本不改变话语意义

用于表达"信念"时，说话者主要基于客观的可能性对命题是否为真作出判断，表明自己并非完全肯定而是有所保留，因而限定了对命题真值的承诺。此时，命题的真伪通常可以实际验证。若删掉I think/believe将导致命题表述为真，理解为客观事实，话语意义发生改变。相反，用作"观点"功能时，命题与可能性无关，主要表述纯粹性的意见，通常涉及义务、必要性或者说话者的主观态度及印象等。此时，命题的真伪不能加以验证，删掉I think/believe不会明显改变话语意义，而仍被理解为说话人的观点或意见。故而"信念"用法主要关注命题内容，用于提高命题准确性；"观点"用法则侧重人际意义，便于意见的表达与接受。该分类通过强调I think/believe的不同功用，能反映说话者对话语内容不同方面的侧

重，从而可验证Holmes的论断在口译语料中是否成立。

3.6.3.2 研究语料及步骤

本研究所用语料为自建的记者招待会汉英口译语料库，主要收录了1990至2014年间的中国政府总理及外长在"两会"期间的口译语料，内容涉及中国政治、经济、外交、军事等方面的话题，口译模式均为交替传译。汉语原文及口译译文均遵循相关的规则转写成文字材料，并利用ParaConc在句级层次上实现了对齐（胡开宝，陶庆，2010）。其中，语料库对译员性别、发言人、年份等篇头信息的标注使得研究译员性别差异成为可能。为了本研究之目的，部分由男女译员合作完成的语料被移除在外，最终语料共收录6名男性译员和9名女性译员的产出，具体信息见表3-12。由表3-12可见，男性与女性译员的产出并不平衡（72,887 vs. 113,486词），但考虑到口译语料收集的困难以及较大规模的语料能得出更具普遍性的结论，本文决定维持该语料并拟通过计算每万词中的标准频次以抵消库容差异带来的影响。

表3-12 语料库库容

	汉语原文（字）	英语译文（词）
男性译员（6）	86,954	72,887
女性译员（9）	148,060	113,486

研究步骤主要涉及两个过程：首先，利用AntConc软件分别在男性和女性译员的译文中检索I think和I believe的应用，并根据上述分类框架初步识别其用法，统计功能分布特征。其次，为了深入辨别译员的作用，利用ParaConc软件进行平行检索，考察I think/I believe的汉语对应项，甄别相关特征是源自汉语原文迁移抑或源自口译过程本身（即译员的选择性行为），并分别统计源自口译过程的男女译员相关频次上的差异，结合第一步结果总结研究发现。最后，回顾性别研究相关文献及理论解释分析相关

结果。

3.6.4 结果与讨论

3.6.4.1 I think/believe的应用分布

本小节主要讨论男性和女性译员的产出中，I think和I believe的总体频次及用法上的分布特征。在此甄别过程中，不仅包括严格意义上的I think/I believe，还包括I don't think, I always/truly believe等变体形式以及少量的we think/believe。表3-13展示了两者在口译语料中每万词内的平均出现频次：

表 3-13　I think 和 I believe 在口译语料中的应用分布（次／万词）

	I think			I believe			总计	
	信念	观点	小计	信念	观点	小计	信念	观点
男性译员	4.7	15.9	20.6	2.3	5.2	7.5	7.0	21.1
女性译员	1.0	7.7	8.7	3.4	14.8	18.2	4.4	22.5

根据表3-13，主要发现有三个：

其一，当表达个人看法时，男性译员对I think的使用显著超过女性译员（20.6 vs. 8.7，原始频次150 vs. 98），而女性译员对I believe的使用显著超过男性译员（18.2 vs. 7.5，原始频次207 vs. 55）。这说明汉英口译中男性译员明显偏好I think以表达个人看法，女性译员则更倾向于用I believe。通常认为believe相较于think传递更高的确信程度，Aijmer（1997：17）就指出"I believe不仅表达主观态度，它同时表明说话者对所说的话拥有一定的证据"，尽管这种证据可能并不完整或者不确切。这一显著差异说明女性译员表达个人观点时总体上比男性译员展现更高的确信程度，该结果进一步证实了上述Holmes（1986）对I think研究的发现，并与Lakoff（1975）最初的断言相背离。

其二，口译话语中，无论I think还是I believe在用法的分布上，用于表达"观点"的数量总是大于相应的表达"信念"的数量，这一对比关系在I think和I believe之和上得到更为明显的体现：男性译员和女性译员在"观点"用法的总应用上均显著超过"信念"用法（分别为21.1 vs. 7.0，22.5 vs. 4.4）。对口译文本进行详细分析，发现口译话语中I think和I believe以"观点"用法频繁出现于两种情况：一、修饰说话者对于人或事物的主观态度及评价；二、表达对需要采取行动的看法，即用于限定一项提议而非一个命题。这说明I think/believe在口译场合中主要关注人际意义而非提高命题准确性。该结果与Simon-Vandenbergen 2000对政治话语中I think功能的分析相一致。他指出在议会辩论中该短语并不主要用于限定命题真值，而是主要关注说话者在价值判断上的个人立场以及对于行动的倡议。

其三，就性别差异在用法分布上而言，整体上男性译员比女性译员更多使用I think/believe来表达"信念"功能（7.0 vs. 4.4），而女性译员比男性更多用来表达"观点"功能（22.5 vs.21.1）。这一结果初步印证了Holmes（1986 &1988）的论断，即男性和女性只是侧重语言的不同方面：前者更为关注命题准确性，后者则更注重理顺人际关系，女性并非比男性更为不确信或迟疑。由此可见，男性和女性在语言上的差异不可简单归结为某一语言特征在数量上的多寡，而是需要深入的功能分析。

然而，尽管表3-13可以为前两个发现提供较为确凿的证据，第三个发现的得出仍然较为肤浅：男性和女性译员在I think和I believe应用上的差异可能源自译员本身也可能来自原文的迁移。故而有必要进一步剖析口译过程以甄别出能体现译员自身主体性的选择性行为。

3.6.4.2 I think/believe和译员的性别差异

本小节通过ParaConc软件提供的平行检索，仔细考察每个I think/believe和原文的对应关系，该过程主要识别出三种对应关系：直接照应、间接照应、选择性偏移，具体分析见表3-14。

表 3-14   I think 和 I believe 与原文的对应关系

类别	定义	示例
直接照应	I think/believe 与原文对应项在形式和功能上基本对等	汉：我看我们跟新加坡的关系就发展得不错嘛。 英：I think China's relations with Singapore are good.
间接照应	I think/believe 与原文对应项在形式上出现少许变化，但功能相当	汉：他的健康状况我也没有听说有什么不好的地方。 英：And I don't think there is any problem about his health.
选择性偏移	原文无明显对应项，译文源自主动增添，话语功能发生变化。	汉：一般的道理大家都知道。 英：I, I think people here know why this is important.

直接照应情况下，译文的 I think/believe 直接由原文词项迁移而来，保留了原文的形式与功能。此时的原文对应项多由第一人称主语加思维动词构成，如"我（们）想／看/认为／觉得／相信／以为／感觉"。间接照应中，译文的 I think/believe 由原文词项间接迁移而来，仅在形式上出现了少许变化但保留了原文的功能。此时的原文对应项多由第一人称主语与感官动词等构成，如"我（们）听说／记得／可以说／表示／强调／恐怕"。选择性偏移是指原文没有明显的对应项，译员主动增添了插入语 I think/believe。然而，没有该短语时译文仍然合了语法规范且能够忠于原文，我们认为该行为属于偏移，是译员的选择性行为，能够体现出译员的主体性。基于上述考虑，我们将直接照应和间接照应归结为"对等"，认为 I think/believe 来自原文迁移，而将选择性偏移归为"非对等"，认为 I think/believe 源自译员的自主选择性行为。随后，本文考察男性和女性译员在"非对等"情况下对 I think/believe 的应用差异，统计结果见表3-15。

表 3-15 I think 和 I believe 的"非对等"频次统计（次／万词）

	I think			I believe			总计		
	信念	观点	小计	信念	观点	小计	信念	观点	小计
男性译员	2.2	10.8	13	1.0	2.5	3.5	3.2	13.3	16.5
女性译员	0.3	3.5	3.8	1.1	5.3	6.4	1.4	8.8	10.2

根据表3-15，可以总结出以下三条：

首先，就总趋势而言，若不考虑功能，男性译员对"非对等"的整体应用远超过女性译员（总计每万词的频次分别为16.5 vs. 10.2，原始频次120 vs. 116），这表明男性译员在口译中比女性译员更为频繁地增添插入语I think/believe，因该插入成分具有限定并缓和命题的功能，说明男性译员的话语相较女性译员展现出更高程度的不确定性。就具体类别而言，男性译员比女性译员更加偏好增添I think来表达个人看法（小计13 vs. 3.8），而女性译员则更为频繁地增添I believe（小计6.4 vs.3.5），这也进一步证实了表3-13中的第一个发现。由于think和believe在确信程度上的差异，该结果仍然表明男性译员的话语相较女性译员更加不确定或迟疑。

其次，就用法分布而言，男性译员对I think的应用无论是"信念"还是"观点"上均远超过女性译员（分别2.2 vs. 0.3，10.8vs.3.5），女性译员对I believe的应用在"信念"和"观点"上则略超过男性译员（分别1.1 vs.1.0，5.3 vs.2.5）。尽管如此，就总体统计而言，男性译员在"信念"和"观点"两种用法中的频次均远超过女性译员（总计3.2 vs. 1.4，13.3 vs.8.8；原始频次23 vs.16，97 vs. 100），方差分析表明两两之间均具有显著性差异（分别为P=0.01，P=0.004，均小于0.05）。这显示在汉英口译中男性译员对I think/believe的应用不仅更关注命题内容以提高其准确性，同时也更关注人际方面以促进意见的表达与接受。故而，该结果仅部分支持Holmes（1986，1988）的论断，这表明口译语境与单语对话语境可能存在一定的不同。

再者，上述分析亦同时表明"非对等"情况在记者招待会汉英口译中是一种非常显著的现象。将表3-15数据与表3-13结合在一起可以发现：男性译员对I think/believe进行的主动增添（16.5）占其应用总频次（28.1）的58.7%，女性译员对I think/believe进行的主动增添（10.2）占其应用总频次（26.9）的37.9%，说明额外增添插入性成分是译员常用的一种口译策略。这或许在一定程度上验证了Fairclough（1992：204）的观点，即当代社会话语实践的一个重要变化是公共话语的对话化，也即公共话语与私人话语的界限正变得模糊。上述结果表明该观点亦适用于译员介入的话语。

3.6.4.3 动因分析

3.6.4.1和3.6.4.2小节的结果可大致归纳为两点：第一，具体而言，男性译员通常偏好使用I think表达个人看法，女性译员则主要使用I believe；第二，整体上，男性译员更为频繁主动地增添插入成分I think/believe，不仅在修饰命题内容上而且在传递人际意义上均超越女性译员，故而男性译员对I think/believe的应用相较女性展现出更高程度的不确信性。本文认为可能有如下原因：

一方面，男性和女性译员群体在I think和I believe使用上的显著差异，可能折射出与性别相关的社会性差异。一般而言，女性通常在社会中居于相对弱势的地位，在权力、声望、职务、社会角色等方面均稍逊一筹，不同性别的社会差异直接影响并体现在日常的语言使用中，最明显的例子即所谓"女性语言"（Lakoff，1975）的存在。另外，语言使用特征上的固有差异通常被认为与男女性所经历的不同社会化过程有关，社会化过程使得男女性在特定的语境下倾向于优先选择某些语言特征，以表达特有的社会关注或个人情感。经由社会化过程而来的语言习惯在不同群体的语言使用上打下了深刻的烙印。这种社会化过程对口译员来说也不例外，直接或间接地体现在译员介入的口译话语中，表现为对特定词汇的偏好以及对增添、转换等翻译策略的选取上。在口译研究中，Mason（2008）对比了男女译员对礼貌语、称呼语等语言项进行的增添和省略，他指出男女译员对于语言内容的编码与其经历的社会化过程之间存在密切的关联。Mason认为译员"对于所增添的语言内容的选择很可能是出于特定性别因素的影响"，并且"译员所经历的社会化过程决定了在特定语境中译员所增添内容的本质"（2008：85）。无独有偶，在记者招待会汉英口译中，译员对插入语I think和I believe的增添（即"非对等"频次）上存在的差异，既是受了性别因素的影响，也揭示了男女译员作为不同的群体所经历的不同社会化过程。

通常，女性相对较低的社会地位，使得她们倾向于使用强调性或夸张性的语言（即"女性语言"的特征之一），以维护或彰显其社会尊严和个人价值，并达到人为地拔高自身社会地位的目的。正所谓语言使用既折射出社会身份的差异，同时又建构并反作用于社会身份。同样用于表达个人看法，男性译员偏好选取I think，女性译员则倾向选用更具强调性的I believe，可能与后者借助于语言寻求安全感和认同、建构社会身份的努力相关。

此外，男性译员整体上更频繁增添插入语，这与由社会化过程决定的语言使用习惯紧密相关。社会化过程决定了男性在社会交往中更为重视彼此的消极面子，而女性更为关注彼此的积极面子（cf. Brown & Levinson，1987）。本质上，记者招待会中的政府官员与听众之间的权力距离较大，权威性较强而协商性不足（李鑫，胡开宝，2013：30），而作为交际双方协调者的译员有责任促进双方流利、顺畅地交流。插入成分I think和I believe均具有限定命题和缓冲语气的作用，表明看法仅为个人之见，即不被强加的需求，为听众留下了商量和反馈的余地，照顾到了听者的消极面子，故插入语I think/believe可用于保护交际双方的消极面子。男性译员对交际双方消极面子的关注，可能解释了其在口译过程中总体上更为频繁地增添插入语I think和I believe。

另一方面，女性社会地位的逐渐提高也在一定程度上与女性译员特有的语言使用特征相关。Kunsmann（2000）在解释男女话语行为的差异时指出："有证据表明女性次文化中的活力因素正在逐渐提高，导致了不断增强的断言性（assertiveness）。"Kunsmann认为可区分男性次文化和女性次文化两个概念，其中女性属于少数群体而男性属于多数群体。活力（vitality）一词是民族语言身份理论中的重要概念，可藉由人口、地位和机构支持三种因素衡量，后两种因素与性别分析相关。事实上，现任外交部翻译室副主任的许晖在接受采访时亦指出："翻译室还是一支以女同志为主力军的队伍，女干部占全室总人数的大约70%，是名副其实的'半边天'。（李潇堃，2012）"女性社会地位的逐渐提高和在相关机构中占据优势，也可能在一定程度上解释了女性译员偏好选用更具断言性的插入语。

3.6.5 结语

性别差异在语言使用上的体现一直是社会语言学和性别研究领域所关注的焦点，其背后的成因亦引人关注，然而对双语转换语境，特别是汉英口译中性别因素对语言使用影响的探究尚有较大的上升空间。本节基于语料库的方法，以插入成分I think和I believe为切入点，考察记者招待会汉英口译中男女译员在语言使用上的差异。研究结果表明，男性译员显著偏好使用I think，女性译员明显倾向I believe。整体而言，男性译员对插入语的使用不仅在修饰命题意义时而且在传递人际意义上都明显超过女性译员，故而展现出更高的不确信程度。其可能原因可归结为男性和女性所经历的不同社会化过程以及由此决定的语言使用习惯对译员抉择产生的影响。女性地位的逐渐提高以及随之而来的断言性不断增强，也在一定程度上与之相关。在此意义上，本文拓宽了关于性别研究的范围，对于增进有关性别差异及其成因的理解具有借鉴意义，并在一定程度上为未来相关研究指明了方向。

本章小结

　　本章首先梳理了性别意识形态与翻译研究的现状和存在的问题，并阐述了基于语料库的翻译与性别意识形态研究的方法与路径，主要探讨了以下问题：（1）性别概念如何翻译，（2）翻译与性别意识形态如何互动，（3）翻译如何体现性别意识形态的变迁。之后，本章介绍了三个研究案例，以阐明如何开展基于语料库的翻译与性别意识形态研究。第一个研究案例以《沉重的翅膀》英译为研究对象，从强势语角度切入，论证了性别意识形态对翻译的影响以及翻译在性别身份构建方面所起的作用。第二和第三个研究案例分别从情态动词、强势词、态度词和第一人称代词"we"以及"I think"和"I believe"等典型词汇和短语的应用切入，比较了从事记者招待会汉英口译的男性译员和女性译员在这些词汇和短语应用方面所呈现的差异。研究表明，这些差异可以归因于译员性别角色差异和性别意识的影响。

第四章
基于语料库的民族意识形态与翻译研究

4.1 | 引言

前文述及，翻译不但受到意识形态的影响，而且会对意识形态产生反作用。作为社会意识形态的重要组成部分，民族意识形态显然会对翻译产生影响，而翻译同样会对民族意识形态产生反作用。一方面，作为翻译主体的译者具有多重身份。译者首先是男性或女性，一个国家的公民，还可能是一个政党的成员或拥护者，其性别意识或政治立场自觉或不自觉地对其翻译活动产生影响。此外，译者还是一个民族的成员，在翻译过程中会常常受到其民族意识形态的影响。当译者翻译涉及其他民族历史或生活题材的作品，或翻译其他民族的文化限定词时，民族意识形态对于翻译的影响尤为显著。另一方面，一部译作能否在目的语社会中受到读者欢迎，在一定程度上取决于译作是否符合包括审美心理在内的目的语读者的民族意识形态。此外，翻译引进的思想或价值观会对译者所属民族的意识形态产生不同程度的影响或冲击，并常常视作塑造或重塑民族形象的重要手段。无论是20世纪上半叶获取独立的印度，还是赢得第二次世界大战胜利的美国，均重视翻译在民族形象重塑中的作用。前者通过印度经典文学作品的翻译重塑文明、勤奋的印度民族形象，后者凭借日本文学作品的翻译塑造温顺、有教养的日本民族形象，以有利于美国对日本的占领。

4.2 ┃ 民族与民族意识形态

4.2.1 民族

民族是指历史上形成的一个有共同语言、共同地域、共同文化和共同经济生活的共同体。民族一词使用非常广泛，广义上讲泛指人们在历史上形成的、处于不同历史阶段的各种共同体，如土著民族等，甚至氏族、部落也可以包括在内。狭义是指各个具体的民族共同体。如英吉利人、德意志人、法兰西人、汉族、蒙古族、满族、回族、藏族等。民族属于一定社会发展阶段的历史范畴，不是在人类社会一开始就有的，而是当人类历史发展到一定时期才产生的。民族形成的过程，实际上就是民族语言、民族心理、民族精神、民族经济和生活，即民族文化、民族特征形成的过程。民族形成之后，各民族在共同发展和共同繁荣的过程中，共同性必然越来越多，差异性越来越小，民族同化、民族融合的因素也就逐渐增加，最终达到民族差别的消失，即民族融合的实现，人类又恢复到无民族差别的状态。但这不是恢复到史前史期那种无民族差别的状态，而是在高级形态上的恢复和发展。

每个民族具有自身的民族特征和民族精神。前者是指各民族在政治、经济、语言文字、文化艺术、风俗习惯，宗教信仰和心理素质等方面的特征，后者是指以民族和民族社会为背景的民族性格和民族文化中积极的部分，对民族文化优秀遗产的继承，以及民族和民族社会生存和发展的精神支柱。

4.2.2 民族意识形态

民族意识形态通常有两方面的含义。其一，民族意识形态是一种社会意识形态，是指一个民族或民族社会所拥有的共同价值观、信仰、自然观和审美心理等。通常，一个民族生活在同一地理区域，讲同一语言，使用同一文字，在长期生活中形成了相同的价值观和自然观，生活习惯和行为方式也大致相同，并且秉承相同的宗教信仰。其二，民族意识形态还指某个社会群体和具体成员对民族的总体看法和态度以及某一国家的民族政策。关于对民族的总体看法，通常有民族中心主义和民族平等思想之分，前者是指民族有优劣之分，唯我独尊，以我为中心。后者是指所有民族是平等的。关于某一国家的民族政策，也存在不同的范畴。一种政策主张民族不分大小，均是平等的，强调应实施兼容并蓄的民族政策。另一种民族政策常常表现为对某个民族的歧视。

具体而言，民族意识形态主要包括5方面内容，即：（1）一个民族的价值观和宗教信仰。价值观是认定事物、辨别是非的思维或取向，是关于人、事或物价值或作用的观点。宗教信仰是指对信仰的神圣对象（包括特定的教理和教义等）坚定不移的信念和全身心的皈依。这种信仰表现于特定的宗教仪式和宗教活动中，并用以指导日常生活和工作，是一种特殊的社会意识形态和文化现象。（2）一个民族的自然观和世界观。自然观是指对自然界总的看法，是世界观的组成部分。唯物主义认为自然界是不依赖人的意识而独立存在的客观物质世界，唯心主义认为自然界是精神或上帝的产物。世界观是人们对世界的基本看法和观点。世界观的基本问题是意识和物质、思维和存在的关系问题。世界观分为唯物主义世界观和唯心主义世界观。（3）一个民族的文化心理。一个民族的文化心理是指一个民族在日常生活中所表现出来并以精神文化形式积淀下来的集体性心理走向和精神状态，包括民族文化意识、民族感情和民族习惯。（4）对民族的总体看法和态度。对民族的总体看法和态度包括民族中心主义和民族平等论。前者认为自己所在的民族文化优于其他文化，轻视其他民族。后者认为民族文化无优劣之分。（5）一个国家实施的民族政策。民族政策是指某个国家为调节民族关系，处理民族问题而采用的相关措施、规定等的总和。民族政策有积极和消极之分。前者强调民族平等、民族团结和民族发展。后者以种族隔离和种族歧视为主要内容。

4.3 ｜ 民族意识形态与翻译研究现状

民族意识形态与翻译研究涵盖两方面研究内容，即：（1）民族意识形态对于翻译的影响；（2）翻译对于民族意识形态的反作用，尤其是翻译在民族形象塑造中的作用。

较早关注到民族意识形态与翻译策略关系的当属Niranjana（1992）。她以东方学者威廉·琼斯翻译印度典籍为例，阐明翻译在印度民族形象构建中的作用。根据她的阐述，18世纪末英国为了了解东印度公司统治下的印度，要求东方学者威廉·琼斯等学者翻译印度的典籍，但琼斯等通过一系列的翻译策略把印度文化的溯古或称颂之辞作为胡编乱造统统删掉，对某些堕落的东西却大做文章，因而所构建出的"印度人"都是一副懒懒散散、逆来顺受的样子，整个民族无法享受自由，却期盼被专制统治。

Venuti（1995）则阐明了翻译策略与民族中心主义的关系。他指出归化翻译策略是民族中心主义在翻译中的表现形式，而异化则与非民族中心主义相联系，常用于抵制民族中心主义。

近年来，国内学者也开始关注民族意识形态与翻译之间的关系。任霞（2009）基于《飘》两个中译本的比较分析，结合大量典型翻译实例的分析，探讨了民族文化心理因素对于翻译的影响。孙静（2014）从实用翻译角度探讨公示语汉英翻译与民族文化心理的关系。研究发现公示语的翻译显示出译者的民族文化心理，即重视和谐的人际关系、重视人与自然的和谐、爱面子、重悟性以及民族主体意识逐渐增强等。高景岚（2015）在分析《红楼梦》英译和其他作品翻译的实例基础上，揭示了民族文化心理和审美心理对文学翻译的影响。根据她的观点，如果说翻译是两种文化之间沟通交流的桥梁，那么作为翻译活动主体的译者无疑是这座桥梁的建造者。他的翻译活动在很大程度上受到了翻译桥梁所连结的两种不同民族文化传统及民族审美心理的影响。石红梅（2015）主张翻译理论的建构应吸收民族视角，强调翻译理论的民族视角不仅可以使民族成为翻译理论发展的新语境，拓展翻译研究空间，同时可以在翻译中显现民族身份，使翻译成为民族认知的可靠路径。

应当指出，民族意识形态与翻译研究迄今为止取得了一定的进展。然而该领域的研究仍存在诸多问题。

其一，该领域的研究深度不够。该领域的研究虽然论及民族意识形态与翻译的关系，但未阐明对于翻译产生影响的民族意识形态种类，也未深入分析民族意识形态对翻译产生影响的机制和方式。迄今为止，我们尚未获得关于民族意识形态如何影响翻译活动的动因和机制的正确认识。

其二，该领域的研究广度差强人意。该领域研究一直局限于民族文化心理和民族中心主义对翻译的影响，而关于民族价值观、宗教信仰、自然观和世界观，以及民族政策对于翻译影响的研究却较为少见。根据批评话语分析理论，作为特殊话语实践的翻译不仅受制于民族意识形态，而且会对民族意识形态产生反作用。尽管学界已关注到翻译在民族形象构建中的作用，但尚未分析翻译对于具体某一民族的意识形态影响，相关个案研究并不多见。

其三，该领域研究一直采用定性研究方法，大多基于少量典型案例的分析就民族意识形态与翻译之间的关系开展研究，研究存在一定程度的主观性和片面性。自20世纪80年代以来，语料库已开始应用于语言学和翻译学等领域的研究，但尚未应用于民族意识形态与翻译关系的研究之中。应用语料库并充分发挥语料库的技术优势，可以使民族意识形态与翻译之间关系研究领域建立在大量文本分析的基础之上，并能将定量研究与定性研究融为一体。有鉴于此，学界应当花大气力推进语料库在该领域研究中的应用，开展基于语料库的民族意识形态与翻译研究。

4.4 ｜ 基于语料库的民族意识形态与翻译研究：路径与方法

基于语料库的民族意识形态与翻译研究以语料库应用和文本的分析为基础，以不同翻译文本的比较为侧重点，描写与解释并重，定性研究和定量研究相结合。一般而言，该领域研究主要从翻译文本语言特征和翻译策略与方法应用特征的描写与解释两方面入手。

首先，应当建设收录文学作品和新闻作品及其翻译文本的平行语料库。该语料库的语料可以是由不同民族译者所翻译的同一作品的不同翻译文本，也可以是民族题材的作品，或富含民族文化因子的作品。语料库收录的语料应当实现句级对齐，必要时可根据词汇或句法结构的属性或者翻译策略和方法的应用对语料进行必要的语料标注。

其次，利用语料库对于翻译文本语言特征以及翻译策略和方法应用进行定量和定性描写。翻译文本的描写可从以下几方面入手：（1）统计并分析具有意识形态意义的词汇和句法结构，如及物系统和情态系统等的应用频率和分布特征；我们还可以根据不同民族的意识形态差异，选择并统计体现民族意识形态差异的词汇或句法结构应用的频率或分布特征。（2）比较翻译文本尤其是来自不同民族译者所译的翻译文本在语言特征以及翻译策略和方法应用方面的差异。以反映民族价值观和宗教信仰等文化限定词为检索项，提取包含这些词汇的所有语句及其译文，分析这些词汇的翻译策略和方法，归纳译者在翻译这些词汇时所用策略和方法方面呈现的规律性特征。应用WordSmith软件，生成同一作品的不同翻译文本的高频词或关键词，比较这些词汇的搭配特征和语义特征差异。（3）以有关民族或民族人物名称为检索项，提取翻译文本中包含某一民族或民族人物名称的所有语句及与之对应的原文，在对这些语句进行分析的基础上，描写翻译文本塑造的某一民族形象或民族人物形象，或者某一民族或民族人物形象在翻译中的变异。

最后，依据批评话语分析和语料库翻译学相关理论和原则，解释翻译文本语言特征和翻译策略与方法应用特征与民族意识形态可能存在的关系。具体而言，关于归化和异化策略的应用，可从民族中心主义角度分析，而关于宗教词汇或其他文化限定词的翻译，可以从目的语民族的宗教信仰或价值观角度分析。至于民族形象或民族人物形象在翻译中的变异，可依据民族文化心理或民族政策等意识形态来加以解释。有必要指出，在对有关翻译现象进行解释时，应重点关注翻译文本所表现的具体差异和共性。前者是指不同翻译文本在不同层面所表现的显著差异，后者是指翻译文本在语言特征以及翻译策略与方法应用等方面所呈现的规律性特征。这些差异与共性的背后往往是民族意识形态在发挥作用。

4.5 ｜ 个案分析1：当代少数民族题材小说中民族文化英译的历时性研究

4.5.1 引言

文化，或文明，就其广泛的民族学意义来说，是包括全部的知识、信仰、艺术、道德、法律、风俗以及作为社会成员的人所掌握和接受的任何其他的才能和习惯的复合体，是体现出一个社会或一个群体特定的那些精神的、物质的、理智的和感情的特征的完整复合体。（泰勒，1992）民族文化作为当代人类文化的一个重要方面，它所体现的是一种以世界上不同民族原生文化为主体的文化（郑晓云，2001），民族的不同特性决定了民族文化之间的差异。

茅盾文学奖是目前中国规格最高的文学奖项之一，迄今为止已评出九届共41部获奖作品，而少数民族题材作品基本在每届评选中都榜上有名。41部获奖作品中已经有10部被译成英文出版，其中就包括三部少数民族题材作品：《穆斯林的葬礼》（以下简称《葬礼》）、《尘埃落定》和《额尔古纳河右岸》（以下简称《右岸》）。《葬礼》讲述了回族手工匠人六十年间的命运变迁，《尘埃落定》以一个智力障碍者的视角审视西藏土司制度的土崩瓦解，《右岸》则是一部记录鄂温克人百年沧桑的历史。这三部作品都从不同角度对我国少数民族的生活状态及历史文化进行了细致勾勒，生动地呈现了不同民族的鲜明形象。随着文化对外交流的不断发展，三部作品分别于1992年、2002年和2013年被翻译出版，推向海外。这三个年份代表了中国的不同历史时期，20世纪90年代初中国仍然处于改革开放初期，与世界其他国家的文化交流仍处于探索阶段；21世纪初改革开放进一步深化，中国加入了世贸组织，与世界其他文化的交流不断也增强；而经过30多年改革开放的积累，到2013年中国已经成功举办奥运会、世博会等国际交流活动，与世界其他文化的交流融合进一步增强。这三部作品都蕴含着丰富的民族文化，又分别于不同的历史时期翻译出版，那么在翻译过程中这些民族文化得到了怎样的传递？总体而言体现出怎样的历时性趋势？这是一个值得研究的问题。

综观以往对文化翻译的研究，多着眼于语言层面上的翻译策略和跨文化交际（如：儒风，2008；王宁，2014；谢天振，2014；许钧，2014等），而对于中国少数民族文化的翻译研究较少，且多为翻译技巧与传播译介的研究（如：吴赟，2013；张杏玲，2015等）。因此，如能通过对三个不同历史时期的少数民族题材小说中民族文化英译的考察，概括出民族文化传递的总体特征和历时趋势，无疑能够加深读者对这一问题的了解，也能够为更多少数民族题材作品中的文化传递提供借鉴。故本节选取上述三部小说，从婚丧习俗、宗教祭祀、民族传说及民族史三个层面，考察译者对民族文化的处理，力图回答两个问题：（1）三部小说中的民族文化在英译过程中各自呈现了怎样的特征？（2）这些特征总体上呈现出怎样的历时性趋势？原因何在？

4.5.2 研究设计

民族文化内容广泛，婚丧习俗、宗教祭祀、民族传说及民族史是民族文化的三个重要组成部分，且在我们所考察的作品中出现频率较高。因而，选择这三个层面对民族文化英译进行探讨，具有较高的代表性。我们基于茅盾文学奖作品汉英平行语料库的子库——少数民族题材作品汉英平行语料库[①]，以出现次数为单位计数，首先在汉语原文中人工确定反映婚丧习俗、宗教祭祀、民族传说及民族史的所有语料，随后利用ParaConc软件检索出相应的英语译文，再根据译者的具体处理方式，将民族文化在英译本中的变化情况分为三种：民族文化信息缺损[②]、民族文化信息改变[③]和民族文化信息保留[④]，并归纳出三部小说民族文化英译过程中的具体特征，最后从三个方面分析其动因。

4.5.3 结果与讨论

4.5.3.1 婚丧习俗的英译处理

婚俗和丧俗历来是民族学研究的重要组成部分，也是民族文化的重要体现。传统婚姻礼仪是中国民俗礼仪中最隆重最热烈的礼仪之一，而丧葬习俗流传到现在，已经有几千年的历史了。世界上每个民族都有自己的丧葬习俗（董娓楠，2013），因此对婚丧习俗的英译处理进行考察可以有效地看出原文民族文化信息在英文中的传递情况。

---

① 少数民族题材作品汉英平行语料库：少数民族题材作品汉英平行语料库是茅盾文学奖作品汉英平行语料库的子库，共收录已经翻译出版的三部少数民族题材获奖作品及其英译本，汉语原文总计833,120字，英语译文总计490,746词。具体收录的文本如下：霍达的《穆斯林的葬礼》及关粤华、钟良弼译本，阿来的《尘埃落定》及葛浩文、林丽君译本，迟子建的《额尔古纳河右岸》及徐穆实译本。所有汉语语料利用ICTCLAS 3.0进行了分词赋码处理，英文语料利用TreeTagger 2进行了词性赋码处理，汉语原文与英语译文利用ParaConc软件辅以人工处理，在句子层面实现了平行对齐。

② 民族文化信息缺损：指汉语原文中的民族文化信息在英译过程中被完全省略，译文完全没有反映出原文的文化信息。

③ 民族文化信息改变：指汉语原文中的民族文化信息在英译过程中被部分删除及改动，译文只能部分反映原文的文化信息。

④ 民族文化信息保留：指汉语原文中的民族文化信息在英译过程中基本保留，译文基本反映原文的文化信息。

表 4-1　婚丧习俗的英译处理

作品名称	总计	英译处理					
		民族文化信息缺损	比例	民族文化信息改变	比例	民族文化信息保留	比例
穆斯林的葬礼	154处	101	65.6%	7	4.5%	46	29.9%
尘埃落定	56处	0	0	18	32.1%	38	67.9%
额尔古纳河右岸	73处	0	0	4	5.5%	69	94.5%

通过对比汉语原文与英语译文可以发现，在对婚丧习俗的描述上，《葬礼》原文共计154处，英译过程中存在101处文化信息缺损，7处文化信息改变，46处文化信息保留，文化信息缺损比例高达65.6%。《尘埃落定》和《葬礼》英译过程中均不存在文化信息缺损的情况，但都不同程度地存在文化信息改变，其中《尘埃落定》有18处，而《右岸》仅有4处。

从表4-1不难发现，在对婚丧习俗的英译处理中，三部小说呈现出明显不同的特征：《葬礼》英译本中民族文化遭到大量删减，民族文化信息缺损严重；《尘埃落定》英译本总体尊重原文，但对原文信息进行了较多调整，导致相关文化信息在传递过程中的改变；《右岸》英译本对于原文的民族文化删减和改动都极少，因此文化信息得到最大程度的保留。例如：

（1）《葬礼》中婚丧习俗描写的英译：

例1.　按照回回的习俗男婚女嫁，不是自由恋爱、私订终身就可以了事儿的。任何一方有意，先要请"古瓦西"去保亲，往返几个回合，双方都觉得满意，给了媒人酬谢，才能准备订婚。

译文：无

例2.　洗完"小净"，再洗"大净"：先用肥皂水从头至脚冲淋一遍，然后用香皂洗她的头发，洗她的全身。一个人，不管生前有多少罪恶，身上有多少污垢，都将在这神圣的洗礼中冲刷干净！

译文：无

《葬礼》英译本对婚丧习俗文化采取了大量的删减处理。从例1可以看出，原文对婚嫁文化中订婚习俗和传统流程的描写在英译本中遭到删减，因此目的语读者无法获取关于穆斯林的婚嫁文化信息。例2中，原文在描写新月的葬礼时，对穆斯林文化中特有的水洗仪式及具体流程进行了详尽描写，但英译本都一删而尽，造成穆斯林丧葬文化信息的缺损。

（2）《尘埃落定》中对婚丧习俗描写的英译：

例3．火葬地上的大火很旺，燃了整整一个早上。中午时分，骨灰变冷，收进坛子里，僧人们吹吹打打，护送着骨灰往庙里走去。骨灰要供养在庙里，接受斋醮，直到济嘎活佛宣称亡者的灵魂已经完全安定，才能入土安葬。

译文： The huge fire burned all that morning. By noon, the ashes, now cool, were placed in an urn, which was carried to the temple by monks playing musical instruments. The ashes would stay in the temple to receive sacrificial rites, and could not be buried until living Buddha Jeeka declared that the soul of the deceased had settled.

《尘埃落定》英译本对婚丧习俗文化的删减现象虽然很少，但在具体处理上存在句序调整的现象。从例3中可以看出，尽管译文传达了原文的基本信息，但通过使用复合句和并列句等手段，加快了叙事的节奏，弱化了原文中葬礼的仪式感，因此对原文中字里行间中透露出的文化信息存在一定程度的改动。

《右岸》中对婚丧习俗描写的英译：

例4．此外，她还为他们做了一床狍皮被和一条野猪皮毛做成的褥子。她说不能让新娘睡熊皮褥子，那样不会生养的。

译文： Besides these items, she also made a roe-deerskin in blanket and an under-bedding of wild boar fur. She said you couldn't let a new bride sleep on bear fur - she'd be infertile.

例5. 因为他知道，按照我们的族规，凡是吊死的人，一定要连同他吊死的那棵树一同火葬。吊死的人通常当日就发丧，所以我们把金得活着时穿过的衣服、用过的衣服都拿来，连同金得和那棵树，一同火葬。

译文： Because he knew that, according to our folk custom, whoever hangs himself will undergo a fire-burial along with the tree that hanged him. The funeral for someone who has hanged himself must be conducted the same day. So we took Jindel's clothing and the things he had used, and we cremated them along with his body and that tree.

《右岸》英译本对婚丧习俗文化的处理既遵从原文的语言组织形式，又保留了原文的信息描写。如在例4中，译文通过加破折号强调突出婚礼习俗的缘由，例5则在传达原文民族文化信息的同时遵从原文的语序，在叙事节奏上与原文保持基本一致。

4.5.3.2 宗教祭祀的英译处理

在中国少数民族文化中，宗教信仰占有特别重要的分量，是一个民族文化价值的集中体现，宗教祭祀能够体现出一个民族的精神世界活动及悠久文化。因此对宗教祭祀文化的英译进行考察，同样能够反映出民族文化在传递过程中的特征。

表 4-2 宗教祭祀的英译处理

作品名称	总计	英译处理					
		民族文化信息缺损	比例	民族文化信息改变	比例	民族文化信息保留	比例
穆斯林的葬礼	86处	60	69.8%	5	5.8%	21	24.4%
尘埃落定	47处	1	2.1%	13	27.7%	33	70.2%
额尔古纳河右岸	76处	0	0	5	6.6%	71	93.4%

通过对比汉语原文与英语译文可以看出，在对宗教祭祀的描写上，《葬礼》英译本中存在60处文化信息缺损现象，5处文化信息改变以及21处文化信息保留，其中文化信息缺损比重最大，占69.8%。《尘埃落定》与《右岸》的英译本几乎不存在文化信息缺损现象，但都存在文化信息改变，其中《尘埃落定》英译本中有13处，占比27.7%，《右岸》英译本有5处，占比仅为6.6%，其余均对原文文化进行保留。

根据表4-2可以发现，原文中的大量宗教祭祀描写在英译过程中得到不同的处理，《葬礼》英译本中民族文化信息遭到大量删减，文化信息缺损严重；《尘埃落定》英译本较为尊重汉语原文，但存在部分改变；《右岸》英译本对于原文的民族文化删减和改动都极少，因此民族文化信息得到最大程度的保留。例如：

（1）《葬礼》中对宗教祭祀描写的英译：

例6. 古兰经中有明文训诫："今世生活，只是游戏娱乐，只是欺骗人的享受。"

译文：无

例7. 依照穆斯林的传统，过节不过年，他们最重要的节日是每年斋月结束时的"开斋节"和朝觐结束的"宰牲节"，其规模之盛大，气氛之热烈，绝不亚于汉人的春节和西方的圣诞。

译文：无

《葬礼》原文中对宗教教义以及宗教节日的描写在译文中被大量删减。例6中，《古兰经》作为穆斯林民族宗教信仰的圣典，其记载的教义最能反映出民族的宗教文化，但却在译文中遭到删除。例7中，原文描写了带有宗教色彩的穆斯林民族传统节日，但在英译本中同样没有进行处理，造成原文民族文化信息的严重缺损。

（2）《尘埃落定》中对宗教祭祀描写的英译：

例8．享受香火的神祇在缭绕的烟雾背后，金面孔上彤红的嘴唇就要张开了，就要欢笑或者哭泣，殿前猛然一阵鼓号声轰然作响，吓得人浑身哆嗦，一眨眼间，神祇们又收敛了表情，回复到无忧无乐的庄严境界中去了。

译文：Behind the curling smoke, the bright red lips of golden-faced deities enjoying the sacrifice are about to open up to smile or cry, when suddenly a pounding of drums in the temple hall makes you tremble with fear. And in that instant, the deities resume their former expressions and return to a somber, emotionless state.

例9．我跑过去看门巴喇嘛刚才戴着的头盔，这东西足足有三四十斤。

译文：I ran over to look at the helmet, a hefty thing that weighed about thirty pounds.

《尘埃落定》中的宗教祭祀信息在英译本中基本得到反映，但是在具体处理上存在较多改动。如在例8中，原文使用了大量短句，对宗教祭祀的场景娓娓道来，但英译本通过调整句序及衔接手段使得表达更加简洁明了。此法虽然更加符合目的语表达习惯，但影响了原文民族文化信息的完整表达。又如在例9中，原文中的"头盔"指的是巫师在作法时所戴的形状怪异的帽子，蕴含着丰富的藏族文化信息，而英译本中的"helmet"虽然表达出"头盔"的意思，却流于表面，未能表达其背后的文化涵义，影响了原文宗教文化信息的表达传递。同理，将"斤"直接译为"pound"，显现出了翻译过程中的归化趋势，虽然译文更加贴近目的语读者，但却忽视了源语文化中的度量文化信息。

（3）《右岸》中宗教祭祀描写的英译：

例10．妮浩大约跳了两个小时后，**希楞柱**里忽然刮起一股阴风。

译文：After Nihau had danced for about two hours, a gale from the netherworld suddenly began to swirl inside the **chirangju**.

《右岸》英译本对宗教祭祀文化的处理最忠实于原文，删减及改动的比例最少，总体呈现出较为明显的异化倾向，即对原文中的异质性成分进行大幅度保留。如在例10中，"希楞柱"是鄂温克游牧民族居住场所，具有鲜明的民族特色，因此译者在翻译过程中没有将其译为"camp""shelter"或"house"，而是采取音译这一典型的异化手段，保留了原文鲜明的民族特色，最大限度地呈现出鄂温克族的民族文化。

4.5.3.3 民族传说及民族史的英译处理

民族传说是一个民族在历史长河发展中所留下的印记，是民众口传心授、时代传承的文艺形式和知识宝库，而民族史是一个民族安身立命的基础。两者在民众生活中具有强大的生命力和影响力，既是民族文化的重要组成部分，也是民族文化的见证。因此，研究民族文化信息的对外传递，必然要考察民族传说及民族史在英译过程中的具体特征。

表 4-3　民族传说与民族史的英译处理

作品名称 作品名称	总计	英译处理					
		民族文化信息缺损	比例	民族文化信息改变	比例	民族文化信息保留	比例
穆斯林的葬礼	112处	76	67.9%	7	6.3%	29	25.8%
尘埃落定	28处	1	3.6%	6	21.4%	21	75%
额尔古纳河右岸	92处	0	0	6	6.5%	86	93.5%

通过对比汉语原文和英语译文可以看出，《葬礼》原文中描写民族传说和民族史的场景共计112处，在英译本中文化信息缺损共计76处，文化信息改变7处，文化信息保留29处，其中文化信息缺损最多，高达67.9%。《尘埃落定》和《右岸》英译本中几乎不存在文化信息缺损情况，但《尘

埃落定》英译本改变了较多的民族文化信息，以致在很多情况下失去了原文的独特文化韵味，而《右岸》英译本则更多偏向于原文民族文化信息的保留。

（1）《葬礼》中民族传说和民族史描写的英译

例11. 民国二十二年，日军侵占热河，越过长城，进占通州，直逼天津。五月三十一日，国民政府与日本签订《塘沽协定》，中国军队西撤。

译文： 无

《葬礼》原文中描写了日军侵华的屈辱民族记忆以及签订不平等条约的历史事件，但译文进行了删减处理，这种处理方法使得穆斯林的真实历史信息在译文中缺失，造成了民族历史文化信息的缺损。

（2）《尘埃落定》中民族传说和民族史描写的英译

例12. 确实有书说，我们黑头藏民是顺着一根羊毛绳子从天而降，到这片高洁峻奇的土地上来的。

译文： The people on the ground regained consciousness as cool evening breezes blew, and they discovered the barley, as if it had dropped from the sky.

《尘埃落定》英译本中虽然文字内容删减较少，但改动了原文的句序，并对原文语义进行了改变，未能完全表达出原文的含义。如上例中"黑头藏民"中的"黑头"指的是西夏主体民族来源中的男子及其部落，但是将其译为"the people"则只传达出了笼统宽泛的概念。

（3）《右岸》中民族传说和民族史描写的英译

例13. 尼都萨满没有肯定拉穆湖的传说，但他肯定了我们以前确实可以在额尔古纳河左岸游猎，他还说，那时生活在尼布楚一带的使鹿部，每年还向我们的朝廷进贡貂皮，是那些蓝眼睛大鼻子的俄军逼迫我们来到右岸的。

译文： Nidu the Shaman didn't confirm the legend, but he attested to the fact that we once hunted freely throughout the Left Bank. He even said that the reindeer-herding tribe that lived in Nerchinsk presented marten pelts as an annual imperial tribute to our Manchu court. It was those big-nosed, blue-eyed Russian soldiers who forced us over to the Right Bank.

《右岸》英译本没有删减或改动原文中对于民族传说的描写，较为忠实地传达了原文的语义，同时采用了音译的翻译方法，例如"Nerchinsk""Manchu court"，保留了鄂温克族的民族气息。这种处理方法让原文中的民族文化信息得到较为充分的保留和传达。

4.5.3.4 当代少数民族题材小说中民族文化英译的历时性趋势

综合表4-1、表4-2和表4-3，可以看出，三部小说英译本在对民族文化的处理上各自呈现出不同的特征。《葬礼》英译本中民族文化描写遭到大量删减，民族文化信息大量缺损；《尘埃落定》英译本中对民族文化描写删减较少，文化信息缺损现象较少，但是译文中大量的句序调整以及特色词汇的归化处理使得译文中的文化信息改变较多；《右岸》英译本中对民族文化几乎没有进行删减，叙事节奏与原文基本吻合，且在民族文化负载词等细节处理上呈现异化趋向，原文的民族文化信息基本得以保留。

这三部作品分别在不同的历史年代被翻译成英文出版，而在考察这些作品中婚丧习俗、宗教祭祀、民族传说与民族史等不同层面民族文化信息的英译处理后，我们发现，整体而言，这三部少数民族题材小说中民族文化的英译处理呈现出高度一致的历时性趋势：随着时间的推移，民族文化在英译过程中得到日益增多的保留和再现，原文中的异质成分日益得到重视，民族文化得到更加完整的传递和译介。

4.5.4 动因分析

4.5.4.1 文化互通背景下的读者需求转变

随着社会经济的不断发展，文化互通成为一种无法回避的历史趋势，民族文化作为其基础和前提（张森林，2007），深受文化互通的影响。只有积极面对这一浪潮并做出正确选择，才能得到健康发展。因此，在面对文化互通这一人类文化生活的客观存在时，处于相对弱势地位的民族文化更应该积极融入文化互通过程中。文学是文化的重要组成部分，文学交流活动是文化互通的重要内容。因此，文学交流活动中如何综合考虑各种因素并促进文学译介的健康进行，是积极融入文化互通的必然考虑。文学活动的三要素是作者、文本和读者，读者的接受和反应在考量一部作品是否成功的过程中地位卓然，而对于翻译作品而言，目的语读者的需求只有得到满足，才能够促进译本的成功译介。

《葬礼》《尘埃落定》和《右岸》既然被翻译成英语出版，其主要受众就定位在英语世界的读者，因此翻译过程中必然要考虑到西方读者的审美特征和阅读期待。一方面，西方读者追求独立自由，强调以自我为中心，强调艺术追求和执着，他们对中国的认识多年来始终停留在对中国传统文化认知的层面；另一方面，随着中国经济的发展及中国在国际政治经济体系中地位的不断提高，西方读者对中国的关注有所增加。在这种情况下，随着读者意识的不断变化，为了满足读者的阅读习惯和阅读期待，民族题材小说的翻译也呈现出越来越注重对民族文化再现的历时性趋势。《葬礼》译者出自本土，虽然在对原文内容的理解上占有优势，但是客观而言对目的与读者的需求不够完全了解，在翻译过程中大量删减了原本可以吸引西方读者的民族文化信息，不符合目的语国家的读者期待，故而反响平平。《尘埃落定》描述了贯穿藏民生活各方面的藏传佛教及其精神与意蕴，但某些对于藏族文化的描写有些冗长，而西方读者更加注重小说内容的吸引力，因此译者葛浩文出于对目的语读者的了解，在翻译过程中通过调整句序、组合并列句与复合句等方法，加快了故事节奏，使其更符合目的语读者的阅读需求。与之相似,《右岸》的译者徐穆实也是土生土长的美国人,由于其文化背景及对意向读者需求的判断,在翻译过程中采用大量陌生化的方法,最大限度地保留原文文化信息,使其更加忠实于原文,促进文化的交流与发展。

由上可以看出,随着时间的推移,《葬礼》《尘埃落定》和《右岸》三部小说英译本中对于民族文化的处理呈现出越来越忠实于原文的趋势。这种趋势正是民族文学作品保持其自身文化内涵从而积极融入文化全球化的同时,兼顾读者意识需求变化影响的结果。

4.5.4.2 中西方文学翻译策略的转变

翻译工作是源语作者与目标语读者之间交际过程的一部分,译者起着很重要的作用。在翻译过程中,译者所用的策略方法、翻译技巧都受翻译目的影响(朱敏虹,2007)。为了提高汉语作品在英语世界的接受度,减少跨文化交流不平衡所带来的困扰,汉语作品的英译也长期以归化为主。但长远看来,为了突出我国的文学及文化身份,提高我国的文化地位,促进中西方文化的交流和融合,汉语文学作品的英译也在逐渐增大异化译法的比重,力图真实完整地反映原文的文化内涵(刘芳,2003)。因此在汉语作品对外英译中,本着"文化传真"的基本原则(孙致礼,1999),翻译策略由早期以"归化为主"逐渐增大异化译法的比重。

具体到三部作品的英译本来看,20世纪90年代我国虽然发展速度突飞猛进,中国文化也得到日益增多的国际关注,但总体发展水平依然较低,文化影响力仍然极其有限。因此,在这一时期的汉语文学作品英译中,翻译策略主要以归化为主,即注意减少英文读者的理解障碍,保持其阅读兴趣,以提高中国文化的海外接受度,促进中国文化对外传播。这一时期出版的《葬礼》英译本就呈现出明显的归化趋势,删除了大量关于政治、文化、宗教及历史方面的信心,努力向读者靠拢,尽量减少读者理解上的困难,因此原文中的大量穆斯林民族文化信息在译文中没有得到传递。不同于《葬礼》的英译，《尘埃落定》和《右岸》英译都是由海外汉学家完成。他们作为一个群体，在其翻译活动中存在某种整体或者整体特征。这种特征源自汉学家对两种语言文化相对平衡的认识，但也呈现出他们以自身语言文化为主导的"他者"视角（张秀峰，2015）。20世纪中后期以来，越来越多的汉学家意识到，在文化交流和传播的过程中应该遵循"和而不同"的原则，使不同文化传统的民族、国家能够共同发展。这些观念反映在中国文学作品的翻译过程中，就使得译本呈现一个突出的特征，即尊重异质文化，碰到涉及中国文化方面的表达时多采取异化翻译策略。《尘埃落定》和《右岸》英译本就是很好的体现。不过，虽然两部译作都非常尊重原文中的异质文化，异化程度却有所差别：《尘埃落定》英译本虽然基本传达出原文语义，但在涉及民族文化信息的处理时，却通过改变句式而加快了叙事节奏，有意识地选择某些词汇而淡化了民族特色，使得译文存在大量的文化信息改动。相比之下，《右岸》英译本不仅形式上忠实于原文，对民族文化的具体处理也更加贴近原文，最大限度地保留了鄂温克的民族文化得到保留。这两部译文在异化程度上的逐渐加强也顺应了中国文学作品在海外进行翻译传播的翻译趋势。

由上可知，随着时间的不断推移，民族文化信息在翻译中越来越受重视和还原的趋势也是由于中西方翻译策略的各自转变所造成的。

4.5.4.3 译者主体性的差异

译者是翻译的主体，也是民族文化建构的重要参与者，译者主体性是指作为翻译主体的译者在尊重翻译对象的前提下，为实现翻译目的而在翻译活动中表现出的主观能动性（查明建，田雨，2003）。主观能动性是译者主体性最为突出的特征，但其发挥并不是没有任何限制和约束的。翻译活动中，译者主体性的发挥一方面必然要受到文本的制约，另一方面也要受到客观环境和条件的限制。《葬礼》《尘埃落定》和《右岸》三部小说英译本中的译者主体性由于处于不同时期且受到不同客观环境和外部因素的制约，发挥的程度不尽相同，因此英译本在民族文化处理上也呈现出不同特征。

　　《葬礼》的译者关粤华、钟良弼夫妇是土生土长的中国人，长期生活在汉语母语环境中，受中国文学出版社的安排进行翻译工作。他们对原文中民族文化的理解和阐释能力毋庸置疑，但是由于其服务的《中国文学》杂志社是国家外宣机构，其任务和目的都具有特殊性，因此译者在翻译过程中所受的约束和规定较多，译者主体性受到较大限制，难以充分发挥。同时，译者两夫妇虽然在高校工作，但受到家庭出身不好及"文革"中的人生经历等因素影响，也使得他们在翻译过程中较少主动展现其个人风格。此外，20世纪90年代随着市场经济的兴起，《中国文学》也改制为企业经营体制，为了达到更好的宣传效果，对于原文中表达方式不适合对外的或者不好理解的可以要求修改（耿强，2012），从而造成了很多作品英译本中的大量删减处理。综合以上因素，不难理解为何《葬礼》英译本中删减了大量的民族文化信息。《尘埃落定》的译者葛浩文、林丽君夫妇（尤其是葛浩文）在西方翻译界享有盛誉，在选材及策略选择上享有一定自主权。由于对中国少数民族文化的理解较为透彻，也深谙目的语读者心理，因此能够在翻译过程中较为充分地发挥译者主体性发挥。在翻译美学上，葛氏夫妇追求"准确性""可读性"及"可接受性"（胡安江，2010），这就要求在翻译过程中要符合西方国家的主流期待。而且，由于归化译法长期占据英语国家的翻译主流，同时20世纪初的英语国家读者对于中国少数民族文化也了解有限，因此葛氏夫妇在翻译《尘埃落定》时大量采取归化译法。例如，《尘埃落定》书名的英译为*Red Poppies*，这在很大程度上满足了西方读者的阅读想象，更可能被海外读者接受，获得更好的传播效果。《右岸》由徐穆实翻译而成。他虽然是土生土长的美国人，但已经在中国生活了三十多年，不仅深谙中西语言和文化，更由于个人的学术兴趣而专注于中国少数民族文学的出版和译介，为中国少数民族文学及文化的向外传递发挥了重要作用。《右岸》在翻译过程中得到了出版社的大力支持，且英语国家读者对中国文化的兴趣愈来愈浓厚，对于中国的少数民族文化已有一定的认识和了解。因此，译者能够较为充分地发挥主体性，如其所愿地大量采取异化手段，尽可能保留和再现了原文的异质文化和异域特色。

4.5.5 研究小结

本文在茅盾文学奖汉英平行语料库的子库——少数民族题材小说汉英平行语料库的辅助下，从婚丧习俗、宗教祭祀、民族传说及民族史三个层面，对《穆斯林的葬礼》《尘埃落定》《额尔古纳河右岸》等三部作品中的民族文化英译进行综合考察，概括各自特征和总体历时性趋势。研究表明，随着时间推移，少数民族题材小说中的民族文化信息在英译过程中由缺损向保留逐渐过渡，原文中的异质成分日益得到重视，民族文化得到更加完整的传递和译介。造成这种变化的趋势主要有三方面原因：文化全球化背景下的读者需求转变、中西方文学翻译策略的转变、译者主体性的差异。基于以上研究，我们认为，在民族文化的英译传播中，译者应准确传递文化信息，兼顾目的语读者的阅读需求，同时保留自身的文化特色，以便更好地促进民族文化更好地传播和交流。

4.6 ｜ 个案分析2：民族意识形态与少数民族题材小说翻译——以《右岸》英译为例

4.6.1 引言

随着翻译研究文化转向的兴起，翻译与意识形态之间的关系得到了热切关注。以Bassnett（2001）、Lefevere（1992）、Munday（2007a）等学者为代表的翻译学界都已经达成共识：翻译不是在真空环境中进行的单纯语言活动，而是受到包括意识形态在内的多种因素操控和影响的复杂社会活动。翻译文本从生成、传播到接受的整个过程，都渗透着意识形态的影响。无论是作为社会活动过程的翻译（translating），还是作为社会活动产物的翻译（translation），无不反映出意识形态的制约效应。

所谓意识形态，Van Dijk（1998：2）认为是"某个特定社会中社会群体及其成员所共享的知识、信念和价值体系的总和"。由此可见，意识形态是某个社会群体及其具体成员所持有的各种看法和观点的总和，它影响并制约着人类的各种行为和活动。

意识形态有社会意识形态和个体意识形态之分，个体意识形态反映社会意识形态，社会意识形态通过个体意识形态发生作用。两者之间相互作用，相互影响，构成了意识形态的整体。意识形态包含的内容非常丰富，可以是对人类与自然环境关系的看法，表现为生态主义或反生态主义；可以是对性别的看法，表现为女性主义或男权主义；也可以是对种族和民族（族群）的看法，表现为种族主义或反种族主义。这些对具体问题的看法交叉融汇，构成了意识形态内容的多重维度。它们彼此之间相互影响，有机联系，共同作用于整个社会群体和具体个人，影响其具体行为。

民族（ethnicity）是意识形态的重要内容。对民族的总体看法和态度构成了某个社会群体和具体成员的民族意识形态。译者是翻译活动的主体，作为一个具体的社会成员，他／她的民族意识形态无疑体现在其翻译过程中。少数民族题材小说是反映民族文化和历史、承载民族意识形态的重要形式，对这类作品的翻译进行考察可以更加具体地揭示出译者民族意识形态对翻译过程的影响。但是迄今为止，研究翻译与意识形态的文献多集中于政治文本、宗教文本和经典文学文本，或是从宏观上探讨社会主流意识形态对翻译的影响，或是利用某部具体作品考察政治意识形态和宗教意识形态的翻译（如Hatim & Mason 1997；Tymoczko & Gentzler 2002；Munday 2007a，2007b；王晓元1999；王友贵2003；查明建2004；李晶2006；姜秋霞等2006），鲜少涉及民族意识形态或民族题材作品的翻译。因此，本节以少数民族题材小说《右岸》英译本为研究对象，以自建的《右岸》汉英平行语料库为辅助，结合对译者徐穆实的多次采访及其个人博客内容，重点考察译者民族意识形态与《右岸》翻译的关系，具体探讨两个问题：（1）译者民族意识形态的主要观点及形成原因；（2）译者民族意识形态在《右岸》翻译中的具体体现。

4.6.2 《右岸》及其英译本

《右岸》是第一部描述我国东北少数民族鄂温克人生存现状及百年沧桑的长篇小说，2008年获得第七届茅盾文学奖，甫一出版便广受好评。作者迟子建是中国当代著名作家，曾先后获得鲁迅文学奖、茅盾文学奖、冰心散文奖、庄重文学奖等多个文学大奖。

《右岸》通过鄂温克民族最后一位酋长的夫人——一位90多岁的老太太的自述，展现了中国最后一个游猎民族在额尔古纳河右岸的百年沧桑和历史变迁。小说以"清晨""正午""黄昏""半个月亮"为章节标题，对应故事讲述者"我"从童年到老年的一生。迟子建利用自己成长生活于黑龙江地区的天然优势，通过与鄂伦春、鄂温克民族人民的亲密接触，加上她惯有的悲天悯人的情怀，以精妙的语言写活了一群鲜为人知、有血有肉的鄂温克人，其文学主题具有史诗品格与世界意义。

《右岸》自出版以后已被译成多国语言出版，目前已有意大利语译本（2011）、英译本（2013）、荷兰语译本（2013）、西班牙语译本（2014）等。

《右岸》英译本由美国学者徐穆实（Bruce Humes）操刀翻译，以*The Last Quarter of the Moon*（《一弦残月》）为英文标题，于2013年春由英国兰登书屋旗下的哈维尔—塞克书局出版，并赢得一致好评。英国《独立报》认为译本"语言简洁优美，娓娓而谈，读起来根本不像翻译"；《亚洲评论》也认为该译作完全没有翻译的痕迹，"相当优秀"；*Eastlit*和*The Straits Times*则认为这部译作之所以如此成功，除了要归功于原作者迟子建的高超文学功底，更得力于译者对于汉语的极高造诣和完美把握；而同为中国现当代文学作品翻译家的Nicky Harman更是对译者的翻译给与了极高评价："徐穆实完成了一项伟大的工作。故事读上去自然流畅、富于魅力，就好像我在读迟子建自己的写作一样。他对鄂温克民族的人名和特色名词都处理得非常成功。这是一部非常优美的作品，值得更多人了解和热爱。"

4.6.3 《右岸》汉英平行语料库

《右岸》汉英平行语料库由汉语原文和英语译文组成。首先，我们对电子文本进行校对和去噪处理，得到干净文本；随后，以句号、问号、叹号和分号为句子标记，对两个文本进行句子划分；接着，我们以原文句子为依据，利用ParaConc软件辅以人工处理，将译文与原文进行句级平行对齐；最后，对汉语原文语料利用ICTCLAS 3.0进行分词赋码处理，英语译文语料则借助TreeTagger 2进行词性赋码标记，完成《右岸》汉英平行语料库的建设。

表4-4 《右岸》汉英平行语料库概况

	汉语原文（单位：字）	英语译文（单位：词）
类符总计	2,758	8,916
形符总计	150,787	106,482

4.6.4 徐穆实的民族意识形态

所谓民族意识形态，主要指社会群体或个人对民族问题所持的看法和观念的总和。这些观点不是凭空形成的，而是产生于特定的社会文化和历史生活。徐穆实的民族意识形态是其世界观和人生观的重要组成部分，也是在特定社会生活中形成的，并对他的行为产生影响。因此，我们整合徐穆实的个人博客和他所接受的采访，从生活经历和学术兴趣两个维度对其民族意识形态的形成进行梳理，并归纳出他对民族的具体看法和观点。

4.6.4.1 生活经历与民族意识形态

徐穆实是土生土长的美国人，自1978年大学毕业以来主要在中国定居，长期生活过的城市包括香港、上海、深圳、昆明等地，在IT和出版行业工作多年，写作和翻译是他的主要兴趣。迄今为止，他已经翻译出版了卫慧的《上海宝贝》和迟子建的《右岸》两部小说，以及关于中国古典文化的若干作品。他创办的个人博客"中国的民族文学"（Ethnic ChinaLit）主要发表和刊登中国少数民族作家的著作和描写少数民族题材的作品，为中国少数民族文学的创作和翻译研究提供了非常宝贵的资料。2013年，他离开深圳前往土耳其的伊斯坦布尔，目前主要专注研究阿尔泰语言，并尤其关注汉语—土耳其语之间的翻译实践和历史。

徐穆实虽然出生成长在美国，但身体中天生就流淌着来自欧洲的血液：其父方祖先来自苏格兰，外祖父则是匈牙利犹太人的后代，因此自小就没有被局限在美国的地域和文化之内，反而与欧洲社会更加亲近，难怪他自己也认为更适合自己的身份定位是"西方人"。首先，他成长的地区使他有机会接触美洲原住民的文化历史。他在采访中表示，"我成长的地方有'Winnetka'和'Sewickley'这样的地名。这种拼写很明显是音译，而它们背后则隐藏着古老的美洲本土原住民的历史。"其次，他从年幼时就开始接触美国以外的语言和文化，四五岁时就在母亲的教导下开始学习法语和德语，并且"贪婪地阅读各种童话故事（尤其是德国童话故事）、世界历史，喜欢的作家包括儒勒·凡尔纳、契诃夫、托尔斯泰和林语堂等"。阅读和写作一直是他最大的兴趣，从年少时期起，他就"经常沉浸在阅读中而忘记了周围的世界"，"非常渴望能够有机会去经历书中所描述的世界，体验不同的文化，并掌握异国语言"。最后，他自大学毕业以后就生活在中国的多个地区，最初是出于对中国道家思想的痴迷和对中国式社会主义的好奇，随后则是由于他对中国少数民族历史和文化的关注。在中国多年的生活经历不仅使他热爱并适应了中国的社会和文化，并且给他提供了一个接触和研究中国不同地区、不同民族历史文化和生活方式的绝好机会。

由他的生活经历可知，徐穆实对文化和民族的看法不是基于狭隘的一国之见，而是具有世界范围内的广阔视野，并构成了其民族意识形态的重要内容：他认为世界上各种民族和文化是平等的，每个民族都应该得到平等的尊重和对待。人们应该尽可能地展现不同民族真实的历史和文化，使其得到更多的关注和了解。

4.6.4.2 学术兴趣与民族意识形态

徐穆实大学主修远东研究，但他真正的学术兴趣却在人类学领域，尤其是人类学中的"他者"概念。早在少年时期，他就对人类学产生了浓厚兴趣；大学生涯中他读得最多、花费最多精力的也是人类学课程；而毕业以后他远离家乡长期居住在中国。他的"老外"标签使得他能够亲身体会"他者"身份，从而对中国人关于"他者"的看法进行深入了解。

徐穆实认为，在中国社会中，由于长期以来政府政策、媒体报道、历史课本和学术著作等主流媒介大都充满着"内外有别"的思维模式，因此中国人一直对"自我"与"他者"之间的分界怀有相当强烈的意识。而"他者"既可以是与中国人相对的外国人，也可以是与主流汉族相对的少数民族。徐穆实关注的是少数民族"他者"，因此他通过开创博客、关注和翻译少数民族文学作品等方式，探讨中国主流社会怎么看待它内在的"少数"，尤其是汉族作家如何通过虚构文学作品反映少数民族"他者"。

由于他长期以来的学术兴趣，徐穆实形成了自己对"他者"的看法。这构成了他民族意识形态的重要内容：虽然世界上所有民族都应该得到平等的尊重和反映，但是在实际社会中人们却总是不可避免地存在主观的"民族中心主义"。中国社会中占主流地位的汉族作家如何理解和描述他们心目中的少数民族，无疑能够反映他们对"他者"的态度。徐穆实认为，由于他的外国人身份，自己能够相对客观地看待中国的民族文学。"我的看法完全不同于一般中国人的观点，因此与中国本土人士相比，我更加容易发现汉族作者是如何在文学作品中看待并且处理少数民族这个'他者'的。"

4.6.4.3 徐穆实民族意识形态在《右岸》翻译中的体现

通过对徐穆实生活经历和学术兴趣的梳理，我们可以大致看出其民族意识形态的主要内容：首先，徐穆实认为所有民族是平等的，少数民族的独特文化和生活方式应该得到更多人的关注和了解；其次，徐穆实尤为关注汉族作家如何描写少数民族生活，因为这反映了主流汉族对待少数民族"他者"的态度和看法。

《右岸》是汉族作家创作的少数民族题材小说，徐穆实对这部作品的翻译无疑能够体现自己的民族意识形态。因此在下文中，我们从源语文本的选择、总体翻译策略的制订、民族特色词汇的翻译、民族人物话语的翻译等四个方面，考察译者民族意识形态的具体体现。

（1）源语文本的选择

首先，徐穆实之所以选择《右岸》进行翻译，是为了让更多读者了解中国少数民族的历史、文化和生活方式。这部小说不仅在中国第一次生动地描写了东北少数民族鄂温克族的百年历史，而且在迟子建的创作之下散发出浓浓的打动人心的力量。徐穆实说，"《右岸》的故事抓住了我的心，让我不得不看。迟子建做到了一件很惊人的事情：她让我觉得，鄂温克族在20世纪的悲惨命运，通过活生生的人物，发生在我面前"。对这样一部能够打动人心的少数民族题材作品，徐穆实不仅自己深受感动，更希望通过翻译将它介绍给国外读者，因为他觉得，"鄂温克民族的历史与欧洲、非洲、美洲等地的原住民的故事非常相似。我希望外国读者能够明白，中国并不是只有北京和上海，中国还生活着很多除了汉族之外的少数民族，他们也有他们自己独特的文化和生活方式"。

其次，徐穆实最为关注的是主流民族如何在文学作品中理解并描写少数民族，而《右岸》正是这样一部作品。作品的主题是鄂温克民族的百年历史，内容涉及历史、政治、宗教、建筑、服饰等各种少数民族文化，是反映鄂温克民族的宝贵材料；而作者迟子建既是汉族，又是被主流意识形态给予高度评价的作家。这一点仅从她获得那么多国内主流文学大奖就可以略知一二。因此对徐穆实来说，通过《右岸》这部作品的翻译，他不仅可以观察主流汉族作家反映在文学作品中的态度，丰富自己的学术研究，也可以通过自己的翻译将中国的另一种"他者"推介到世界各地，并为此感到骄傲。

（2）总体翻译策略的制订

在决定《右岸》的总体翻译策略时，徐穆实的民族意识形态也有所体现，主要表现为两个倾向：一是真实再现迟子建对鄂温克少数民族的描写；二是在尊重原文的前提下凸显鄂温克少数民族的文化和历史。而反映在《右岸》英译本上，所表现出来的则是两个总体特征：一是忠实于原文；二是以异化策略为主。

首先，这种忠实于原文的倾向从《右岸》译文与原文的对应比例可以清楚看出。由表4-5可知，迟子建的《右岸》原文共有5,313个句子，徐穆实的译文共有5,278个句子，对应译出的比例高达99.34%，没有译出的原文语句只有35个，只占总数的0.66%。由此可见，《右岸》英译本从总体上看对原文相当忠实，并没有刻意删减内容，而是秉持一种忠实再现原文的态度，力图给国外读者一个完整的版本。

表4-5　《右岸》原文—译文句级对应比例

	句子总数	译出比例	未译比例
原文	5,313	99.34%	0.66%
译文	5,278		

徐穆实之所以采取"忠实于原文"的翻译策略，是由于他关心的是汉族作家如何描述少数民族这个"他者"的历史和生活。所以在翻译过程中徐穆实努力保持原作者迟子建所持有的看法和态度，力求真实再现汉族作

家对少数民族生活的描写，而不是通过自己的翻译去重建鄂温克历史。他采访时表示，"我认为迟子建在写作中已经做了大量的工作，她的叙述丰富而真实地反映出了鄂温克民族的情感和历史……而我要做的就是将这种情感通过另一种语言再现出来，将我的全部精力都集中于如何将原作的故事真实地进行传递"。

其次，《右岸》英译本总体上采取了异化策略，鄂温克民族的特色词汇都得到了非常细致的处理，最大限度地还原了鄂温克的历史和文化并保持了鄂温克民族的独特风味。译者主要出于三个原因而采取这种异化策略。第一，徐穆实认为各个民族都是平等的，同样享有被尊重和被表现的权利，因此他希望外国读者有机会了解并领略中国少数民族独特的文化和生活方式。所以，在尊重原文的前提下，他通过特定翻译策略的采用，凸显鄂温克的民族特色。第二，徐穆实一直关注的是少数民族"他者"的表达和传递，因此在翻译中倾向于保留反映鄂温克民族特色的词汇和表达，并且彰显这种富于异域风情的文化，以便更好地塑造出"他者"的形象。第三，徐穆实个人对归化和异化两种翻译策略的看法也是重要原因。从他对《追风筝的人》汉译本译者李继宏的采访中可以得知，徐穆实倾向于在翻译具有异域文化色彩的作品时采取异化策略。在《追风筝的人》汉译本中，译者为了追求文本的可读性，将原文中富有异域风情的表达大都进行了归化处理，因此译本读起来更像是一部用流利的现代汉语写成的作品，很大程度上失去了异国色彩。徐穆实对此颇有微词，觉得这种处理方法并不妥当，因为他相信，一部民族题材小说之所以对读者能够产生巨大的魅力，很重要的原因是在于原作者使用了很多富有异域色彩的词汇和表达，而正是这些表达构建了作者心目中的世界。所以译作一旦丧失了这种色彩，就会失去应有的韵味，成为一部平淡无奇的译入语作品。

（3）民族特色词汇的翻译

《右岸》含有大量鄂温克民族所特有的特色词汇，从衣食住行等各方面展现了鄂温克的民族特色。徐穆实没有像此前的意大利语译本那样将特色词汇直接翻译成汉语拼音，因为他认为这种处理手法会割裂这些极富民族文化和历史渊源的特色词汇与本民族的联系，从而使译本丧失本应该具有的异域特色。相反，他在处理这些特色词汇时将其分成不同种类，并追溯其历史渊源和正确读音，采取相应的翻译措施，以便尽量真实地还原和突出鄂温克民族的生活方式和历史文化，再现其充满异族风情的风采。

《右岸》中的民族特色词汇主要包括人名、地名和民族专有名词，现在我们结合具体实例对徐穆实的处理方法进行考察，并试图发现其民族意识形态的具体体现。

人名的处理

今天的鄂温克民族生活在中国的东北地区，但是在历史上他们游猎的地区包括如今的黑龙江、内蒙古和西伯利亚地区，因此鄂温克人与俄罗斯人、满族人都存在千丝万缕的联系。《右岸》中的鄂温克人名虽然大部分是典型的本族名字，但有些则与俄罗斯民族息息相关。徐穆实在处理这些鄂温克人名的时候，主要采取了如下步骤。

首先，他通过通晓鄂温克语的汉族人士，请鄂温克居民帮忙识别出具体姓名的来源：哪些明显是鄂温克名字，哪些可能与俄罗斯相关。其次，他对这两种不同来源的人名分别进行处理：对典型的本族人名，徐穆实请鄂温克人拼写出正确的鄂温克读音，再用国际音标对这些读音进行标注，最后选择合适的英语字母将它们一一拼写出来。通过这种方式，徐穆实可以最大限度地还原鄂温克人名的原始读音，从而保留本民族的典型特色和文化。对那些与俄罗斯民族有渊源的人名，译者则选择在英译本中沿用俄语读音，为英语读者提供地道的俄罗斯人名。例如，原文中的"拉吉米"是"弗拉基米尔"的缩写形式，这是俄语中常见的人名，因此英译本中采用了Vladimir，而不是Lajimi这样的汉语拼音做法。表4-6列出了《右岸》中主要的鄂温克人名及其英译，它们或被还原成鄂温克语读音，或被处理成俄语读音。

表 4-6 《右岸》鄂温克主要人名英译

鄂温克语读音		俄语读音	
原文	译文	原文	译文
尼都萨满	Nidu the Shaman	拉吉米	Vladimir
林克	Linke	果格力	Grigori
鲁尼	Luni	伊万	Ivan
妮浩	Nihau	柳莎	Lyusya
拉吉达	Lajide	马克西姆	Maksym
西班	Shiban	达玛拉	Tamara
安道尔	Andaur	达吉亚娜	Tatiana
交库托坎	Juktakan	维克特	Viktor

在谈到为什么对这些人名进行分类处理而不是采用汉语拼音时，徐穆实主要给出了三个原因：①清楚地表明具体人名的历史渊源，真实地再现鄂温克历史。②鄂温克语属于通古斯语，与汉语没有任何联系。如果直接采用汉语拼音翻译，读者会误以为温克语和汉语之间存在密切联系。③鄂温克语言已经濒临灭绝，这种语言本来就没有文字，只有口头语言，因此有必要对其进行记录和保护，使民族文化得以传承。

地名的处理

《右岸》中含有大量的鄂温克地名，包括山川、河流和村庄等，这些地名在鄂温克人的故事中一再出现，推动着情节发展，塑造着各色人物，更蕴含着鄂温克民族的历史和文化。因此徐穆实借助鄂温克语专家和《鄂温克地名考》等专业著作，对书中的鄂温克地名追根溯源，并将其分为三类分别进行处理，努力还原这些地名的历史渊源和确切读音。表4-7列出了《右岸》中主要的三类地名及其英译。

表 4-7 《右岸》鄂温克主要地名英译

汉语读音		鄂温克语读音		俄语 / 满语读音	
原文	译文	原文	译文	原文	译文
根河	Genhe	阿拉齐山	Alanjak	扎兰屯	Jalanner
布苏	Busu	央格气山	Yanggirqi	海拉尔	Hailar
激流	Jiliu	比斯吹雅河	Bischaya	珠尔干	Jurgang
漠河	Mohe	敖鲁古雅河	Hologuya		

第一类主要是城市名称，这些地名在今日中国仍然沿用，例如根河、布苏等，徐穆实采用的是标准的汉语拼音，例如Genhe、Busu等。只有一个例外，那就是故事中最主要的河流——额尔古纳河。由于Argun这个名称已经广为人知，所以译者沿用了这个名称，并没有将其改写成汉语拼音形式，否则容易给读者制造阅读障碍，使他们产生疑惑。

第二类主要是山川名和河流名。这些地名是典型的鄂温克地名，主要由鄂温克人使用，极少为外人所知。因此徐穆实在确定这些地名的鄂温克语读音后，根据国际音标用英语字母将其拼写出来。他表示，这种处理方式"可以强调这样一个事实：我们正在体验的是鄂温克世界，因此很自然我们需要使用的是鄂温克语地名，而不是汉语地名"。

第三类主要是某些城市名或者村庄名，这些地名与俄罗斯民族或者满族关系密切，例如扎兰屯等。因此，徐穆实通过查阅资料搜寻到这些地名的原始读音后，再根据俄语或者满语读音对其进行拼写，既还原了历史的真实性和准确性，又突出了鄂温克民族的历史渊源。

民族专有名词的处理

《右岸》中还有一类特色词汇，内容涵盖其生活环境、人际称呼、衣食住行等多方面，例如他们的住所"希楞柱"，他们的水上交通工具"佳乌"，他们所特有的动物"堪达罕"、植物"卡瓦瓦草"等。这些民族专有名词直接反映了鄂温克民族的生活方式和历史文化，因此徐穆实决定严格地采用鄂温克语读音进行音译。他在两位专家的帮助下，对这些鄂温克名词的历史及读音进行了识别和确认，并最终呈现出符合鄂温克历史文化的精确读音。表4-8列出了《右岸》中主要的鄂温克专有名词及其英译。

表 4-8 《右岸》鄂温克主要专有名词英译

原文	译文	汉语含义
希楞柱	shirangju	住所
乌特	utu	儿子
乌娜吉	unaaji	女儿
敖莱翁	ulewung	鹿哨
奥荣	oroong	驯鹿
恰日克	charka	捕灰鼠的小夹子
乌麦	umai	灵魂
佳乌	jawi	桦皮船
伯力	beri	手套
哈道苦	kabtuk	烟口袋

　　通过考察徐穆实对人名、地名、专有名词等鄂温克特色词汇的翻译，我们可以将译者的处理原则总结为一条：尽量真实还原这些特色词汇的历史渊源和正确读音，从而突出鄂温克民族的生活方式和历史发展。依据这条原则，徐穆实对各种特色词汇进行了分类处理：翻译典型的鄂温克语名词时，主要是还原其历史上的鄂温克读音，因此严格采用鄂温克语读音；翻译与俄罗斯等其他民族具有渊源的名词时，则尽量突出其真实历史面貌，因此灵活地采用俄语读音、满语读音或是汉语拼音。

　　而归根结底，徐穆实对民族特色词汇的处理原则和方法都受到其民族意识形态的影响。由前文分析可知，首先，译者最为关心的是如何还原迟子建笔下鄂温克民族所特有的文化和历史，因此他才查询各种资料，咨询多位专家，对民族特色词汇进行追根溯源的考察并分类处理，而这种做法最突出的效果就是再现了鄂温克的历史与文化，有助于读者了解这些名词背后的历史文化和民族渊源。其次，译者一直专注于少数民族"他者"形象的再现，因此通过在英译本中夹杂这些反映鄂温克民族特色的词汇，可以营造出一种异域风情，凸显少数民族的差异性，并使得更多的国外读者能够欣赏并理解这种差异。

（4）民族人物话语的翻译

人物形象是小说的主体，人物话语则是体现人物形象的重要手段。在《右岸》中，迟子建通过各种栩栩如生的民族人物形象展现了鄂温克民族最典型的风俗、思想、历史和文化，而她在人物话语的创作方面也具有明显特色：全书中的人物在说话时没有使用引号，而是在报道词"说"之后直接给出讲话内容。至于具体是直接引语、间接引语，还是汉语中所特有的"两可型"引语，则要依靠读者根据上下文自行判断。但是在《右岸》的英译本中，徐穆实虽然总体上保留原文的话语形式，但是在不少地方也进行了变动处理，译文中出现了多处带有引号的直接引语。这种处理方式是否也反映了译者的民族意识形态呢？我们以《右岸》中两个主要人物形象——尼都萨满和妮浩萨满——为研究对象，以《右岸》汉英平行语料为辅助，穷尽性考察徐穆实对两个人物话语的处理方法，并揭示翻译手段背后所体现的译者民族意识形态。

表 4-9 尼都萨满话语的翻译

原文		译文	
话语类型	话语频数	话语类型	话语频数
直接引语	19	带有引号的直接引语	19
间接引语	11	带有引号的直接引语	4
		间接引语	7
两可型引语	1	带有引号的直接引语	1
		间接引语	0
总计	31	总计	31

表 4-10　妮浩萨满话语的翻译

原文		译文	
话语类型	话语频数	话语类型	话语频数
直接引语	26	带有引号的直接引语	26
间接引语	9	带有引号的直接引语	4
		间接引语	5
两可型引语	5	带有引号的直接引语	5
		间接引语	0
总计	40	总计	40

　　由表4-9和表4-10可知，徐穆实在翻译这两个主要民族人物话语时的做法高度一致，根据原文的引语形式我们可以将其主要分为三类：原文中的直接引语全部保留，并加上引号（如例14所示）；原文中的间接引语部分保留（如例15所示），部分改写成带有引号的直接引语（如例16所示）；原文中的两可型引语全部改写成带有引号的直接引语（如例17所示）。

　　例14.

　　原文：尼都萨满摇了摇头，说，除非是雷电化作绳索，把达玛拉捆到林克面前，否则我不会答应的。

　　译文：Nidu the Shaman shook his head. 'Unless a thunderbolt transforms into a rope, ties itself around Tamara and places her before Linke, I will never agree.'

　　例15.

　　原文：妮浩说，耶尔尼斯涅是为了救她而死的。

　　译文：Nihau said Tibgur died in order to save her.

例16.

原文：尼都萨满摇了摇头，他对我说，他要走很远的路，带着我去不安全，也不方便。再说，他出门又不是为了玩的。他说以后他会带我去珠尔干，那里有好看的，比如商铺、马车和客栈。

译文：He shook his head. 'The road will be long and it won't be safe or convenient to take you. And I'm not leaving home just for fun. Some day soon I'll take you to Jurgang. There's lots to see there - shops and horse - drawn carriages and inns.'

例17.

原文：妮浩告诉她，玛克辛姆的脖子长了烂疮，他是疼哭的。

译文：'Out of pain,' said Nihau. 'Maksym has a boil on his neck.'

徐穆实对人物话语的翻译方法虽然不同，但是总体而言可以归纳为两类：一是保留原文中的引语形式，包括保留原文的全部直接引语和部分间接引语；二是对原文引语形式进行改写，主要表现为将部分间接引语改写为带有引号的直接引语。至于原文中的两可型引语，由于既可以理解为直接引语又可以理解为间接引语，因此徐穆实将其全部理解成直接引语也可以算作是属于第一种做法，即保留原文形式。表4-11以尼都萨满和妮浩萨满的话语翻译为例，统计了译者的总体翻译方法。

表4-11 《右岸》民族人物话语的翻译方法统计（以尼都萨满和妮浩萨满为例）

	尼都萨满话语		妮浩萨满话语		总计	
	频数	频率	频数	频率	频数	频率
保留原文引语形式	27	87.10%	36	90%	63	88.73%
改写原文引语形式	4	12.90%	4	10%	8	11.27%
小计	31	100%	40	100%	71	100%

由表4-11可知，徐穆实在翻译人物话语时主要采用了两种做法，但比例不f均。在两个人物共71个话语中，保留原文引语形式的做法达到了63个，为90%左右；而改写原文引语形式的比例只有10%左右。而这样的处理方式，正是与徐穆实的民族意识形态相契合的。

首先，徐穆实总体上倾向于真实再现汉族作家迟子建笔下所塑造的鄂温克民族。他表示，"从我的角度来看，我更倾向于尊重迟子建的做法，将所有的间接引语都保留，因为如果我对这些形式进行改写，译作将会成为一部传统的英文小说，但是与原作却截然不同"。因此他在翻译过程中尽其所能使得译作能够忠实于原作，大比例地保存原文中的引语形式，真实再现原作的精神和内涵，反映出汉族作家对少数民族人物形象塑造的看法。

其次，在有些情况下徐穆实选择了将间接引语改写成带有引号的直接引语，最主要的原因是应出版商的要求增加文本的可读性，使其更加适合西方读者的阅读习惯。但是我们也不难发现，徐穆实的民族意识形态也是一个影响因素。在谈及选择哪些间接引语进行改写处理时，徐穆实表示，"我采用带有引号的直接引语是希望能够突出说话者的人物性格，制造戏剧效果"。由此可知，译者在做出妥协之后对某些间接引语进行直接化处理时，还是秉持符合自己意识形态的原则：尽量突出民族人物性格，塑造生动的民族人物形象，并通过这种人物形象的塑造再现鄂温克民族的生活和文化，使得国外译者能够更多地了解这个民族。

4.6.5 结语

翻译是受到意识形态因素制约的社会活动，译者的意识形态对其翻译过程和翻译产品会产生重要影响。本节以少数民族题材小说《右岸》英译本为研究对象，辅以《右岸》汉英平行语料库所提供的数据，结合徐穆实个人博客和采访中所表达的观点，重点考察译者民族意识形态在作品翻译过程中的影响和体现。我们首先结合徐穆实的生活经历和学术兴趣，归纳出他对民族的主要看法和观点，即民族意识形态；随后从《右岸》源语文本的选择、总体翻译策略的制订、民族特色词汇的翻译和民族人物话语的翻译等四个方面，具体分析译者民族意识形态的体现；最后得出结论：徐穆实的民族意识形态对《右岸》的整个翻译过程都产生了重要影响，并最终成功地再现出一部真实反映鄂温克民族历史和文化的精美译作。

4.7 ｜ 个案分析3：《穆斯林的葬礼》英译中民族形象的再现与重构研究

4.7.1 引言

《穆斯林的葬礼》是霍达的代表作，获第三届茅盾文学奖、第三届全国少数民族优秀文学作品奖、建国四十周年优秀文学作品奖。这部五十余万字的长篇小说，通过一个穆斯林家族六十年间的兴衰，三代人命运的沉浮，描写了两个发生在不同时代、有着不同内容却又交错扭结的爱情悲剧。以独特的视角、真挚的情感、丰厚的容量、深刻的内涵、冷峻的文笔，回顾了中国穆斯林漫长而艰难的足迹，成功地表现了回族人民的历史和现实生活以及在政治、宗教氛围中对人生真谛的困惑和追求，展现了奇异而古老的回族民族风情和充满矛盾的现实生活。

1992年管月华翻译了该作品。译本题为：*The Jade King: History of a Chinese Muslim Family*，并且把中国穆斯林回族的民族历史与形象放到了国外的舞台之上。那么，把原著译成英语的过程中，民族形象的再现发生了怎样的转变？这个从未提及的问题值得我们探究。

由于本小说描写一个回族家庭三代人六十年间在不同历史时期的命运沉浮，并以此为窗口展示回族在20世纪中的历史变迁，因此本节以回族代表的主人公第一代代表人物"梁亦清"和第三代代表人物"韩新月"的人物形象，以及出现民族特征的词汇"回回"作为主要分析的对象，从年长人物"梁亦清"和年轻一代的代表人物"韩新月"等主人公的人物特征描写入手，以上述词汇前后搭配的特征词为分析对象，辅以一定的语言统计为支撑，具体探讨译文再现民族形象时所发生的转变。

4.7.2 文献综述

中国著名作家霍达的代表作《穆斯林的葬礼》出版以来一直受到各民族读者的喜爱，成为持续畅销的作品之一。目前，关于原著的研究主要围绕语言特点、叙事结构以及文化特色等来进行的。王锋、陈冬梅（2002）认为作者通过本民族文化心理的反思来探索民族的前途和未来。她站在当代回族文化的制高点，站在世界人类文化的大背景下，运用典型化的手法，将文化审视与社会历史审视相结合，通过对民族生存方式、生存状态及其人的灵魂和命运的描写，来折射社会历史，反映社会生活，具有较高的文学审美价值。白洁（2007）尝试运用符号学理论的相关知识来解释这个充满悲剧意义的穆斯林世界。赵淑芳（2010）觉得这本小说具有强烈的抒情性，这主要表现在散文化结构及多种抒情手段的运用，如大量恰如其分的引用诗词，体现出诗意化追求，选用"月""玉"等具有独特审美价值的意象贯穿作品始终。杨秀明（2013）从独特的性别视角即回族女性在民族叙事中遭遇的种种身份认同问题来研究民族叙事，并且认为故事的悲剧性表现了书写者对民族历史和集体记忆的深刻反思。而对于《穆斯林的葬礼》的英译本的研究却并不太多见。

然而，关于翻译中民族形象再现的研究寥寥无几。近年来，学界开始关注新闻媒体所构建的中国少数民族形象。Blum（2001：85）的研究表明，中国官方媒体在描述少数民族时，常将其和"贫困""文盲""迷信"等消极形象相连，以体现汉族自身的优越；Gladney（1994：35）则发现在官方媒体中，55个少数民族群体中有53个民族的图片使用了女性的照片，以"弱势"的性别等同少数民族。在国际新闻界杂志上有一篇张媛（2013）撰写的基于1979—2010《人民日报》少数民族报道的内容及文本分析，考察在有关少数民族报道中所建构的少数民族形象。她发现少数民族报道总体数量偏少；报道侧重告知信息；政治和经济是有关少数民族报道的重中之重；报道态度总体上呈现"中立"为主立场；少数民族在报道中总体呈现出开放发展的形象。

综上所述，关于《穆斯林的葬礼》的研究大多数集中于对原作的讨论，对于其英译本的研究并不多见。另外，对于翻译中民族形象的再现研究屈指可数。有鉴于此，本研究使用语料库的方法，通过对《穆斯林的葬礼》的英语译本与其汉语原著进行比较和分析，探讨《穆斯林的葬礼》英译本中有关回族民族形象塑造的再现和变异特征，试图回答三个问题：（1）英译本中回族民族形象是否发生了转变？（2）如若存在转变，是在哪些地方发生了怎样的转变？（3）这些转变背后有何动因？

4.7.3 研究设计

4.7.3.1 语料选取

本文所采用的语料是小说《穆斯林的葬礼》汉英平行语料库，即原著《穆斯林的葬礼》（霍达，1988）和其译本 *The Jade King: History of a Chinese Muslim Family*（管月华，1992）。原著语料一共由311,375汉字组成的，译文中133,613英文词汇组成。

4.7.3.2 研究方法与步骤

本研究主要选取能够突出民族形象的回族人物特征以及与回族有关的词或词组作为研究对象，基于典型实例的分析来论证译者在译文中的民族形象再现与重构。具体步骤如下：首先，将原著语料与其对应的英文语料导入到ParaConc中，运用ParaConc的检索功能，以小说中受尊敬的主要年长人物"梁亦清"和年轻一代的代表人物"韩新月"为关键词检索，分析回族形象在译文中的再现与重构。之后，再以能够表示民族特征的词汇"回族"和"回回"为关键词检索。这些检索词的左右词丛长度分别设定为2～9词，调出所有包含上述词汇"梁亦清""韩新月""回族"和"回回"的语句。其次，对所有调出的句子进行人工筛选，选取能够展现民族形象特征的前后搭配词和语句。最后，通过人工分析，将所挑选出来的语句分为5类：回族人物的行为动作、人物的心理活动、人物的外貌和能力等其他特征、他人对人物的描述以及能够体现民族特征的语句。以上述分类为切入点，通过对比这些词或词组在原文与译文中的异同，深入分析民族形象在目的语中发生了哪些变化。

4.7.4 语料分析与讨论

在ParaConc中将主人公"梁亦清""韩新月"以及能够表示民族特征的词汇"回族"和"回回"设为检索词，调出以"梁亦清"为中心词的语句共195例；以"韩新月"为中心词的语句共1,551例；而以"回族"和"回回"为中心词的语句只有分别为8例和72例。经过逐句考察与筛选，排除绝大部分包含没有研究价值的搭配词（如：身后、不再、坐在、回家、递给等）的语句，选取余下包含能够展现梁亦清与韩新月人物形象特征搭配词（如：文文静静、笑容、眼泪、凄凉、感叹等）的句子，分别为83例和222例，再加上出现回族和回回的8例与72例作为研究对象。

通过仔细对比原文和译文，筛选了关于人物形象的搭配词的分布情况（见表4-12）。译文中删除未译的部分没有归入这四类当中。

表 4-12　《穆斯林的葬礼》汉英语料库中人物形象搭配词的分布情况

人物	类别	心理	行为动作	他人的评价	其他（外貌，能力，个性等）	小计
韩新月	原文	67	75	33	47	222
	译文	42	49	23	36	150
梁亦清	原文	26	33	16	8	83
	译文	24	31	15	5	75

分析原文和译文中这些描写、修饰代表人物韩新月与梁亦清的关键词在语义韵上的差异，我们发现译者在描述人物形象的各个类别中对人物形象描写较原文明显减少，在译文中对同一主人公人物形象描写总体情况较

原文也明显减少，这充分说明了具体翻译文本中目的语词汇的语义韵以及其前后搭配在翻译活动的影响下发生显著变化，这种规律与胡开宝教授的观点"关键词在语义韵上的差异可以揭示具体翻译文本中目的语词汇的语义韵及其前后搭配在翻译活动的影响下所发生的变异"（胡开宝，2011：105）相吻合。因此，我们对原文与译文中与民族形象有关的人物"韩新月""梁亦清"和"回回"的搭配词的语义韵进行统计，结果见表4-13。

表4-13 《穆斯林的葬礼》汉英语料库中民族形象的搭配词统计

关键词	联想意义	积极频数	中性频数	消极频数	小计
韩新月	原文	83/37%	38/17%	101/46%	222
	译文	80/53%	30/20%	40/27%	150
梁亦清	原文	28/34%	20/24%	35/42%	83
	译文	34/45%	21/28%	20/27%	75
回回	原文	25/35%	18/25%	29/40%	72
	译文	26/54%	14/29%	8/17%	48

由此可知，与民族形象有关的关键词的语义韵均表现出错综复杂的语义趋向，皆有积极、消极及中性意义。但在原著中，与上述三个关键词搭配的词大多数具有消极意义，所占百分比分别达到45%、42%和40%之多，更多地呈现出消极语义韵趋势。而在其译本中，"New Moon""LiangYiqing"和"Hui-hui"的搭配词的消极意义减少了，而积极意义和中性意义却大幅增加，更多地呈现出积极语义韵的趋势，所占百分比分别达为53%、45%和54%之多。值得注意的是，原文中所有出现"回族"的8个句子在译文中均未译出。从这些语义韵的转变可以看出，管月华再现民族形象时，各种转变在潜移默化地发生着。

4.7.4.1 行为动作

原著描述代表人物韩新月与梁亦清具有研究价值的222个语句和83个

语句中，描写人物行为动作的就分别达到了75例和33例之多，可见霍达在塑造人物形象时，着重是通过动态的行为动作来展现其形象特征的。然而，管月华的译文中，这些人物形象的塑造发生了一些微妙的转变。具体情况如表4-14所示。

表 4-14　主要人物的行为动作搭配词的统计数据

人物	联想意义	积极频数	中性频数	消极频数	小计
韩新月	原文	27/36%	18/24%	30/40%	75/100%
	译文	24/49%	13/27%	12/24%	49/100%
梁亦清	原文	7/21%	12/36%	14/43%	33/100%
	译文	10/32%	13/42%	8/26%	31/100%

从表4-14可以看出，在原著中，描写主人公韩新月和梁亦清行为的语句中，消极意义的搭配词占将近一半，所占百分比分别为40%和43%；而在译文中，表示人物行为的积极意义搭配词占主导地位，所占比例分别为49%和32%。通过对比人物的行为动作在原文和译文中的所占百分比，霍达笔下描写人物行为语句中消极意义的搭配词将近一半在翻译过程中被删除未译或转换成为具有中性意义的词，可以说是通过这样的方式减弱了人物的负面形象，从而凸显其美好形象。例如：

例18. 原文："妈，"新月解释说，"英语不是能说几句话就行的。"

译文："Mother", New Moon hastened to explain. "It isn't enough to be merely able to speak a few words of English."

例19. 原文：梁亦清埋怨他一句，仍然低着头做活儿，"货都交了？"

译文：Without raising his eyes from his work, Liang asked, "All the hare-gods delivered?"

例20. 原文：新月离开学校已经两个多月了，休学也已经一个月了。

译文：（删除未译）

例21.原文：新月，怎么会突然病成了这个样子呢?

译文：（删除未译）

例22.原文：梁亦清头也没回，只说："那些汉人吃的，可不能买！"

译文：（删除未译）

通过观察上述例子，不难发现译者在翻译过程中适当地添加了一些词语，以表示人物的某种特质，或者本来表示消极意义的词语转变成为中性意义的词语。例18中"解释"的译文"explain"前面添加了"hastened to"，表现出韩新月渴望继续学习英语的焦灼心情。韩新月迫不及待地向她母亲解释不是说几句英文就等于能学好英语的想法；例19中带有消极意义的"埋怨"在译文中转变为不带有情感色彩的词"asked"，使得梁亦清心中不满的情绪得以缓和。例20、21、22中，译者在翻译时采用一些策略调整，给主要人物韩新月和梁亦清一些不好的行为蒙上一层面纱。上述这几个删除未译的例子直接彻底抹去了梁亦清不好的行为以及韩新月的休学、病倒等不良的后果。

从上述描写行为动作的具体例句可以看出，译者在再现人物形象时，并没有完全遵循原文中所表达的内容，而是有意掩盖了一些主人公不好的情节，尤其是韩新月病倒住院的情况和离开学校办休学手续的大部分状况在译文中都抹去了，试图在读者心目中塑造一个活泼可爱、生机勃勃的、更加完美的年轻回族女性形象。

4.7.4.2 心理活动

除了行为动作之外，译者对主要人物心理活动的刻画也栩栩如生，通过丰富的内心情感勾画出一个活灵活现、内心情感丰富的生动形象。通过对多达67例和26例有关韩新月和梁亦清心理描写的搭配进行分析，发现人物形象在翻译过程中或多或少地发生了变异。

表 4-15　主要人物的心理活动搭配词的统计数据

人物	联想意义	积极频数	中性频数	消极频数	小计
韩新月	原文	19/28%	9/14%	39/58%	67/100%
	译文	20/48%	6/14%	16/38%	42/100%
梁亦清	原文	10/39%	5/19%	11/42%	26/100%
	译文	11/46%	6/25%	7/29%	24/100%

从表4-15中可以看出描写人物心理活动的搭配词的语义韵在原文和译文中出现差异，原文中一些具有消极意义的搭配词在译文中转变为积极意义的词或被完全删除，从而消解韩新月和梁亦清的消极心理和情绪，弱化其所呈现出的消极语义韵的趋势。请看下面几个例子：

例23. 原文：新月抑制不住心头的冲动，恨不能连夜就去找陈淑彦……

译文：Bursting with excitement，New Moon wanted to go and find Chen right away.

例24. 原文：信仰和血统的力量感召着梁亦清，他执意挽留吐罗耶定在舍下多住……

译文：Out of a strong sense of the bonds of religion and blood, Liang Yiqing insisted that Toluyedin stay longer at his place...

例25. 原文：一开始，新月也难免有些紧张，甚至怀有一种莫名的恐惧，但当试卷在她面前展开……

译文：（删除未译）

例26. 原文：现在，梁亦清上了水凳儿，便把一切烦恼抛在脑后，心中只有玉了。

译文：（删除未译）

例23中表示消极意义的词汇"冲动"在译文中译作"excitement"，

以表现新月被她妈妈忽然告知她最好的朋友和她的哥哥将要结婚的消息时欣喜若狂的情绪状态；同样，译者在塑造梁亦清形象时侧重于表现梁亦清对信仰的执着与热爱。例24中增添一词"strong"后，梁亦清静态的心理活动转变为更为活跃的动态心理活动，愈加突出了梁亦清对于信仰的虔诚心理。

　　在上述例子中，表示主人公负面情绪的"紧张""恐惧""烦恼"等一系列词汇几乎都跟韩新月和梁亦清的种种消极情感有关。译者为了塑造聪明伶俐、活跃开朗的年轻回族女孩的人物形象，将上述表露负面情绪的词汇删除未译，尤其是韩新月不可逃脱的悲剧性命运，例如因病倒住院而休学时自然表露的消极情感的篇章几乎都被译者略去。再现主要人物的心理活动时，译者省略了不少表现人物负面情绪的词语，从而将这个人物形象完美化了。

4.7.4.3 外貌、能力、个性等以及他人对人物行为的评价

　　外貌、能力和个性的描写无疑是人物形象的直观表现，而他人对人物动作行为的评价可以说是一种侧面的人物形象体现。霍达对韩新月和梁亦清的外貌描写着墨并不多，大多通过刻画脸部的表情来反映其内心的情感。而在这为数不多的描写中，我们也可以探寻到译文中所发生的巧妙转变。采用上述同样的统计方法所得出的结果表明，在原著展现人物外貌、能力等方面的语句中，表示消极意义的搭配词所占百分比较高；而在管月华译文中，中性意义的词汇被转化成了积极意义，消极意义的词汇更多的时候被删译，趋于积极意义的搭配词在译文中所占比率都达到一半以上。对于描写主人公韩新月和梁亦清外貌和能力的具有消极意义的语句，译者一般都予以删除，给读者留下主人公最美好的一面。此外，对于原著中体现他人对人物行为的评价的语句，译者并没有进行太多的调整或修改，只是在翻译具体句子时发生了一些转变。译者使用显化翻译策略，通过增添一些词语，表现原著人物积极、美好的一面。例如：

例27. 原文：倒是新月文文静静，大大方方，招得那些女宾看不够，拉着她的手说话儿。

译文：New Moon carried herself with perfect ease and grace, impressing the women guests so much that they buttonholed her just to have more of her company.

例28. 原文：看见新月的眼中闪着泪花，他便立即控制了感情……

译文：（删除未译）

主人公韩新月是新一代女性的代表，她从小就受到新思想的熏陶。韩新月容貌娇美、纯情坚贞、才华横溢，具有优雅女人特有的气质与内涵，属于中国传统文学中才女佳人的典型。她生活在新时代，受过高等教育，有坚毅的人格魅力。例27刻画了主人公韩新月个性"文文静静，大大方方"的个性。译者为了表达韩新月这样完美无缺的外表和性格，增添了富有积极意义的词汇"perfect"，使得人物形象更加引人注目，更加完美。例28中，有关描写主人公韩新月外貌和能力的消极意义的语句均被删除未译。

4.7.4.4 民族特征

应当指出，民族形象可以通过民族特征表现出来。如前所述，原著中以"回回"和"回族"为关键词检索出来的有关民族特征的语句分别为72例和8例。以"回回"为关键词检索出现的72例中，译者使用删译的方法省略了具有消极意义的多达20例，其余部分则调整为积极或中性意义的语句（见表4-16）；以"回族"为关键词检索出的8个语句，译文中都被删除未译，因此没有归入分析对象中。例如：

表 4-16　民族特征搭配词的统计数据

关键词＼联想意义		积极频数	中性频数	消极频数	小计
回回	原文	25/35%	18/25%	29/40%	72/100%
	译文	26/54%	14/29%	8/17%	48/100%

例29. 原文：按照回回的习俗，男婚女嫁，不是<u>自由恋爱／私订终身</u>就可以了事儿的。

译文：According to custom and tradition, there should be an <u>elaborate</u> wedding-one that would cost a small fortune.

例30. 原文：信仰伊斯兰教的有包括回族在内的十个民族，回回<u>没有自己的语言文字</u>……

译文：（删除未译）

例31. 原文：满人的数量也远远比汉人少，为什么汉人却不敢像<u>对待回回这样歧视</u>满人？

译文：（删除未译）

例32. 原文：回回从来也<u>没有做过统治者，</u>却为什么招来了汉人的仇恨和歧视呢……

译文：（删除未译）

《穆斯林的葬礼》展示回族穆斯林独特的风俗习惯和人生历程，描绘了回族人民的种种生态与各种心理。例29中，原文"自由恋爱／私订终身"不符合回回习俗，含有消极意义，在译文中调整为含有积极意义的表达，以"elaborate"一词来翻译，表达回族婚姻习俗的复杂性。例30、31、32中均含有有关回族消极意义的短语，如"没有自己的语言文字""对待回回这样歧视""没有做过统治者"，在译文中均被删除。这些例子中，与回回搭配的词语都具有消极语义韵，并且回族被看成中国历史中的弱势群体，既没有自己特有的语言文字，也没有在漫长的中国历史上有过统治者的痕迹。译者试图表明中华民族文化是具有多层次多侧面的丰富多彩的文化，各少数民族文化在漫长的历史发展中与汉族文化互相冲突、互相渗透、互为补充、互相融合，共同构成了中华文化的多元一体格局。这种多彩多姿的中华民族文化，当然也少不了回族文化的功劳。为了给西方读者留下回族与汉族共同发展、和睦相处的美好的一面，译者对上述语句采取了删除不译的翻译策略。

4.7.5 民族人物形象变异原因分析

本研究利用《穆斯林的葬礼》汉英平行语料库，分析了主要人物韩新月和梁亦清的动作行为、心理活动、外貌、个性以及他人对主人公韩新月和梁亦清行为的评价等在英译文本中发生的变异，以及民族特征的再现。研究表明，管月华译文在再现回族人物形象和民族特征时，确实出现了一定的转变，而这种变化主要是通过三种翻译策略实现的，即删除未译、显化翻译和调整翻译。删除未译主要用于韩新月和梁亦清的行为和心理描写。面对突如其来的心脏病而导致的休学，韩新月难免会有一些伤感的心理或举动，但是在译文中，类似"落泪""愁思百结""不安"这些带负面含义的动作，或是"伤感""悲哀""恐惧"一系列透露出韩新月消极情绪的词语也被省译。民族特征方面，有关回族消极意义的词句，如"没有自己的语言文字""对待回回这样歧视""没有做过统治者"在译文中也被省略。显化翻译策略主要用于两方面，一是对于韩新月年轻聪慧和善良的外貌及动作行为进行描写，二是他人对韩新月面对病魔时所展现的坚强与乐观态度的评价。译者强化了回族人物韩新月的年轻美好，在翻译时将其内心的情感一同表达出来，使之更加生动形象。调整翻译策略主要用于回族人物的动作行为和心理活动描写两方面。对于韩新月突然病倒时自然流露出的一些行为和心理，管月华在翻译时或多或少地调整说法，一些原文中略含消极意义的词语在译文中译为中性词，而一些体现韩新月行为和心理不好的词句，以及关于回族特征消极意义的描写在目的语中则被直接删去。

综上所述，管月华译文在再现回族人物形象以及民族特征时，着重展现了回族人物形象和民族特征美好的一面，而略去了她的消极心理和行为。那么，这种翻译带来的民族形象变异的内在原因是什么呢？我们认为，这种民族形象转变主要是出于两种原因：

其一是译者再现民族形象时受到译者所处时代背景下的社会意识形态的影响。一般而言，社会意识形态对译者的翻译方法以及翻译策略都有着重要的影响作用，而翻译作为再创作的一种行为，也就不可避免地受到译者所处时代大环境的影响。每一部作品都是在特定的文化历史环境中产生的。翻译作品是结合译者所处的历史阶段或者时代背景，对原作的一个重现和阐释。而译者管月华所处的时代是中国政府倡导的民族平等、团结的时代。1992年，中央民族工作会议在北京召开。会议指出，民族工作的一项根本任务就是坚持各民族平等和大团结，维护并促进祖国的统一是今后一个时期民族工作的方针和主要任务。并且这些因素是社会意识形态的重要组成部分。管月华受到社会意识形态的影响，试图给读者留下中国各民族平等，团结和共同繁荣的美好一面，而不想将不够完美的一面暴露在西方读者面前，才通过翻译这个过程塑造了一个更加和谐和完美的民族形象。

其二，英译本出版商的操控作用。Andre Lefevere所提出的操控理论中主张，意识形态对文学翻译的制约和影响力度在跨文化语境下更为显著，而且还能通过赞助力量（patronage）影响文学系统。出版商作为赞助人之一，会对文本形式及内容的选择和处理进行操控。具体而言，译者在再现原作的形象时所做出的选择，既受到译者所处的历史时代、社会环境、文化熏陶的影响，又被译本的出版商所制约。葛浩文指出，在具体翻译过程中，译者、出版社和编辑对译作做了一些改动（Goldblatt，2004：26），毕竟很多时候一部作品能不能翻译，还得考虑出版社的市场利益（舒晋瑜，2005：13）。而英译本的主要市场是在西方国家，为了给西方读者留下中国少数民族与汉族的平等，共同繁荣和发展的美好印象，难免会在翻译时造成一些改变，以塑造完美的民族形象。"翻译的社会价值不仅在于促进人类社会从相互阻隔走向相互交往，更在于在特定的历史时期通过对民族精神的塑造与国人思维的改造而构成推动社会变革的重要力量。"（许钧，2003：380-383）

4.7.6 结语

　　本研究借助《穆斯林的葬礼》汉英平行语料库，主要考察了管月华译本中有关描写回族人物形象和回族民族特征的搭配词句的翻译。研究发现：（1）管月华译本中再现的民族人物形象和民族特征与原文本中的民族人物形象与民族特征存在着一定程度的变异；（2）译者在翻译中通过采用省略翻译，显化翻译、调整翻译等三种策略着重强化了民族形象美好的一面，抹去了人物性格和行为中瑕疵的地方，以及民族特征具有消极意义的语句，将回族民族形象完美化；（3）管月华译本再现民族形象时出现的变形，主要是由于译者受到社会意识形态的影响以及出版商的操控。正是由于这两个重要原因，译作给读者留下中国各民族共同发展、和睦相处、和平共处的美好印象。

本章小结

　　作为翻译主体，译者不仅属于某个国家、政党，或支持某个阶级或政党，而且也属于某个民族。毋庸讳言，对翻译施加影响的社会意识形态不仅包括社会主流意识形态、政治信仰或政治立场，而且还包括译者所属民族的意识形态。此外，一部翻译作品能否被目的语社会所接受，不仅取决于社会主流意识形态，而且也受制于目的语社会的民族意识形态。然而，目前学界对于民族意识形态与翻译之间互动关系的研究不够关注。基于此，本章在分析民族和民族意识形态内涵的基础上，梳理了民族意识形态与翻译研究的现状，并详细分析了基于语料库的民族意识形态与翻译研究的路径和方法。之后，本章介绍了3个个案研究，以说明如何开展基于语料库的民族意识形态与翻译研究。这些研究表明，受译者对少数民族态度的影响，少数民族题材小说中的民族文化信息在英译过程中由缺损向保留逐渐过渡；《右岸》英译之所以成为一部真实反映鄂温克民族历史和文化的精美译作，在很大程度上受徐穆实民族意识形态的影响；《穆斯林的葬礼》的回族形象在管月华翻译的英译本得到美化，其原因在于译者的民族意识形态影响和出版商的操控。

第五章

基于语料库的翻译与个体意识形态研究

5.1 | 引言

　　翻译是特定社会、历史、文化语境下的产物，必然受具体历史时期集体意识形态的影响，同时也受制于生活在当时语境下的译者。可以说，译文的产生是集体意识形态和个体意识形态共同作用所产生的结果，译者往往在这两种意识形态的共同作用下开展翻译工作，其中个体意识形态在译文中更为凸显，因为集体意识形态最终依然是由个体来体现。即使在同一历史时期，同一集体意识形态影响下，不同的译者在不同的翻译思想指导下，为实现不同的翻译目的，对同一源语文本也会采取不同的翻译策略，从而产生不同的译本，这是译者个体意识形态最为明显的表征。

　　本章首先界定个体意识形态的定义及内涵，然后详细梳理翻译与个体意识形态相关的研究，并进一步介绍基于语料库的翻译与个体意识形态研究的主要内容及其研究意义。最后，本章提供了个案研究，以说明如何开展基于语料库的翻译与个体意识形态研究。

5.2 | 个体意识形态的界定与内涵

意识形态本质上是一种价值观或信念，一种观念体系。意识形态可大致划分为社会或团体意识形态和个体意识形态。作为个体的社团成员一方面受其所在的社会团体意识形态影响，另一方面又拥有与其他社团成员不同的个体意识形态。有关集体意识形态和个体意识形态之间的关系，van Dijk的论述十分到位，值得借鉴。他说，"我们在提及集体意识形态的社会共享特征时，所涉及的是其归纳和抽象起来的特征，并不意味着每一个社会成员都有同样的意识形态。可以认为每一个成员都有集体意识形态的个人版本，这个个人版本是个人社会化和意识形态发展促使形成的"（van Dijk，1998：30）。此外，值得注意的是，大多数社会实践都是特定情形下由一个或几个社会成员完成实现的，因此在话语层面多多少少总会体现个体意识形态。个体意识形态与社会或团体意识之间是个性与共性之间的关系。前者是后者的具体表现，后者是前者的归纳与抽象。

就译者而言，Munday（2007）认为译者的个人语言特征显然与作者存在差别，不仅因为两种语言体系的不同，更具体表现在译者个人教育背景中的语言学习经验，其所处的环境意味着其个体语言特征与众不同，包括其立场和评价表达都会体现在译作中。其认知依据在于，语言理解及重构的个体性允许译者与文本生产者存在差异。因此，我们认为译者的生活经历、教育背景、社会地位、经济来源，乃至个人性格特征等与译者个人相关的因素都可能促使其形成不同的个体意识形态，并在其包括翻译在内的社会实践过程中产生潜移默化的影响，从而产生不同的译本，或与源文相比，译文中存在翻译变异。

Tahir Gürçağlar（2009）认为，意识形态在翻译文本和宏观翻译行为两个层面运作，并提出意识形态两层说。表层意识形态体现在翻译文本内容及其所处的社会政治语境，又称为显化意识形态；而深层意识形态表现为有没有意识到翻译是一个决策过程以及译者是有着自己世界观的决策过程代理人，进而对源文重新表征而不是照葫芦画瓢。这种意识或无意识即隐化意识形态。而隐化意识形态决定着翻译的内容以及翻译的外在条件，与译者的翻译策略紧密相关。这种翻译策略不仅指译者在文本层面的翻译处理策略，还包括翻译实践整个决策过程中对源文本的选择或拒绝、译入语文化传统中特定文体及语词的选用、不同副文本策略（包括按语、注释、序、跋等）的使用等等。可以看出，隐化意识形态与译者个体意识形态紧密相关。就是说，译者是翻译过程的决策者或者决策的最终实施者。考察译者个体意识形态对翻译的影响，不仅要分析源文与译文在文本层面的差异，即表层意识形态；还要探讨译者作为决策者或决策执行者所表现出来的对源文文本的选择、特定文体及语词的使用以及副文本的选取等。

我们认为译者的个体意识形态不仅表现为译者作为普通人所具有的不同于他人的意识形态，而且还表现为译者不同于其他译者的意识形态。译者的个体意识形态主要指译者在自己生活经历、教育背景、社会地位、经济来源等诸多因素作用下所形成的审美观、价值观、翻译思想、翻译理念和翻译目的等。具体在翻译话语层面，译者的个体意识形态不仅会影响翻译文本中具体采用的翻译策略和方法，而且也会对源文文本的选择、特定文体及语词的使用、副文本的使用以及目的语语言结构的应用产生影响。

5.3 ┃ 翻译与个体意识形态研究现状

意识形态论题在翻译中受到广泛关注缘起于20世纪末的翻译研究文化转向，代表人物是Lefevere（1992）和Hermans（1985）等翻译文化研究学派和操纵学派。他们认为翻译从不产生于真空中，翻译是在新的历史、社会、文化语境下对原作的改写。如Lefevere（1998：41）认为译者的意识形态① 和译入语主流诗学是翻译作品的决定因素。在此背景下，国内外翻

---

① 有学者认为Lefevere对译者意识形态的界定过于简略，相比之下，译者干涉、译者声音更具有操作性。（详见Munday，2007）

译中的意识形态研究取得了长足的发展。近二十年来发表出版了大量论著，探讨了翻译环境下的权力关系不对称等有关意识形态论题（如von Flotow，2000；Gentzler & Tymoczko，2002；Calzada-Pérez，2003；王东风，2003；Faiq，2004；Bermann & Wood，2005；Kang，2007；Cunico & Munday，2007；孙志祥，2009；杨柳，2010；Kruger，2012；Pan，2015；Yun，2015；Lockard & Dan，2016）。然而，综观先前研究，可以看出相关论述主要集中在社会或团体意识形态对翻译的影响，而对于个体意识形态与翻译互动研究着力不多。

Lange（2012）基于卢曼社会历史理论视角，考察了苏联统治期下爱沙尼亚作家、翻译家Enn Soosaar的译作特征及其所做的评论，进而探讨在苏联中央计划体制下译者能否承担起爱沙尼亚文化代言人的使命，能否抵抗当时的主流文化话语并坚持其知识分子信念，其翻译作品能否容纳而不是抹除不同于苏联的美国意识形态。研究发现，虽然存在苏联社会文化语境压制，Soosaar的翻译技巧和翻译策略仍以持续不断的质疑对抗当时的官方文化限制。Lange认为Soosaar通过娴熟的翻译技艺，将翻译用作抵抗主流政治话语的方式，尽管Soosaar的"抵抗"从未采取一种公开不同政见的形式。但作者也指出，尽管Soosaar整体上较为成功，其作品被认为整体政治生态及集体价值中的"少数派文学"，但他代言爱沙尼亚文化的意图有时也会被国家审查打压，其翻译的《丧钟为谁而鸣》在爱沙尼亚未获准出版发行，被要求必须与俄语版保持一致。可以看出，译者一方面可以在译作中凸显个体意识形态，另一方面其个体意识形态也受到集体意识形态的制约。

Munday（2007a）通过考察与拉丁美洲相关的政治文献、演说及其相关英译，探讨译者意识形态在翻译中的影响。文中列举了古巴前领导人卡斯特罗移交权力的声明、委内瑞拉前总统查韦斯联合国演说等8个具体的例子，展示了翻译过程中译者在词汇语法层面不同的选择，而作者认为这些选择很大原因是译者个体意识形态所造成。譬如查韦斯联合国演说中称呼美国总统布什为"Mr. imperialist dictator",而其英语译文"dear world dictator"在评价意义上大大低于源文,负面评价、称呼等语言手段均存在翻译迁移。作者认为这种翻译迁移一方面可能体现了译者有意采取相关翻译策略,也可能是因为译者独特的双语经验从而不自觉地在词汇语法层采用相关语言手段来完成翻译。这种词项启动至少可以部分解释个体译者处理源文中的特定语言项,并且这种词项启动可能包括长期翻译所形成的规律性翻译策略。

Karadağ(2008)考察了土耳其译者Ali Cankirili对笛福作品《鲁宾逊漂流记》的重译。作为伊斯兰教义支持者,该译者在翻译《鲁宾逊漂流记》时将其重置于伊斯兰文化语境下,并通过大量脚注把该小说与阿拉伯作家的作品Hayy ibn Yaqdhan联系起来,把《鲁宾逊漂流记》呈现为剽窃作品。同时,译者还通过增添等翻译手段在文本中对伊斯兰教义予以褒扬。这都体现了译者的信仰(亦即译者的个体意识形态)对具体翻译所产生的影响。有意思的是,在土耳其,Ali Cankirili的翻译风格并非个案,且在土耳其出现了针对伊斯兰教义倾向的翻译的社会大争论,这一争论反映了译者个体意识形态最终对主流翻译意识形态的反作用。根据Tahir Gürçağlar(2009)的分析,具有伊斯兰教义倾向的翻译文本中的一些术语、词组均非译自源文,且译者凭空添加许多文字,都体现了译者的伊斯兰世界观。这种文本操作、调整或者归化源文的自由翻译方式在土耳其奥斯曼帝国后期以及共和时代早期几乎就是翻译常规,而现在却因为翻译所展现的伊斯兰意识形态而被认为是翻译丑闻并受到从教育部、翻译协会、译者的广泛批评。尽管有翻译研究学者对此类翻译中的译者显身予以支持,认为任何翻译活动均受意识形态影响,把译者看作清白无辜、毫无偏倚是站不住脚的。然而他们的声音却未有关注和回应。问题的另一面在于,在讨论过程中无论是翻译协会还是译者个体均宣称译者是清白无辜、中立的,即使翻译中含有不同政见等信息,也是因为译者本人受制于忠实或对等的原则。Tahir Gürçağlar认为译者之所以如此是为了确保译者作为外来信息来源的可靠性，即译者自身职业身份的根基，从而建构中立、缺少话语权力的译者形象。

与国外类似，国内相关论述也是主要集中在社会或团体主流意识形态对翻译的影响上，较少关注译者个体意识形态与翻译的互动研究。根据崔娟和刘军显（2016）的梳理，翻译中的意识形态研究主要有四个大类：第一，从宏观角度系统阐述意识形态对翻译选材、翻译策略和译本接受的操纵。第二，从意识形态视角对某一阶段的翻译史进行梳理，阐明意识形态对翻译选材的决定作用。这前两类研究中均未区分社会意识形态与个体意识形态，论著中所涉及的意识形态实际上是指译入语社会的主流意识形态。第三类主要是依据翻译改写及操纵论开展个案分析，探究翻译中的意识形态问题，其中部分研究者如李晶（2006）、姜秋霞等（2009）区分了社会意识形态与个体意识形态，认为社会意识形态与个体意识形态之间存在操纵与反操纵的张力，两者共同作用于翻译过程。第四，研究意识形态的分类以及意识形态与翻译之间复杂的互动关系。

杨柳（2010：41）指出译者个体意识形态是指译者个人的意识形态观，包括个人的审美观、诗学态度、价值观和伦理观等。它可以与主流意识形态相合，也可以与之相悖。译者在翻译过程中最终选择何种翻译策略，取决于其个体意识形态，即译者的个体意识形态决定翻译策略。即使作为英文世界地位最高的中国文学翻译家葛浩文，其翻译也受到其个体意识形态的影响。譬如在其翻译的《狼图腾》中即体现了他作为普通人所具有的不同于他人的意识形态。作者姜戎在《狼图腾》中有关法西斯主义的讨论在葛浩文的译文中均无所体现。作为犹太人，葛浩文对于法西斯主义的憎恶不可避免地影响到其翻译，从而对源文中的相关论述进行删节，其结果就是译文相对于源文而言出现变异偏差。

然而，翻译常常也体现译者个体意识形态与国家主流意识形态的高度统一。根据潘苏悦（2015）的分析，《毛泽东选集》跨度近30年，涉及不同时期翻译人员达百余人，然而该著作译者虽然学术和社会经历不同，他们的个人利益和新中国国家利益却高度一致，其意识形态强烈认同并强化着国家意识形态，在《毛泽东选集》英译工作中表现出强烈的责任感、使命感，把英译工作作为保护社会主义的具体体现。再者，国家对《毛泽东选集》英译工作高度重视，希望该英译本为国家主流意识形态的外宣工作做出贡献，这与译者的个体意识形态也是高度统一的。在整个英译过程中，译者将源文中的意识形态如实准确地体现在译本当中。可以看出，由于《毛泽东选集》体现国家意识形态，而译者个体意识形态与国家集体意识形态又高度统一，译者所采取的翻译策略也必然更加贴近原文。

当译者个体意识形态与集体意识形态相符或保持一致时，译者顺应主流的集体意识形态。然而，"并非所有个体成员在某些层面都与团体保持一致，因此对团体意识形态并不认同"（van Dijk，1998：71）。如上所述，尽管意识形态在宏观层面以团体为基础，表征团体观念、价值的政治性或社会性体系，但作为社团成员的个体本质上也是具有意识形态的个体，作为个体受所处社会、团体和国家的意识形态等的影响，并形成了与他人不同的个人意识形态。也就是说，尽管集体意识形态影响译者个体意识形态的形成，但译者个体意识形态未必总是和集体意识形态保持一致。那么如果译者个体意识形态与主流集体意识形态不一致甚至相背离时，就会出现两种情形。一则译者屈服于占据主流的集体意识形态或者与主流集体意识形态妥协、合作；二则译者冲破集体意识形态藩篱，超越其边界，在译本中实现自我意识形态，从而以译作为工具对集体意识形态发生反作用。

李晶（2006）对比了《水浒传》两位译者赛珍珠和沙博理在书名处理上的差异。通过对两位译者生活背景、社会阅历、思想观念等方面的分析探究，认为译者个体意识形态是翻译行为及结果的重要决定因素，但并不能排除社会集体意识形态对译者个人的影响。这一影响具体体现在两位译者在翻译《水浒传》书名上。赛珍珠生于美国而长于中国，融通儒学思想和西方宗教思想，追求博爱、天下一家、世界大同的世界观，因此赛珍珠选取*All Men Are Brothers*作为书名，体现了她东西方思想的相互融合。可以说，赛珍珠的译名选取基本上是由其个体意识形态决定的。与此不同的是，沙博理翻译《水浒传》时正处于中国政治高度敏感的二十世纪六七十年代。当时诸多优秀经典作品被当作社会主义毒草而被禁止翻译出版，沙博理顶着巨大的政治压力从事《水浒传》的翻译工作，将译作定名为*Outlaws of the Marsh*。且赛珍珠所选译名被中国左翼作家鲁迅批评，在"文革"思潮中被片面夸大发挥，这些外在因素都促使沙博理另起炉灶，这都可以在沙博理自己的书《我的中国》中得到验证。可以说，译者个体意识形态和集体意识形态相互作用，在主流意识形态的影响下，译者常常不得不妥协。

然而，译者并非总会对集体意识形态进行妥协，也并非所有的译者都会妥协。高金岭（2008）考察了朱光潜1949年后的翻译历程，探究译者个体意识形态与集体意识形态交叉影响下的翻译行为。根据作者的考察，朱光潜先生在中华人民共和国成立初期被作为改造的重点对象，遭到行政撤职、职称降级等处分，"文革"中被批判为历史反革命和反动学术权威，接受劳动改造。这些均对朱先生的翻译和学术研究造成了重要影响，其为《西方美学史》翻译的资料因为不合政治需要而在"文革"期间不知所终。同时，国家出版总署也代表着国家意识形态。作为译者的朱先生诸多译作均受国家统一安排，作为社会主义意识形态建设的一部分，如《艺术的社会根源》的翻译目的是在抗美援朝的高潮中描绘文艺在美国的商业化和法西斯化情景下堕落的情景，并根据实际需要对源文进行取舍。这都反映了译者作为个体在具体翻译行为中受到国家意识形态的影响。然而译者并非总是处于被动状态，在特定情形下也会冲破国家意识形态的压制，突破选材和译法上的限制。在"文革"后期，朱先生在北大接受劳动改造时，"冒着批斗升级、罪名加重的危险，每天在劳动之后，背着工宣队、军宣队偷偷躲进办公室，装作翻译联合国文件，争分夺秒拼命工作，终于秘密完成了黑格尔《美学》第二卷的定稿工作"（李醒尘，1988）。

同样，鲁迅及周作人翻译的《域外小说集》也体现了译者对主流意识形态的反叛。曾文雄（2011）曾指出周氏兄弟通过直译手法介绍异域文化，一方面体现出他们的人文主义精神诉求，借助异化策略打破当时文言文意译的至尊地位；另一方面也体现出周氏兄弟作为译者具有强烈的译者主体意识，其文化态度不再以中国传统文化为本位，借助输入异域语言文化对当时语境主流意识形态和主流诗学实施反操控，致力于改变落后的中国意识形态，建构新型的文化、文学和语言观。可以看出，译者在翻译过程中一方面会受到主流集体意识形态的影响，另一方面译者也会发挥主观能动性，突破集体意识形态藩篱，依据个体意识形态从事有关翻译工作，以译作为工具对集体意识形态进行反作用。

译者个体意识形态还包括译者翻译目的。众所周知，译者翻译目的对翻译过程中具体翻译策略的选用会产生重要影响。温秀颖和孙建成（2014）通过考察《金瓶梅》四个英译本，发现由于四位译者翻译目的不同，造成译文中不同翻译策略的采用。译者朱翠仁的目的在于道德教化，因此他选择了缩译改写的翻译策略，对源文内容做了大幅压缩，主要保留西门庆摄取钱财、游戏女色等内容，并通过情色封面设计和插图来实现其翻译目的。而米奥尔翻译《金瓶梅》的目的不是单纯介绍一部中国情色小说，而是想较为全面地向受过教育的英语大众读者介绍这部中国"伟大的现实主义小说"，传播中国文学艺术。因此，他翻译的时候力求实现准确的意译，在叙事方式上遵从英文的表达，并直译中国特有的表达方式和文化概念等。译者埃杰顿将《金瓶梅》视为一部伟大的艺术作品，期望对该著作进行再创作，译成一部既保留原作精神，又符合英文习惯的文学作品，从而让读者从中获取和他一样的感受。这一翻译目的决定了埃杰顿采用等效归化的翻译策略，对源作粗糙行文处进行润色，大量删节诗词部分，以符合英文小说的结构方式。另一译者芮效卫旨在向读者全面展示《金瓶梅》的异国风味，这一翻译目的促使其采用异化翻译策略，对源文尽量直译，并通过注释、索引等副文本策略设法保留源文的艺术形式、语言技巧和思想观念。可以说，作为译者个体意识形态重要组成部分的译者翻译目的对于译者在翻译过程中所采取的具体翻译策略和技巧具有直接影响。值得一提的是，译者翻译目的的鉴别提取并非空穴来风。译本的副文本信息至关重要，不仅包括译文文本中的序、跋、注释，还包括同时期译者在其他场合所发表的论断或者其他同时期学者对译文的评论。

翻译选材是翻译过程中一个十分重要的步骤，而译者个体意识也会影响到译者的翻译选材。法国汉学家何碧玉（Isabelle Rabut）翻译选材的变化就是受个体意识形态影响的典型例子。杨柳（2010：48）在论及何碧玉的翻译时提到何女士近年来开始着手翻译一些中国台湾文学，并说她选择台湾文学进行翻译是因为其丈夫安必诺喜爱繁体字书写的台湾文学作品，认为台湾文学作品的语言味道与中国大陆不同。恰恰是因为丈夫的喜爱，她不得不匀出来一些时间与她丈夫共同翻译。因此译者个人生活中的一些因素也会影响译者审美观的改变，并进而影响翻译的选材。辛红娟（2004）也曾提及，倡导小说界革命的梁启超先生在选择翻译《佳人奇遇》时，并非因为该书可为他的政治活动服务，也不是由于该书可以借以表达其政治思想，而是因为梁启超当时正流亡日本，而《佳人奇遇》的作者同样也是亡国遗臣，小说中有关国破家亡、穷厄万状、尽尝酸辛的伤感气氛令梁启超感同身受，产生共鸣，以至于不忍释手。可见在选译《佳人奇遇》一书进行翻译时，真正的推动力来自梁启超本人的处境以及与作品所产生的共鸣。其他如夏丏尊译介《爱的教育》、爱德华·菲茨杰拉德选择翻译波斯诗歌均体现了译者的个体意识形态，不一而足。不可忽略的是，关于个体意识形态对翻译选材的影响及其研究依据多来源于译者访谈以及译者自传等相关材料。

总体而言，目前多数研究中的研究论据多为个案或少数具体例证，缺乏基于大量语料和数理统计为基础的讨论。就多数研究而言，有两个论点值得注意。第一，"个案研究至少在其代表性未得到确立前，不能简单用来证实一个假设"（Toury，1995：192）。第二，Munday（2007a：

197）告诫不能毫无区分地一概把翻译迁移归结为意识形态因素，事实上可能源于译者独特的双语经验甚或是其语言能力欠缺。这表明，个体意识形态与翻译互动研究一方面要避免主观臆断，尽量开展基于数据驱动的实证研究；另一方面不能无限放大个体意识形态的边界，要对翻译过程及产品做综合考虑。

5.4 ┃ 基于语料库的翻译与个体意识形态研究

5.4.1 基于语料库的翻译与个体意识形态研究理据及界定

如上所述，翻译文本的生成、传播与接受渗透着个体意识形态的影响，且这种影响表现为译者在翻译过程中会受到主流集体意识形态的影响，但也会积极实践自我意识形态，以译作为工具对集体意识形态进行反作用，具体在文本层面上表现为译者对源语文本的选择、翻译文本的具体语言特征以及翻译策略与方法的应用等。然而，该领域研究缺乏以大量语料和数理统计为基础的讨论。值得注意的是，"意识形态既然是在语言中得以构建的，翻译意识形态研究不应仅仅研究话语赖以生成和获取的社会与文化环境等语境要素，也需要细致地研究意义如何具体在话语中得以构建"（Yau，2007）。因此，一方面我们需要从译文外部环境考察译者个体意识形态对译文形成的影响，另一方面我们还需要从译文语言特征分析切入，更为细致地考察译者的个体意识形态。

然而，如何避免研究者主观推测并在译文中寻找具有规律性的、语言层面上的意识形态呈现方式，是一个值得思考的问题。其中一个可行的方案就是，"要么承认没有任何研究可以做到完全客观而不受制于研究旨趣，要么把推测假定建立在大量语料数据基础上"（Chilton et al.，2010），而后者显然更具有研究的现实意义和可操作性。特别是近十年来，语料库在翻译研究中得到了广泛应用，业已形成了一种新的研究范式。正是在此大背景下，胡开宝和李晓倩等学者提出并开始尝试建构语料库批评译学体系。"语料库批评译学是指采用语料库方法，在观察和分析大量翻译文本的特征并进行相关数据统计的基础上，系统分析翻译文本特征和翻译过程背后的意识形态因素以及翻译对意识形态影响的研究"（胡开宝，李晓倩，2015：90），"关注翻译文本语言特征以及翻译策略和技巧应用所蕴含的规范、信念和价值观等意识形态因素，试图阐明翻译与意识形态和权力之间的互动关系"（胡开宝，2012：66）"。

在语料库批评译学框架下，基于语料库的个体意识形态与翻译的互动关系研究也一直受到关注。根据胡开宝和李晓倩（2015）的观点，基于语料库的个体意识形态与翻译的研究强调通过分析翻译文本语言特征以及翻译策略与方法应用，分析译者个人的价值观和翻译目的等意识形态因素。该领域研究一般侧重分析译者对源语文本中典型性词汇或句式结构的翻译处理以及目的语词汇和句式结构应用等方面所呈现的规律性特征，并以此为基础阐明译者的个体意识形态对其翻译实践的影响。该领域研究还常常比较不同译者在翻译同一源语文本时所表现的风格差异，并揭示这些差异背后个体意识形态的影响。

5.4.2 基于语料库的翻译与个体意识形态研究回顾

应当指出，先前多数研究主要是研究者通过对译者生活经历的考察，主观推测其翻译思想、翻译目的、审美观念等，并将翻译文本归结为这种主观推测而来的译者个体意识形态所造成的结果。不过近年来，译者开始关注译本语言特征与译者个体意识形态的互动。

Mona Baker教授作为语料库翻译学奠基人，开创了基于语料库的翻译与个体意识形态研究，其研究方法与研究路径为此后相关研究提供了重要参考。Baker（2000）基于翻译语料库考察了两位英国文学翻译者Peter Bush和Peter Clark在译本中语言使用的差别。Baker首次采用类符形符比、平均句长等译文数据区分不同译者独特的语言使用习惯，并指出由于两种不同语言文本的类符形符比、平均句长没有可比性，所以译文中的这两种数据体现的并非原文特征，而是译者自身的语言习惯。研究发现Bush的类符形符比高于Clark，表明其使用词汇幅度更大，词汇使用量更为丰富，而且Bush译文平均句长更大，且波动幅度较大，二者差别显著，也表明Bush文体风格范围较为宽泛、灵活，而相比之下，译者Clark风格更为稳定，变换范围较窄。此外，Baker还采访了两位译者，从两位译者的生活阅历及其文化环境来分析两位译者在选材及译语语言特征方面有所不同的原因。她还从所处的文化环境来分析他们选材风格迥异的原因，指出这些差异与译者对于目的语文本读者的态度、翻译主张和翻译目的等译者个体意识形态因素有关。该文在使用语料库开展个体意识形态与翻译研究领域具有开创意义，同时也表明译者个体语言特征的研究路径之一在于系统比较译者翻译文本与源语文本之间、译者翻译文本与其同时代的译入语原创文本之间的异同，这都有利于揭示译者独特的翻译语言特征。此外，对译者进行采访，有助于揭示译者个体意识形态对其翻译过程及其翻译产品的影响。

李顺清（2010）借助语料库工具对《飘》的三个中文译本进行考察，探讨了三位译者在翻译操作规范层面上的差别。就受到广泛关注的傅东华的译本而言，作者认为傅东华译本采用明显的"归化"翻译策略是受到了中国传统文化诗学的影响，这种影响表现为译者对当时占据主流意识形态的"异化"策略的背离和对文学"娱乐"功能的回归。该研究采用语料库方法，研究结果更具有全局观，不像先前一些研究只截取傅东华《飘》译本部分实例以论证其翻译操作规范，以致部分研究认为其译文有归化倾向，部分研究认为其译文有异化倾向，观点冲突，莫衷一是（详见陆颖，2005：15-27）；另一方面，作者采用了类符形符比、平均词长和平均句长等语言参数进行测量，这在一定程度上相对更为客观。

同样，Li et al.（2011）也采用类似方法，以《红楼梦》汉英平行语料库为研究平台，比较分析了《红楼梦》的霍克斯、闵福德译本（简称霍译）和杨宪益、戴乃迭译本（简称杨译）的类符形符比和平均句长。结果显示，在词汇层面，霍译使用了更多的词汇，而杨译有着更丰富的词汇幅度；而在句式层面，霍译使用长句的比例更高。该文作者认为这些差别是由于译者采用不同翻译策略和方法造成的，而这些不同翻译策略和方法的使用一方面受译者所处的社会文化背景的影响，另一方面也是译者不同的翻译目的和对目的语读者的关注等个体意识形态使然。具体而言，霍译更多地受到译者个体意识形态的影响，这主要体现在霍克斯对中国文学，特别是对《红楼梦》本身的热爱；而杨译不仅受到主流社会政治意识形态以及当时中国翻译社团意识形态的影响，同时也因为译者杨宪益本人"对国家的热爱和对中国共产党的信任"（Li et al，2011：160）。此外，作者认为类符／形符比、平均句长两个语言参数不足以完整描述译者的翻译语言特征，还需要进一步从数据出发，探究更为深层的社会文化背景并在序言和自传中寻求个体意识形态对翻译影响的证据。值得一提的是，Baker（2000：258）业已表示"确认译者的语言习惯及风格型式本身并不是最终目的，有必要进一步考察译者自身的文化和意识形态立场"。也就是说，Baker其实早已经意识到了这个问题，号召研究者进一步探究数据背后的译者个体意识形态等其他影响因素。

然而，也有一些学者对这种研究方法提出了质疑。Saldanha（2011）认为，不同学者对译者的翻译语言特征存在不同看法，如Malmkjær与Baker之间的主要区别在于前者认为译者的翻译语言特征是对特定源文的一种回应，而后者强调译者个体稳定的风格特征，不受源文影响。同时，作者还指出由于Baker语料不包含源文，因此类符／形符比、平均句长语言特征可能由于源文影响所致，因此对比考察译自同一源文的不同译本是更为有效的研究路径。为此，应当开展源文与译文、译文与其他译者译文、以及译文与译入语的原创语文本之间的多维对比，以便找出译者不同于其他译者、且既非源文又非译文影响所造成的独特语言特征。无独有偶，Huang和Zhu（2014）通过对比分析葛浩文及戴乃迭译本，认为类符形符比、平均句长等语料统计参数并不能有效地区分译者个体语言特征，而且不能忽略源文对译者翻译的影响。

也有部分学者逐步扩展了基于语料库的翻译与个体意识形态的研究路径和研究范围。任晓霏（2009）采用语料库研究方法，选取戏剧翻译家英若诚为研究对象，通过考察英若诚选译剧本中的指示语、话语标记、话轮转换标记、语气情态等语言单位在源文和译文中的异同，揭示了英若诚个体意识形态在戏剧源语文本选择、翻译策略以及具体戏剧语言特征处理等方面的影响。英若诚选择剧本均为名家名作，包括《茶馆》《狗儿爷涅槃》《推销员之死》等均为中外最优秀的剧作家的代表作，剧作中关注人类共同主题以及独特的戏剧语言艺术。作者认为这体现出英若诚成长过程中深受近代中国文化的熏陶，熟谙英语和汉语背后的文化传统和价值取向，为弘扬国家优秀文化，推动中西戏剧艺术交流和发展不懈努力。研究还发现，英若诚的戏剧翻译策略有以归化为主、异化为辅的倾向。在戏剧情节的增删、方言及汉语成语的使用、元剧笔法的采纳等方面，均体现了英若诚英汉翻译戏剧的中国观众情结；同时，他对译本表演节奏的要求，也体现了他的导演身份及其对剧本表演特征的关注。可以说，译本均体现了译者的痕迹，其个体意识形态是译本最后生成的重要影响因素。

侯钰璐（2010）利用莎士比亚戏剧英汉平行语料库考察了梁实秋、朱生豪和方平等译者在英语性禁忌语的汉译方面所呈现的差异。研究表明，朱译本倾向于使用净化的翻译方法，尽量避免直接提及性部位和性行为。梁译本也呈现出比较明显的净化趋势，但比朱译本更加频繁地采用异化策略，直译的应用比例比朱译本高。方译本经常使用直译法，译文最为粗俗化、市井化和口语化。她指出上述差异的主要原因在于梁实秋强调翻译莎士比亚戏剧的目的在于"引起读者对源语文本的兴趣"和"需要存真"（梁实秋，1981：18），朱生豪追求的是"使此大诗人之作品，得以普及中国读者之间"（朱生豪，1991：263），而方平则主张莎剧的翻译应还粗俗以粗俗，不加掩饰，因为那些渗透着肉俗气息的语言正是莎翁作品的基本色调（李春香，2008）。可以看出，译者的翻译目的不同，会影响到译者具体翻译行为中的策略和方法的应用。

汪晓莉、胡开宝（2015）采用语料库研究手段，以少数民族题材小说《额尔古纳河右岸》英译为研究对象，结合对译者徐穆实的多次采访及其个人博客内容，从源语文本的选择、翻译策略的制订、民族特色词汇的翻译、民族人物话语的翻译等四个方面具体考察了译者个人的民族意识形态对《额尔古纳河右岸》英译的影响。根据对译者的采访和其博客内容，徐穆实的家族历史和生活阅历促使其主张世界各民族和文化平等。在他看来，每个民族真实的历史和文化都应该尽可能地被展现出来，使其得到更多的关注和了解；而其人类学学术背景以及他对中国社会环境下民族观念的认知也促使其更加关注作为"他者"的少数民族，更加客观地看待中国民族文学中对少数民族的理解和描述。而译者个人所具有的这种民族意识形态影响了包括翻译选材在内的翻译整个过程。汪晓莉、胡开宝（2015）还通过语料库研究手段考察了译文所体现的译者翻译策略，特别是译者对民族特色词汇、民族人物话语的处理。作者认为译者的民族意识形态对少数民族题材小说的翻译过程产生了重要影响，其民族意识形态在翻译过程中体现出两个倾向：一是真实再现迟子建对鄂温克少数民族的描写，二是在尊重原文的前提下凸显鄂温克少数民族的文化和历史。反映在译本上，就是忠实于原文，以异化策略为主，真实还原和突出鄂温克民族的生活方式和历史文化，再现其充满异族风情的风采。该文在研究方法上不仅采取了语料库研究手段，而且通过译者采访以及译者博客等新媒体考察了译者的民族意识形态及其对翻译的影响，对于此后类似研究具有借鉴意义。

值得一提的是，胡开宝（2009）还曾采用实验方法，选取一定数量被试进行翻译实践测验，进一步验证研究结论。这种对研究结论或者一定程度上的推论进行三角验证的做法值得借鉴，并已逐步成为语料库语言学相关研究的重要路径（Baker & Egbert，2016）。这种三角验证手段的采用在翻译研究中主要有对译者、出版结构等翻译主体进行采访、对受众采用问卷调查、翻译实验等，而如何设计实验、问卷、采访话题等等，都在研究方法层面对翻译研究人员提出了更高要求。

综观先前研究，可以看出基于语料库的翻译与个人意识形态研究已经取得了很大发展，但仍有进一步的提升空间。首先，译文文本中体现译者个体意识形态的语言参数需要进一步提炼。先前研究发现类符形符比、平均句长尚不全面，研究参数有待扩展。其次，研究范围也可进一步扩展，目前研究语料多限于文学体裁，且多为个案研究，集中于某一部作品。究其原因，一方面是文学文本往往存在不同译者翻译的不同译本，能够用于比较；另一方面，文学体裁翻译出现翻译迁移比例相对较多。最后，研究方法上可以进一步丰富，除了通过语料数据支撑之外，还可以通过访谈、副文本分析、翻译试验数据等方面进行进一步验证。

5.4.3 基于语料库的翻译与个体意识形态研究：方法与路径

如前所述，语料库批评译学研究的发展对于语料库翻译学乃至整个翻译学科的发展具有非常重要的理论价值。然而，"目前语料库批评译学研究仍处于初创阶段"（胡开宝，李晓倩，2015）。本节在综合评述先前研究的基础上，提出一些具体的研究方法、路径以及可行性方案。

通常而言，基于语料库的翻译与个体意识形态研究主要采用翻译文本分析的方法，并辅以访谈、问卷、试验、副文本分析等其他手段进行佐证。具体步骤主要包括：（1）在词汇、句法、语篇等语言层面对特定译者的译本进行具体数据统计和分析；（2）在源语与译语、译语与原创语、同源文本的不同译本之间进行多维度对比；（3）利用语料库副文本信息特征，包括译者国别、性别、译本出版时间等，对数据开展解释工作；（4）在条件允许的情况下，对译者、出版机构等翻译主体进行访谈或采用其他辅助手段进一步验证研究结果。

基于上述研究回顾，我们认为基于语料库的翻译与个体意识形态研究可以从如下几个方面进一步拓展，以进一步丰富批评译学研究。

第一，开展同源文本的多译本对比分析。如上所述，在同样的外在环境下，具有不同个体意识形态的译者产出不同的译本，这是译者个体意识形态最为明显的表征。因此开展同源文本的不同译者译本对比分析是基于语料库的翻译与个体意识形态研究最为普遍且典型的研究路径。可以说，著作重译现象较为普遍，特别表现在文学翻译领域。然而同一著作的不同译者可以从不同维度进行考察，包括译者性别、译者国别、译者生活时期和不同版本等等，这些都为我们开展具体研究提供了不同的研究维度。譬如，莎士比亚戏剧不同时期译者译本的对比考察、中国经典名著的中外不同国别译者译本对比考察、现当代文学外译中的中外不同译者译本对比研究、其他国家著作的中国大陆译者、中国香港译者以及中国台湾译者译作之间的语料库考察等等。

第二，开展同一译者译作特征的语料库考察。国内外不少译者一生中翻译了大量作品，基于特定译者所有译作建设相应语料库，开展关于该特定译者译作的语料库考察，进而揭示其译作特征，并进一步探讨该译者个体意识形态与其译作特征之间的关联。此类考察亦可以在不同维度上开展，包括特定译者不同时期的译作对比，考察不同时期译作所展现的译者个体意识形态变化以及译者在不同时期对集体意识形态和个体意识形态的糅合及其对翻译的影响。同样，不同类别译作也体现译者个体意识形态的不同。如我国翻译家杨宪益、美国翻译家葛浩文都翻译了大量著作，都可以作为基于语料库的翻译与个体意识形态的研究对象。同时，这里需要说明的是，平行语料库只是翻译研究中的使用的一种语料库类型，翻译对比不一定必须使用平行语料库。考虑到文学翻译中涉及较多增、删、改、转，如我国著名翻译家林纾的译作，可以说建设文学平行语料库有很大难度。因此，可以根据不同研究目的，建设源文语料库、译文语料库、原创语料库进行交叉对比，进而探究译文相较于源文和原创文本所存在的语言特征。此外，值得一提的是，我们还可以建设如译序、译作评论语料库，采用语料库研究方法对副文本信息进行考察。

第三，在非文学及非纸媒领域开展基于语料库的翻译与个体意识形态研究。谢天振（2015：14）指出，宗教典籍、文学名著、社科经典等传统的主流翻译对象正在一步步地退出当今社会翻译活动的核心地位而被边缘化，而实用文献、商业文书、国家政府、国际组织的文件等，日益成为当代翻译的主流对象；同时，网络媒介翻译、视听翻译、口译在当今世界各国的翻译活动中开始占据越来越大的比重。可以说，非文学以及非纸媒领域将是今后基于语料库的翻译与个体意识研究的重要研究对象。就同源文本的不同译者译本对比而言，虽然重译现象多在文学领域，但一些非文学领域，如学术类著作翻译、政治文献翻译等，也存在同源文本的不同译本。如十八届三中全会等系列政治文献除了官方外文出版社版本，还有英国牛津大学Rogier Creemers博士的翻译版本，这些都为同源文本的不同译者译本的语料库考察提供了重要研究资料。在非纸媒领域，口译、影视、以及社交媒体的翻译尤其值得关注。

此外，值得注意的是，语言层面的考察也是多维度的，包括词汇层面，如名物化、情态系统、评价修饰语的英汉翻译等；句法层面，如汉语"把"字句、"被"字句、连动式的汉英译等；语篇层面，如评价立场、人物及国家形象译介等。这些具体的研究切入点都可以融入上述各个研究课题的具体研究路径中，以考察译者个体意识形态与翻译之间的互动关系。

5.5 ｜ 个案分析：基于语料库的个体意识形态与《棋王》英译本翻译风格研究

5.5.1 引言

20世纪90年代初，Mona Baker提出将语料库方法应用于翻译研究。自此，语料库的研究方法广泛应用于翻译语言特征、译者风格、翻译规范、翻译教学和口译等研究领域（胡开宝，毛鹏飞，2012：380）。对译者风格的考察是语料库在翻译研究中的一项重要应用。译者风格被理解为一种

"指纹",即"留在文本中的一系列语言和非语言的个性特征"(Baker,2000:245)。具体来说,译者风格是指译者在语言运用方面所表现的特点,以及译者的翻译选材、序言跋语、注释、其他附加文本等所展现的特征。Saldanha(2011:25-50)区分了两种译者风格研究途径:源语文本型(source-oriented)和译语文本型(target-oriented)译者风格研究。前者主要关注译者如何在译文中表现源语的语言特征和风格,即翻译风格(translation style)研究;而后者则考察译者特有的、规律性的表达方式,即通常所说的译者风格(translator style)研究。本文通过考察译者如何在译文中表达源语的语言特征来探究译者的风格,属于源语文本型译者风格研究,即翻译风格研究的范畴。

本研究所用语料为阿城小说《棋王》及其两个英译本。《棋王》是阿城的代表作之一,被誉为寻根文学的扛鼎之作。文中蕴含着深厚的中国道禅哲学和回归传统文化的文人意识,是对"中国传统文化的思考和张扬"以及对"中国古典美学的选择和继承"(王庆生,1999:243)。小说甫一出版便反响热烈,掀起了一股"文化寻根热"和"阿城热"(危令敦,2010:15)。1999年,《棋王》被《亚洲周刊》编辑部和14位著名文学批评家推选为100部20世纪最佳中文小说之一,成为中国"现代文学经典作品"(ibid.)。《棋王》的英译使得这部小说走向世界,为西方读者了解当时的中国打开了一扇窗户。

目前学界多从小说的叙事手法、寻根性的体现、道德审美等角度对其进行探讨。李慧(2014:137-146)从政治历史符码、文化哲学传统、诗学审美等角度对比分析了《棋王》杜博妮译本和詹纳译本的异同。作者认为杜博妮译本具有"以中国为中心的文化诗学立场",可为中国文学"走出去"提供有益借鉴。然而,现有《棋王》英译的研究中,可供选取和分析的语料有限,且未在语篇层面上考察各译本所呈现的总体特征,因此未能对译者翻译风格进行整体把握。

有鉴于此,本节基于自建的《棋王》汉英平行语料库,运用

WordSmith、ParaConc等软件对各译本的语言形式参数和特殊词汇的翻译进行对比研究，并以翻译英语语料库（TEC）小说子库和英语国家语料库（BNC）小说子库的相关数据为参照，揭示不同译本的翻译风格，并阐述差异形成的原因。本节通过对不同译本的各种语言形式参数和具体翻译语言进行考察，并与BNC和TEC的相关语言使用情况进行对比，比较两位译者翻译风格的差异，揭示译者个体意识形态对译者翻译风格的影响。

5.5.2 研究设计

5.5.2.1 研究语料选取

目前正式出版的《棋王》英译本有英国汉学家W. J. F. Jenner（詹纳）翻译、2006年由香港中文大学出版社出版的 *The Chess Master*，以及1990年伦敦Collins Harvill出版社出版、澳大利亚汉学家和翻译家Bonnie S. McDougall（杜博妮）翻译的 *Three Kings: Three Stories from Today's China*（收录 *The King of Chess*《棋王》，*The King of Trees*《树王》和 *The King of Children*《孩子王》）。该译作2010年经杜博妮重新修订后由纽约New Directions出版社再次出版。本文选用的语料为詹纳译本和杜博妮修订版译本（以下分别简称为詹译本和杜译本）。在《棋王》汉英平行语料库中，两个译本组成了两个可比子库，其具体类符数、形符数如表5-1所示：

表5-1 《棋王》两英译本类符、形符数值

	杜译本	詹译本
类符数	3,280	2,885
形符数	22,061	23,233

5.5.2.2 研究方法

本节拟从两方面考察两译本的翻译风格：（1）两译本语言形式参数。本文运用语料库工具WordSmith（6.0）提取两译本的数据信息，通过对两译本语言特征的对比，以TEC和BNC小说子库的统计数据为参照，从

宏观层面考察两位译者的翻译风格。（2）文化特色词的翻译。《棋王》语言生动诙谐，既有因"口语化写作"而充盈于字里行间的方言俗语，又有特殊年代的政治经济术语，也有玄妙神秘的道家哲学内容。这些文化特色词对目的语文化来说属于异质内容，目的语读者较为陌生。译者对文化特色词采取的翻译策略能直接体现其翻译思想和翻译风格。本节运用软件ParaConc对两译本文化特色词的翻译情况进行检索，通过翻译策略的对比揭示两位译者各自的翻译特点。最后本节将对结果进行解释。

5.5.3 两译本翻译风格分析

5.5.3.1 两译本语言形式参数

本节将从标准化类符／形符比、平均词长、词长分布、词汇密度，以及said报道小句的语序情况等方面对两个英译本进行考察。

类符指文本中排除重复并忽略大小写后不同的词，形符指文本中所有出现的词（Baker，1995：223）。Baker（2000：250）指出，类符／形符比值的高低与译者词汇使用的丰富程度和多样性成正比，而当所比较的文本长度不同时，类符／形符的比值会因类符聚焦的均匀程度不同而受到影响，因此使用标准化类符／形符比更为可靠。两译本标准化类符／形符比见表5-2：

表 5-2 　《棋王》两英译本标准化类符／形符比统计

	杜译本	詹译本
形符	22,061	23,233
类符	3,280	2,885
标准化类符／形符比	43.28	39.64

由表5-2可见，杜译本形符数少于詹译本，但类符却多于詹译本，标准化类符／形符比也大于詹译。这说明杜译本词汇使用的多样化程度要高于詹译本。BNC小说子库的标准化类符／形符比为44.48（Olohan，

2004：109），杜译本的数据与其更为接近，相互之间不超过2个单位。这说明杜译本的用词丰富程度要高于詹译，且更符合英语原创小说文本的用词情况。

平均词长是指特定语料库中形符的平均长度,以字母数量为单位。平均词长越长，说明文本中使用的长词越多。常见英语文本中2～6个字母组成的单词居多（陈建生，2011：39），故本文分别从1～6个字母单词和7字母及以上单词两个角度分析两译本的平均词长。

表 5-3　两英译本平均词长及词长分布情况

	杜译本	詹译本
平均词长	4.22	4.11
1-6字母单词	18,720 (84.8%)	20,002 (86.1%)
	p=0.000	
7（含）字母以上单词	3,342 (15.1%)	3,236 (13.9%)
	p=0.000	

表5-3显示，杜译本平均词长略大于詹译本。杜译本中1～6个字母的单词频数为18,720，占总词数的84.8%。詹译本为20,002，占总词数的86.1%，其频率高于杜译本。詹译本中7字母以上单词出现的频率则要少于杜译本。经卡方检验，杜译本和詹译本中这两类单词的频数皆存在显著性差异（p=0.000）。这说明詹译本倾向于使用较为简单的词汇，阅读因此会更为顺畅，杜译本则阅读难度更大。

词汇密度是实词数与总词数的比值。词汇密度越大，实词所占比例越多，文本的信息量就越大，难度也相应增加。通过对译本进行词性标注，可得各词类在译文中所占的比重。两译本词汇密度如表5-4所示：

表5-4　两译本词汇密度分析

	杜译本	詹译本
名词	4,013	3,764
实义动词	3,478	3,562
形容词	1,109	1,067
副词	986	994
实词总数	9,586	9,382
形符数	22,061	23,233
词汇密度	43.5%	40.4%

由表5-4可见，杜译本词汇密度为43.5%，詹译本词汇密度为40.4%。Laviosa（1998：557-570）曾指出，BNC小说子库的词汇密度为54.95%，TEC小说子库的词汇密度为52.87%。可见杜译本和詹译本的词汇密度都大大低于英语翻译文本。这表明两译本作为翻译文本的语言特征较为明显。将两译本进行对比，杜译本承载的信息量大于詹译，阅读难度也相应更大，这一发现与上文对两译本词长分布的考察结果相互印证。

《棋王》作为小说类文体，在叙述时多用"said"来报道人物话语。在杜译本和詹译本的实词高频词列表中，"said"一词分别占第3位和第2位。本节通过对两译本"said"报道小句语序的分析，并与原创英语相关数据进行对比，发现两位译者在报道小句叙述方式上有较大区别。

表5-5　两译本 said 报道小句语序

	杜译本	詹译本
said报道小句总数	168	207
said报道小句语序倒装频数	8	30
百分比	4.8%	14.5%

表5-5显示，在said报道小句的使用上，杜译本有8句为倒装语序，詹译本有30句，远多于杜译本中出现的次数。两译本倒装形式的主语都为名

词，如：

例1. "I won't keep you waiting," said Wang Yisheng.

例2. "One win doesn't constitute a victory," said Legballs with a smile.

例3. "Oh, it's you!" said the painter, seeing Wang Yisheng.

检索BNC小说子库，发现其said报道小句倒序的数量占said报道小句总数的18.9%，这与詹译本中said报道小句的倒装数据较为接近，而与杜译本中的情况相差较大。可以推测，杜博妮在翻译时受原文报道小句正常语序的影响较大，而詹纳在翻译时更多地遵循目的语报道小句的使用特点，倒序结构多于杜译本。

通过上文对两译本基本语言形式参数的分析，可以看出，杜译本的标准化类符／形符比、平均词长、7个字母以上单词数量和词汇密度均大于詹译本，其阅读难度相应也较大；詹译本更易于理解，且在"said"报道句语序方面更接近英语原创文本的叙述方式，更符合目的语读者的阅读习惯。

5.5.3.2 《棋王》文化特色词的翻译

文化特色词是"一种文化中特有的词和词组"（陈吉荣，2012：150），具体包括"受制于特定国家和民族的文化如风俗习惯、生活方式、文化传统、历史和政治事件等的词汇"（胡开宝，2006：55）。本文通过对小说内容的考察，将小说的文化特色词分为方言俗语、"文革"政治经济词汇和宗教哲学词汇三类，通过对两译者翻译策略的对比，揭示其各自的翻译风格。

（1）方言俗语的翻译

危令敦（2010：14）指出："《棋王》原来另有版本，就是阿城的口头表演……当晚他讲的故事太精彩，事后大家都催促他把故事写下来……

此即小说《棋王》之源起。"《棋王》的口语化特征明显，包含大量的方言俗语，涉及社会各层人物和生活百态。这些方言俗语具有口语性和通俗性的特点，一些可从字面理解，如"一把鼻涕一把泪""摸包儿"；一些则属于修辞用法，如"戳脊梁骨""怕江湖的不怕朝廷的"等，需结合语境探究其实际意义。表5-6展示了《棋王》63处方言俗语的翻译情况：

表 5-6　方言俗语翻译情况统计

译本	用英语俗语翻译		其他翻译方法				省略未译	
			直译		意译			
	频数	百分比	频数	百分比	频数	百分比	频数	百分比
杜译本	10	15.9%	35	55.6%	16	25.4%	2	3.2%
詹译本	7	11.1%	23	36.5%	27	42.9%	6	9.5%

可以看出，两译本对方言俗语的翻译主要采用英语俗语翻译、直译、意译和省译四种方法。其中杜译本中直译的频率最高，一半以上的方言俗语均进行了直译，其次是意译和用英语俗语进行翻译，省译的情况较少。詹译本中则意译的频率最高，所占比例为42.9%，其次为直译，但二者相差比例仅为6.4%，远小于杜译本直译与意译相差比例的30.2%。这说明在翻译方言俗语时，詹译本直译与意译方法使用得较为平均，而杜译本则侧重了直译，力图再现原文本的文化内容，译文的陌生化效果因此也更为明显。如：

例4. 我说："我只会马走日，象走田。"

杜："I only know that *the horse moves up one space and diagonal, the advisor moves one space diagonal...,*" I said.

詹："I only know *the most basic moves.*" I replied.

原文中"我"并不擅长棋艺，只了解"马走日，象走田"这样的象棋常识。杜译本译出"走日"和"走田"的含义，一方面能向目的语读者传达中国象棋的知识，使其获得鲜明的文化体验，同时采用直译方法不至于对其阅读过程形成障碍。詹译采取意译的方式，更为通俗易懂，但未传达原文独特的文化内容。

杜译本除直译情况多于詹译外，用英语俗语进行翻译的数量也多于詹译。译者将汉语的方言俗语译为意义和用法类似的英语俗语，使目的语读者获得与原文读者相似的阅读感受，这是方言俗语翻译较为理想的境界。如：

例5. 可他说："哪儿的比赛也没用，你瞧这，这叫棋路？狗脑子。"

杜：...but he said, "tournaments are a waste of time. Look at this, what sort of a play is that? *Jackasses*!"

詹："No tournaments anywhere are any use," he said, "just look. What sort of chess strategies are these? *The idiots*!"

原文"狗脑子"的口语化特征明显。杜译本的"jackasses"亦属于英语口语中的粗俗语，是由"公驴"演化而来，意为"笨蛋、傻瓜、蠢人"，与原文中"狗脑子"的风格相似。詹译本的"idiot"则正式程度稍高，未能充分反映原文的粗鄙风格。

表5-6显示，尽管杜译本中直译的情况最为普遍，其意译的情况也并不少见。此时，采用直译法进行翻译，往往会对目的语读者的理解造成障碍。因而，杜博妮将原文的陌生元素进行调整，使之适应西方读者的认知习惯。如：

例6. 大家听了都很高兴，称赞脚卵路道粗。

杜：We are all very pleased to hear this and praised Tall Balls for his *crude tactics*.

詹：We were all very pleased to hear this and said that Legballs was *a real operator.*

由于"路道粗"缺乏文化间的共通性，直译可能会给目的语读者带来理解上的困难。考虑到译文的可读性，杜译本和詹译本均对"路道粗"进行归化处理，分别译为"crude tactics"和"real operator"，强调人物"脚卵"的手段和能力。

由此可见，在方言俗语的翻译上，詹译本重视目的语读者因素，多采用意译的方法，有意识地淡化异域文化元素，增强译文的可读性。杜译本则同时兼顾原文和目的语读者两个因素，一方面以原文为中心，坚持陌生化的翻译策略，译文尽量忠实，力求能保留原文文化神韵，移植地道的中国元素；另一方面重视译文的可读性，尽量用英语俗语来翻译原文的方言俗语，使目的语读者获得与原文读者相似的阅读感受；当原文的文化信息对译文读者构成阅读障碍时，译者会适当采用意译的方法，使得译文流畅自然，更易被读者接受。

（2）"文革"时期政治经济词汇的翻译

小说《棋王》的背景是"文化大革命"期间知识青年的"上山下乡"运动，因此小说有许多这段历史时期特有的词汇。一些词汇具有明显的时代特征，需要结合当时的社会历史背景进行解读，如"四旧""打翻""串联"等。表5-7列出了文中32个"文革"特有词汇在两译本中的翻译情况。

表5-7 "文革"特有词汇翻译情况统计

译本	直译		意译		省略未译	
	频数	百分比	频数	百分比	频数	百分比
杜译本	23	71.9%	8	25%	1	3.1%
詹译本	19	59.4%	13	40.6%	0	0

表5-7可见，两位译者主要采用直译、意译和省译的方法来翻译文中特殊时期的词汇。上表从横向来看，杜译本直译频率为71.9%，意译为25%，直译比例超出意译46.9%，詹译本直译比例同样也超过意译18.8%。可见在翻译这些词汇时，两位译者都更倾向采取直译的方式，对原文的文化意象予以保留。如：

例7. 又因常割**资本主义尾巴**，生活就清苦得很……

杜：Because they were always "*cutting off capitalist tails,*" our life was pretty miserable.

詹：Because they were always "*cutting off the tails of capitalism*" we were living extremely badly.

在"割资本主义尾巴"这个短语的表达上，杜译和詹译均对原文进行了完全的移植，一方面读者不难根据上下文语境推测出原文含义，另一方面通过对原文意象的保留，增添了读者的阅读乐趣以及对中国文化的了解。两译本中直译的例子还有："大锅菜" mass cooking（杜）— the mass-produced food（詹），"商品粮" commercial-grade rice（杜）— commercial-grade rice（詹）等。这些直译既显示了对原文的尊重，又能让西方读者在轻松流畅的阅读过程中获得新的认知体验。

表5-7从纵向来看，杜译本的直译比例要大于詹译本，译文的陌生化效果更为明显，詹译则归化程度更高。如：

例8. 这每天的**大字报**，张张都新鲜。

杜：These *big character poster*, they paste new ones up all the time.

詹：There are brand new *handwritten posters* everyday.

"大字报"指张贴于墙壁的大字书写的墙报，是"文革"时期的一种舆论表达形式。杜译"big character poster"保留了原文内容的异质性，使译语读者对这一"文革"时期的特殊事物有所认识。詹译则采取归化译法，消除了异质元素，译文符合目的语读者的认知习惯。

当译文的陌生化和可读性产生矛盾时，杜博妮会将这些政经词汇置于当时的社会历史背景中进行解读，对词汇进行适当阐释，以适应读者的阅读习惯。相比之下，詹译本对相关词汇历史语境的追寻弱于杜译本。如文中"外省来取经的革命战士"中的"取经"，杜译为"for political enlightenment"，詹译为"fetch the scriptures"。"取经"原指僧侣前往寺庙求取佛经，现指向先进人物、单位或地区等吸取经验。杜博妮结合"文革"历史背景，将"取经"译为"政治上的启迪教化"，显示了译者对原文社会历史背景的了解。詹译本未能将政治词汇置于当时历史语境中进行考察，可能会导致误译情况的产生。

通过对政经词汇翻译情况的考察可以看出，杜博妮忠实于原文，力图再现源语独特的文化要素；同时对目的语读者难以理解的文化信息，会结合当时的历史政治语境进行阐释，以求准确再现原文含义。詹译本归化程度更高，译者在翻译中有意削弱异质文化内容带来的陌生感，但由于缺乏对某些政治经济词汇相应历史背景的考察，使得译文的历史真实性受限。

（3）宗教哲学内容的翻译

《棋王》寓道于棋，棋道结合，如"下道家的棋"的王一生、刻"无字棋"的王一生母亲、下棋讲究"阴阳之气"的捡烂纸的老头等，这些人物的言语行为都蕴含着丰富的中国道家哲学思想。小说中除了专门的宗教哲学词汇，还有大量道家哲学色彩的短语和小句。表5-8列出了宗教词汇在两译本中的处理情况：

表 5-8　宗教哲学词汇翻译情况统计

原文	杜译本	詹译本
道家	Daoist	Taoist
信佛参禅	a Chan Buddhist	a Zen Buddhist
禅宗	the Chan tradition	the Zen tradition
道禅	the Daoist and Chan schools	the Zen and the Taoist schools
道	the Way	the Way
阴阳	Yin and Yang	the Yin and the Yang
阴阳之气	the spirit of Yin and Yang	the Yin and the Yang principles

从表5-8中可以看出，杜博妮对宗教词汇主要采取音译的翻译方法，突出文化他者的陌生特质，力图加深目的语读者对中国文化的认知。詹纳则主要采取归化译法，去除文化间的陌生感，译文的可读性更强。

在《棋王》中，作者主要以文言句法来表述道家思想，尤其常用古汉语的四字结构。语言学家洪堡特曾指出"任何人都无法否认古典汉语具有一种惊人的高雅之美。这种美表现于它抛弃了一切无用的（语法）关系，以语言本身而不必凭借语法形式来充分表达纯粹的思想"（刘宓庆，2001：166）。因此译者如何翻译原文古汉语内容，如何处理其古雅整饬、简洁凝练的风格，是原文道家哲学内容翻译的关键问题。如：

例9.　太盛则折，太弱则泻。

杜：Too <u>bold</u> you <u>breach</u>, too <u>weak</u> you <u>leak</u>.

詹：Win too much <u>and</u> you will break , be too feeble <u>and</u> you will leak away.

詹译本用两个"and"对原文的因果关系进行明示，条理更为清晰，但同时也抹去了原文古汉语简洁凝练的风格。杜译本则弱化译文语法关系，两小句均为四个单词组成，简洁工整。此外，"bold"与"breach"

押头韵、"weak"与"leak"押类韵，使得译文具有节奏感。可以看出，杜译强调忠实于原文的同时，力图在形式和音韵上再现原文道家语言的审美维度。

例10.　阴阳之气相游相交。

杜：*The spirit of Yin and Yang cleaves and couples.*

詹：T*he Yin and the Yang principles sometimes move apart and sometimes join together.*

詹译本用两个短语"sometimes move apart"和"sometimes join together"来翻译"相游相交"，结构对称，通俗易懂。杜译的"cleaves and couples"更为凝练，且两词押头韵，再现了原文"相游相交"的韵律感。在翻译中杜博妮非常重视原文节奏感的再现，如"（柔不是弱，）是容，是收，是含"，杜译为"it is taking in, gathering in, holding in"，相较詹译本的"it's containing, drawing in, holding"，杜译本较完整地传达了原文的形式感和音韵美。

通过以上对比可以看出，在翻译宗教哲学内容上，杜博妮的译文语言简洁、结构对称、韵律优美，力图再现古汉语句式的文体风格，其对宗教词汇采取的音译策略展现了译者传播中国文化的翻译立场。詹译本则更多地淡化古汉语凝练整饬的独特风格，力图削弱这种异质性给目的语读者带来的陌生感。

综上所述，通过对两译本文化特色词翻译的考察，可以看出，杜译本在翻译中力求再现源语文化内容及其独特美学风格，同时还注重译本的可读性。当文化特色词的异质性对读者的理解造成干扰时，译者会结合文化内容的社会历史背景进行适当意译。詹译本追求译文的可读性，对原文的遵从程度有限，意译程度较高，翻译中多采用归化策略，尽量在译文中消解异域文化元素。

5.5.4 两译本翻译风格差异与个体意识形态

通过对两译本基本数据和文化特色词翻译的对比研究，可以看出：杜博妮以原文本为中心，以陌生化为主导，翻译中主要采用异化的策略，力求译文忠实再现原文的内容、风格，以及源语文化独特个性，充分唤起目的语读者对原文和源语文化的关注和解读。同时，她也注意到译文的可读性和可接受性，努力将陌生化和可读性的要求加以中和，在传播源语文化的同时也考虑到目的语读者的阅读习惯。詹纳主要采取归化策略，意译程度较高，在翻译中会有意识地淡化原文文化内容的异质性，其译本阅读难度小于杜译本，且在叙述方式等方面更接近英语原创文本的特点，更加方便目的语读者的阅读与理解。

应当指出，两译本翻译风格之所以存在差异，固然与译者所处的社会文化语境不同相关，但很大程度上是译者个体意识形态对翻译的影响所致。

一方面，杜博妮和詹纳所关注的目的语读者群的不同导致两译本翻译风格呈现差异。杜博妮（2007：23）强调其译作主要面向英语世界"有志于了解中国文化的忠诚读者"。这些读者多是学者或文化精英阶层。为此，杜博妮更多地采取陌生化的翻译策略，原文的异质文化在译作被保留，原作的风神气韵得到再现，读者从而获得鲜明的文化体验。与之不同，詹纳在译本"出版人的话"中讲明此书旨在"促进中西方文化的交流"，面向"对文学价值之普世性有期待"的"对汉语或中国历史文化知识知之甚少"的读者（覃江华，刘军平，2013：134）。显然，詹纳所考虑的读者群为普通大众，因此主要采取归化策略，对原文的异质内容采取解释性的翻译方法，降低阅读难度，提高译本的可读性。

另一方面，受其文学翻译思想即"快乐原则"（the pleasure principle）的影响，杜博妮避免明示或采用具体化策略翻译源语文本的空白和未定点。杜博妮（2007：22-26）认为，文学翻译的首要目标在于给读者带来阅读的乐趣，译者应该重视不同读者和受众的需求和快乐，要根据所面向的读者类型在翻译中选择适当的翻译策略。在"快乐原则"的具体实践中，杜博妮尤其强调要"信任读者"（trust the reader）。"信任读者"即信任读者的阅读能力，译者应避免随意填补文中空白或对原文异质性加以修正。这一思想深受接受理论的读者中心论和文本"召唤结构"（response-inviting structures）的影响。接受理论认为读者是文本接受历史的决定性因素和能动主体。文本存在着一种能"召唤读者阅读"，填补文中"空白"，连接"空缺"（Iser，1991：205）和更新读者"期待视域"（Jauss，1987：29）的召唤结构。这种文本结构使得读者能对文本进行不同的阅读。杜博妮充分认识到文本的召唤结构和读者的重要性。她认为读者可以而且应该发挥自身的能动作用，寻找作品的意义，参与到文本意义的建构中去。在不影响译文可接受性的情况下，译者应尽量避免填补原文的空白、空缺和未定点，信任读者自身的理解能力。如果译者采取归化策略，对这些部分给予明示，则可能会破坏源语文本的含蓄和模糊美，使目的语读者的想象空间受限，破坏其在文本接受过程中的中心地位。当这些空白和未定点影响译语读者的理解而必须进行具体化时，译者也应注意具体化的程度。为此，杜博妮翻译时信任读者的阅读能力，主要采取异化的翻译策略，尽量保留和再现原文的异质文化内容和语言风格尤其是原文中的空白和未定点，让目的语读者能领略中国文化的独特魅力。

5.5.5 结语

　　本节利用语料库对小说《棋王》的杜博妮译本和詹纳译本的翻译风格进行了比较分析。研究发现，两位译者的翻译风格有表现出较大差异。杜博妮在翻译中一方面尊重原文文化特质，另一方面照顾目的语读者的阅读感受。她在保证阅读流畅的同时，有意识地保留原文独特的中国元素，使读者获得鲜明的文化体验。詹纳在翻译中会更多地消解原文的异质成分，使译文符合目标读者群的阅读习惯。其译本阅读难度低于杜译本，更多地使用英语原创文本的叙事方式和表达技巧，更易于为英语读者接受。两位译者翻译风格不同的主要原因在于译者个体意识形态的差异，即译者所考虑的目标读者群不同以及杜博妮文学翻译思想对其翻译的影响。

本章小结

　　论及意识形态与翻译之间的互动关系，学界往往想当然地认为对于翻译施加影响的只是社会意识形态，忽略个体意识形态如翻译目的、翻译思想、生活经历和性格特征等的影响，而译者的审美观、生活经历和性格特征对于翻译的影响更是被严重忽略。为此，本章首先深度分析了个体意识形态的定义和内涵，回顾了翻译与个体意识形态研究所取得的进展和存在的问题。我们认为任何翻译活动都会受到社会或集体意识形态和个体意识形态的双重影响，而个体意识形态的影响往往更为凸显。译者的个体意识形态主要包括个人的性格特征、人生观、审美观、翻译目的、翻译思想以及对翻译文本读者的关注等。其次，本章详细介绍了基于语料库的个体意识形态与翻译研究的内涵与路径。一般而言，该领域的研究以语料库的应用为基础，依据批评译学和描写性译学等理论，分析具体翻译文本语言特征背后的个体意识形态影响。最后，本章提供了个案研究，展示了如何利用语料库技术对于小说《棋王》的杜博妮译本和詹纳译本的翻译风格进行比较，以揭示个体意识形态影响具体翻译实践的方式和层面。我们认为译者所考虑的翻译文本读者群的差异以及杜博妮的翻译思想是这些译本翻译风格差异的重要原因。

第六章
基于语料库的翻译与中国形象研究

6.1 | 引言

近年来，随着全球化的进程不断加快，以及中国国际影响力的大幅提升，我国社会发展和文化走出去等国家战略在国际上产生了愈来愈重要的影响。在这一历史背景下，中国形象构建的研究得到政府及学界的高度关注。据不完全统计，2011—2016年，国家社科基金立项的项目中就有数十项涉及中国形象研究，其中国家社科基金重大项目2项。此外，一大批关于中国形象研究的论著先后出版。这些课题或论著或从传播学角度分析国外新闻报刊中的中国形象，或从比较文学角度分析文学作品中的中国形象，而关于翻译与中国形象研究的成果并不多见。然而，作为一种重要的跨文化实践，翻译在中国形象尤其是中国国际形象构建中的作用不容忽视。历史上，翻译一直是国家形象或民族形象构建的重要手段。一方面，政治文献和新闻作品的翻译可以直接向国外受众传播所构建的中国形象。另一方面，文学作品翻译所构建的中国形象能够对外国受众产生持久和潜

作者注：中国国家形象只是中国形象的内容之一。本章所研究的对象是中国形象。

移默化的作用，从而影响国外民众对于中国的看法和认知。此外，现有中国形象的研究以定性研究为主，基于语料库的中国形象研究相当少见。有鉴于此，应当大力开展翻译与中国形象关系的研究，尤其是基于语料库的翻译与中国形象研究。开展基于语料库的翻译与中国形象研究，不仅可以拓展并深化中国形象研究，而且可以推动翻译对意识形态影响的研究。

6.2 │ 中国形象的界定与特征

6.2.1 形象

根据《现代汉语词典》（中国社会科学院语言所词典编辑室，2012），形象是指能引起人的思想和感情活动的具体形状或姿态，文学作品中创造出来的生动、具体的激发人们思想感情的生活图景，或文学中人物的精神面貌和性格特征。根据《韦氏大百科词典》（纽约国际出版社，1979），形象的内涵主要为：（1）通过照相、绘画、雕塑或其他方式创作的人、动物或事物的可视的相似物，（2）通过镜子反射或光线折射而成的物体的图像；（3）大脑的反映、观念或概念。事实上，形象包括两个层面的含义，即具体的形象和场景以及抽象的认知和观点。本章所讨论的形象是抽象层面的认知和看法。

形象是指"人们所持有的关于某一事物的信念、观念与印象"（Kotler，2001）。形象不是事物本身，而是人们对事物的感知或看法。不同的人对同一事物的感知不会完全相同，因而其正确性受到人的意识和认知过程的影响。由于意识具有主观能动性，因此事物在人们头脑中形成的不同形象会对人的行为产生不同的影响。

6.2.2 │ 中国形象的界定与特征

国家形象是国际社会的个人、团体或整体对一国相对稳定的认知和评价。国家形象包括本国公民对祖国的认识和他国公民、媒介及组织对某个国家的总体印象。因而，中国形象可以理解为国内民众对中国的印象，以及国际社会民众、媒体、政府或其他国家对中国的总体认知和看法，即中国"在世界舞台上展示的形状、相貌及国际环境中的舆论环境"（李寿源，1999：305）。前者即自我形象，后者即他者形象。无论是中国的自我形象，还是他者形象，都是社会活动和语言等符号体系建构并声称意义的结果。

中国形象是多维的，涉及国内外民众对某一国家的政治、经济、社会、文化和地理等方面的认知与评价。政治是指政府的信誉、外交能力和军事实力。经济涵盖经济发展水平、经济发展速度、国民生产总值和国民收入等。社会主要指社会安全与稳定，以及社会凝聚力等。文化包括科技实力、教育水平、文化实力、信仰和价值观等。地理是指地理环境、自然资源和人口数量等。从这些构成要素来看，形象可划分为政府形象、政党形象、领导人形象、企业形象、企业家形象、文化形象、领土形象、主权形象和国人形象等。

一般而言，形象的塑造包括物质和符号层面。前者涉及国家的政治体制、经济实力、军事实力、自然资源、外交活动和工商产品等。后者涉及中国的意识形态、价值取向、媒体和文学作品等。中国形象的塑造可分为自塑和他塑。自塑是指国内政府、机构和民众塑造国形象，他塑是指国外政府、机构和民众塑造国形象。

6.3 ｜ 中国形象研究：现状与问题

普遍认为，"国家形象体现一个国家的软实力和国际竞争力。作为一个新兴的大国，中国的国家形象十分重要。中国的国家形象是软实力、巧实力，是能够御敌于千里之外的无形资产。"（黄友义，2015）鉴于此，近年来学界相继开展中国形象研究，取得了较为丰硕的成果。

6.3.1 中国形象变化的总体趋势研究

代迅（2004）从中国形象入手，考察了西方国家对中国集体想象的嬗变过程。具体而言，19世纪之前，在西方人心目中，中国是理想化的国土，拥有先进的科学技术、发达的工商业、方便的交通和高度文明的民族。而在19世纪之后，鸦片战争使得中国国力衰败。对于西方人而言，中国是停滞和衰落的国家，其形象主要表现为老弱、保守、愚昧和落后。

邹雅艳（2012）则对13至18世纪西方眼中中国形象的演变做了梳理和归纳。作者指出13—18世纪后期之前，中国形象一直处于被西方不断理想化的上升阶段，而自18世纪后半期开始，西方的中国形象出现了大逆转，从美化转为丑化，从爱慕转为憎恶，从理想化转为妖魔化。

张月（2010）归纳了西方视域中的中国形象，即正向的、理想化的形象和负向的、妖魔化的形象以及双向矛盾型的形象。在作者看来，这三类中国形象是西方与中国之间真实关系的映现。理解并把握这三种形象，有助于人们理解中西双方之间的复杂关系，理解西方人对待中国的态度和行为，并在与西方人的交往中做出明智的选择。

6.3.2 媒体中的中国形象研究

媒体通常可划分为报纸、网络、电台、电视和电影等大众传播媒介。由于信息集约性、及时性以及受众面广的特征，加上媒体大多具有图像、音频和视频等直观性特征，媒体对于中国形象的影响比较直接，故而常常被视为中国形象构建的主要手段。事实上，媒体是国内外民众了解中国、形成关于中国的认知和看法的主要媒介。

徐明华（2013）选取新加坡《联合早报》为分析对象，分析2012伦敦奥运的相关评论文章，并探讨海外华文媒体呈现中国形象的方法和特征。作者剖析了这些报道的评论风格、涉华立场、作者身份、主要议题和用词特征等体现媒体政治立场和价值取向的要素，发现该报在报道中国文化议题时持正面、肯定的态度，而在报道中国政治议题时偏负面，其原因在于作者、读者对中华传统文化的强烈认同感和对中国当今政治的利益距离感。

赵泓（2014）通过对英国《每日电讯报》对华报道的数量、议题、发稿地、消息源和报道倾向等进行数据统计和分析，发现该报所呈现的中国形象既充满活力，又存在各种矛盾，描绘了一个自由开放的市场经济和严密控制的政治体制相结合的国家。在该报看来，中国经济快速发展，国际影响力不断增强，但未来发展存在诸多不确定性。随着国际交流日益频繁，民众或个人形象随时反映到西方的媒体和民众视野，因此他认为，民众和个人影响是影响国家形象的最长久和最基本的因素。

张昆、陈雅莉（2014）以《泰晤士报》和《纽约时报》关于钓鱼岛问题的报道为例，依据框架理论，比较分析英美大报在地缘政治冲突报道中建构中国形象的差异。研究发现《泰晤士报》框定的中国形象为多元格局中的有力合作者，该报认为中国经济在全球经济中发挥重要作用；而《纽约时报》将中国描述为亚太安全的潜在威胁者。作者指出这一差异的原因在于英美两国文化传统的差异。英国具有"均势平衡"和"功利合作"等文化传统，而美国强调对其"帝权"传统地位的彻底捍卫。两位研究者还采用量化的框架分析和质化的内容分析法，对新加坡英文报纸《海峡时报》和印度尼西亚英文报纸《雅加达邮报》关于南海争端的报道进行分析，发现东盟心目中的中国已由"友善的大象"这一形象演变为"进击的巨人"（2014）。

周文萍（2009）重点分析了美国电影所构建的中国形象，指出传统美国电影里的中国形象带有强烈的东方主义色彩，神秘而古老的东方、苦难的土地和待拯救的世界，这些定型化的形象在美国电里被不断复制与演绎，形成并强化了美国人对中国的刻板印象以及优越感。在"功夫"外表下，中国仍然是美国电影里遥远的"他者"。

6.3.3 文学作品中的中国形象

与媒体相比，文学作品对中国形象的影响虽然不那么直接或立竿见影，但是文学作品常常触动读者的心弦，而且具有包容、渗透的功能。因而，文学作品构建的中国形象"润物细无声"，具有持久和潜移默化的作用。

姜智芹（2005）从颠覆与维护的角度分析了英国文学中的中国形象，认为在英国文学作品中，中国既是英国作家颠覆、质疑本国现实的理想国，发泄不满、寄托希望的救赎地，也是他们整合自身、彰显自我的对衬物。自中世纪以来，中国对于英国作家而言，一直作为这样一个他者被赋予颠覆和维护两种功能，被置于乌托邦和意识形态两极间的张力上。

葛桂录（2005）也分析了英国文学作品中的中国形象。根据作者观点，英国作家通过中国题材所展示的中国形象包含着三重意义，即关于异域的知识，本土的文化心理以及本土与异域的关系。作者指出，对于英国作家而言，中国与其说是一个地理空间存在意义上的国家，倒不如说是他们想象描述的神话；中国是与他们自身相异的"他者"和西方不同的"文化构想物"。

杨华（2007）以20世纪美国华人文学作品作为研究对象，从庞杂的美国华人文学作品中归纳出四种中国形象，即伦理中国、草根中国、诗性中国和现代中国。这几种形象既相互关联，又相互包容，共同构成丰厚复杂的中国形象。

谭渊（2013）基于对德国作家阿尔弗雷德·德布林的小说《王伦三跳》的分析，阐明了该小说所构建的中国形象。研究结果表明，该小说通过对中国社会"全景式"的素描、中国社会矛盾的揭示和对中国劳苦大众的同情，塑造了当时真实的中国形象，为德国文学领域中建立起新的中国形象树立了里程碑。

6.3.4 翻译与中国形象研究

何雪雁（2009）从历时的角度梳理了翻译在近代中国形象塑造方面所发挥的作用。研究表明，在以晚清和五四运动为代表的近代中国，社会转型与文学系统的转型相呼应。此外，民族危机的现实与强国富民的政治理想激发了知识分子对强势西方他者的学习兴趣。在这一历史语境中，翻译当仁不让地成为再现民族文化身份，建构中国形象主体性的选择。严复选择"西学"的"精髓"来翻译，主要是"愈愚"、启蒙，消除国人头脑中落后的意识形态，努力改造中国愚昧、落后的国民形象。

林文艺（2012）分析了建国17年《中国文学》（英文版）对于革命历史题材文学作品的选取及其展示的中国形象与时代精神，指出文学文化具有包容、渗透的功能，通过它们传播、塑造国家形象，如同"润物细无声"的"春雨"，具有持久和潜移默化的作用。

谢淼（2012）的研究重点分析了中国当代文学作品在德国的译介及其构建的中国形象。作者强调中国当代文学作品的译介在20世纪80年代成为德国的中国形象建构的重要媒介。80年代以后中国文学作品在德国的译介，与80年代之前原有的中国形象之间存在着既反省、重构又继承、延续的复杂关系。80年代之后，新一轮的中国形象建构经历了从紧密渗透到相对游离的不同阶段，而"他者接受"和"自我观照"等文化心理共同影响着这一传播与接受的过程。

总体而言，上述研究侧重具体历史时期文学翻译在中国形象构建中的作用。与之不同，付文慧和姜智芹侧重于文学翻译作品的个案研究。付文慧（2013）论述了"文革"后中国文学出版社推出的"女作家作品英译合集"所构建的中国形象。作者认为通过英译合集，中国文学出版社对外呈现了一个走出"文革"阴霾，秉承传统文化价值观，构建市井化、生活化的多元中国形象。姜智芹（2015）以莫言作品翻译为例，详细分析了文学在塑造国家形象方面不可忽视的作用。较之于新闻媒体、政治经济以及国际关系领域所展现的中国形象，当代文学塑造的中国形象具有较高的价值信任度和可接受度。莫言在对外传播中建构了批判和反思的中国形象。

李家春（2016）讨论了新闻翻译在中国形象构建方面的作用。她基于大量实例的分析，归纳了西方主流媒体构建中国形象的翻译策略。研究表明西方媒体在国家利益和意识形态的支配下，对于中国的形象建构不够全面，甚至建构负面形象，对中国形象造成很大的消极影响。

6.3.5 中国形象研究存在的问题

毋庸置疑，中国形象研究近年来取得了较快发展，然而该领域研究存在以下问题：

（1）许多研究泛泛而谈，研究深度尚有较大的上升空间

应当指出，现有研究主要分为传播学视域下的中国形象研究和比较文学视域下的中国形象研究。这些研究大多对中国形象的构建与传播泛泛而谈，尚未深入研究当代中国形象的特征及其形成机制。许多传播学视域下的研究只是从标题、议题设置和框架等角度切入，分析新闻报道中的中国形象，往往将国际社会对中国的评价或态度简单归纳为正面或负面，相关研究结论比较笼统。比较文学视域下的研究也大多基于个别作品的分析讨论国外文学中的中国形象。此外，关于中国形象历史变迁的研究基本上是根据少数汉学家或学者的言论以及研究者本人的主观判断来分析。总之，这些研究的科学性不大令人满意。而且，迄今为止学界尚未深入分析如何自塑中国形象。

（2）主要以媒体和文学作品为研究对象，研究范围有待拓宽

从研究对象来看，中国形象研究目前主要集中于媒体和文学作品中的中国形象，而对于政治文献中的中国形象关注不够。实际上，政治文献常常用于陈述一个国家或政党的思想和观点，在国家或民族形象构建中发挥着重要作用。鉴于此，应当加强政治文献及其外译的中国国家形象研究。此外，图片、社交媒体以及国外领导人的言论也应作为中国形象研究的研究对象。

从研究的对象国来看，研究主要集中于美国、英国、德国、法国和俄罗斯等大国媒体和文学作品中的中国形象研究，而关于其他国家，尤其是我国的近邻日本、韩国、越南和朝鲜等国家，以及非洲和阿拉伯国家，对中国的认知和看法却很少有人去研究。近年来，我国提出"一带一路"倡议，很有必要研究"一带一路"沿线国家对我国的态度和看法。不过，学界尚未开展这类研究。

如前所述，中国形象有自塑和他塑之分。相应地，中国形象研究应包括自塑形象研究和他塑形象研究。然而，现有中国形象研究均以他塑形象为研究对象，很少研究自塑形象。事实上，要在符号层面塑造良好的中国形象，仅靠影响国际社会对中国形象的他塑是不够的，还应主动出击，直接进行中国形象的自塑。为此，学界应加强中国形象的自塑研究。近年来，国际社会非常关注我国一年一度召开的全国人民大会和中国人民政治协商会议，尤其是国务院总理所做的政府工作报告。政府工作报告及其外译既是国际社会了解中国的重要途径，也是我们面向国际社会塑造中国形象的重要途径。鉴于此，我们应大力开展政府工作报告及其外译中的中国形象研究，探讨如何在符号层面通过翻译构建一心为民、积极有为的亲民政府形象以及民主、富强的中国形象。

（3）翻译与中国形象的研究相当滞后

与其他中国形象研究领域相比，翻译与中国形象研究相当滞后。目前，该领域的研究论著较少。据不完全统计，2011年以来发表或出版的关于翻译与中国形象研究的论著不足20篇（部），而国家社科基金资助的翻译与中国形象研究项目迄今为止只有一项。作为特殊的跨文化交流活动，翻译在中国形象的塑造和传播方面的作用不容忽视。翻译不仅可以直接参与民族形象和国家形象的构建，还可以推动民族形象和国家形象的传播。无论是中国形象的自塑和他塑，还是中国形象的传播，翻译都能够发挥重要作用。翻译文本同原创文本一样影响着国际社会民众对其他国家或民族的认知。而且，翻译可以逾越语言文化障碍，让国外广大民众直接了解并感受通过翻译文本呈现的中国形象。因此，翻译与中国形象的研究应当作为中国国家形象研究的重要领域。

（4）研究方法有待改进，语料库方法尚未得到应用

通常，一个国家或民族形象不仅取决于其所做作为，而且表现于其所言所说以及他者对其所做的评论，故而中国形象的研究可从具体话语或文本的分析入手。然而，中国国家形象的研究长期以来大多局限于宏观层面的探讨，以定性研究为主，研究者往往依据个人主观判断、少量典型案例或个别经典著作的观点，对国形象的特征及其演变趋势进行分析，以文本分析为基础的研究不够深入，研究结论不够客观、全面。为此，有必要应用语料库，充分发挥语料库在文本分析方面的技术优势，定性和定量方法并用，描写与解释相结合，从具体语言结构应用的规律性特征入手，揭示具体文本所构建的中国形象，并依据批评话语分析、形象学和传播学等相关理论，从文本层面和意识形态层面探讨中国形象形成的内在原因，分析如何在符号层面塑造中国形象。

6.4 ｜ 基于语料库的翻译与中国形象研究：内涵与意义

综上所述，无论是中国形象的自塑还是他塑，都离不开话语或文本。作为一种特殊的话语，翻译文本承担着塑造或构建中国形象的使命，而且也承担着向国外传播中国形象的是使命。然而，迄今为止，翻译与中国形象研究以定性研究为主。为此，有必要开展基于语料库的翻译与中国形象研究。应用语料库，一方面我们可以将翻译与中国形象研究建立在大量语料分析的基础之上，并能将定量研究方法引入该研究领域，从而使该领域的研究获得数据与大量语料的支撑。另一方面，利用语料库的技术优势，我们可以发现仅凭肉眼无法观察到的翻译文本语言特征，如隐喻的使用和语义韵特征等，并据此分析翻译文本中的中国形象，研究的广度和深度因此可获得较大幅度的提升。

6.4.1 基于语料库的翻译与中国形象研究的主要研究领域

基于语料库的翻译与中国形象研究的主要研究领域为：（1）中国文学作品翻译中的中国形象研究；（2）政治文献翻译中的中国形象研究；（3）新闻翻译与中国形象研究；（4）学术著作翻译中的中国形象研究；（5）中国形象的历史演变研究。

（1）中国文学作品翻译中的中国形象研究

利用语料库技术分析翻译文本的语言特征，并与原作进行对照分析，我们可以分析中国文学作品原作及其翻译文本呈现的中国男性和女性形象。必须指出，民众和个人形象是影响国家形象的最长久和最基本的因素，是国家形象最主观、最直接的传播渠道，为此应重视文学作品翻译文本的中国民众或个人形象。此外，我们还应分析上述文本中的中国政治形象、中国文化形象和中国少数民族形象，以及这些形象在翻译过程中所发生的变异。我们可以对于不同民族或国家译者所译的同一原作的翻译作品进行比较，以揭示不同译者在塑造中国形象方面的差异。应当指出，中国文学作品常常富含中国文化元素和中国政治元素。以体现这些元素的词汇为检索项，提取并分析包含这些词汇的语句，并与原文相对照，分析这些元素在译本中的再现与重构，进而考察中国文化形象与中国政治形象在翻译过程中所发生的变异。

（2）政治文献翻译中的中国形象研究

政治文献或政治文本是指能够在不同的政治活动中满足不同目的的各种类型文本或文体。该领域研究以政治文献翻译文本的语料库分析为基础，探讨这些翻译文本中的中国政府形象、中国政党形象、中国军事形象、中国政治形象和中国国家形象。我们可以重点分析中央政治文献即党中央、国务院及其政府各部门公开发布或出版的文献，包括历年政府工作报告、党代会报告和决议、白皮书及中央领导人讲话等翻译文本中的中国形象，并将这些文献的翻译文本同与其主题接近的目的语原创文本进行比较，如美国国情咨文或其他国家政府的施政报告等，探讨如何有效塑造中国形象的方法和手段。

（3）新闻翻译与中国形象研究

广义的新闻是指时事报道、社论、述评、特写和广告等。狭义的新闻是指时事报道。新闻翻译是国际新闻的重要来源与传播方式，也是对外宣传的主要渠道之一。新闻翻译实际上是一种编译，是对蕴含在另一种语言中的信息进行发掘、加工和再次传播的过程。我们可以利用语料库技术对国外媒体涉华新闻的翻译文本语言特征尤其是与中国相关的词汇进行上下文分析，并与原文进行对照。一方面，我们可以归纳出国外媒体试图通过翻译塑造的中国形象，揭示中国形象在翻译过程中发生的变异。另一方面，我们可以对不同媒体翻译的同一涉华新闻的翻译文本进行比较，分析这些翻译文本塑造的中国形象之间的差异及其与意识形态之间的关系。此外，我们还可以分析国内媒体新闻翻译文本中的中国形象，并探讨如何在新闻翻译文本中自塑中国形象。事实上，要让中国走向世界，让世界了解中国，有必要加强新闻翻译与中国形象研究。

（4）学术著作翻译中的中国形象研究

随着我国经济的快速发展以及国际影响力的不断提升，国际学术界尤其是汉学界对中国的兴趣愈来愈浓厚，出版了一大批关于中国经济、军事、科技和文化等主题的学术著作的译作。对这些译作及其原作进行比较分析，可以揭示这些译作所构建的中国经济形象、中国军事形象、中国科技形象和中国文化形象，以及与原作相比这些中国形象发生的变异。由于这些译作的译者通常是学者，分析这些译作中中国形象所发生的变异，我们可以了解国外学术界对于中国的认知和看法。

（5）中国形象的历史演变研究

中国形象的历史演变研究侧重于分析中国形象在整个历史时期或某个历史时期发生的变化。为揭示中国形象所发生的变化，我们可以建设中国形象研究历时性语料库，并以该语料库为平台，在分析翻译文本的语言特征基础上，考察中国形象在整个历史时期或某个历史时期内的演变。我们可以根据不同时代的划分或重大历史事件，将一段较长的历史时期分成几个阶段，选择这些阶段出版的相关翻译文本及其原作建成历时性双语平行语料库，并以该语料库为研究平台，分析这经由翻译文本塑造的不同时期中国形象的特征及其差异。

6.4.2 基于语料库的翻译与中国形象研究的路径

基于语料库的翻译与中国形象研究以文学作品双语平行语料库、政治文献双语平行语料库、新闻文献双语平行语料库和学术文献双语平行语料库等为研究平台，在翻译文本语言特征尤其是典型词汇或句式结构应用特征分析的基础上，探讨这些翻译文本所构建的当代中国形象，并结合具体历史时期社会文化语境的考察，探讨当代中国形象形成的内在机制。

基于语料库的翻译与中国形象研究主要分为三个步骤，即语料库的设计与建设、翻译文本语言特征描写与中国形象分析以及中国形象成因的解释。作为翻译与中国形象研究依托的研究平台，语料库的设计及其建设质量的高低直接关系到该领域研究的成败。翻译文本语言特征的描写同样重要。要阐明翻译文本塑造的中国形象，就需要描写具体翻译文本的语言特征以及翻译文本在翻译策略与方法应用等方面所呈现的规律性特征。只有对翻译文本语言特征进行客观描写，我们才能获得关于中国形象及其变异的客观认识。此外，还应在描写基础上对中国形象及其变异的成因进行解释。

在语料库设计与建设阶段，首先应做好语料库的设计工作。为满足翻译与中国形象语料库研究的需要，语料库设计应当收录中国文学作品、中国政治文献、关于中国的学术文献和新闻文本，以及这些文本的翻译文本。为分析中国形象变异背后的意识形态，语料库还可以收录由来自不同国家或具有不同政治立场的译者所翻译的同一作品的不同译本。其次，对收录的语料进行必要的技术处理，如双语语料的对齐处理、篇头标注和篇体标注等。最后，应对予以技术处理的语料进行反复校对，确保收录的语料不出现差错。

在翻译语言特征描写与中国形象分析阶段，首先，以中国文学作品双语平行语料库为研究平台，检索包含中国、中国政府、中国文化、高频词、关键词、历史事件以及有关人物名称等典型汉语词汇的汉语语句以及相对应的译文，考察这些词汇对应词的搭配和语义韵，深度分析中国文学作品翻译所构建的当代中国男性形象、女性形象、中国政治和中国文化形象，重点比较中国译者与外国译者翻译的外译作品所构建当代中国形象的差异。具体而言，我们可以以体现中国政治元素的词汇为检索项，如："知识分子""知青下放""文革"等，分析包含这些词汇的语句及其译文，研究这些政治元素在翻译文本中如何得以再现与重构，描写翻译文本所构建的中国政治形象。我们还可以选择与中国历史、文化、社会有关的概念和词汇，如哲学词汇、典故、生活词汇等，分析这些词汇对应的译文，探讨译文所塑造的中国文化形象。

其次，以政治文献或学术文献双语平行语料库的应用为基础，分析人称代词、情态动词、被动式、名物化、评价性形容词、高频词和关键词等典型词汇和句式结构应用的趋势和具体特征，并与原文和目的语原创文本进行比较，分析政治文献及其翻译文本所构建的当代中国形象的具体特征。

再次，利用新闻文献双语平行语料库，以"中国""中国政府""中国人"和"中国公司"等词汇的目的语对应词、关键词（热点问题或重大事件）、评价性形容词、相关历史事件名词及其他相关词汇为检索项，分析这些词汇的目的语对应词在翻译文本中的搭配及其语义韵，包括翻译文本中关键词、高频词以及隐喻的应用，归纳这些词汇应用所构建的当代中国形象。

最后，以收录文学作品、政治文献、学术文献和新闻文献的历时性双语平行语料库为研究平台，在分析翻译文本语言特征的基础上，揭示上述文献翻译文本在历史不同时期所塑造的中国形象及其历史演变。

在中国形象及其成因的分析中，我们可以依据翻译学、批评话语分析、功能语言学、性别研究、比较文学形象学等理论，将词汇、句法、篇章等层面的文本分析与对社会历史文化的宏观分析相结合，深度研究中国形象与话语或文本语言特征以及中国形象和社会文化语境之间的关系，探讨当代中国形象构建的策略与路径，分析当代中国形象构建与中国软实力建设之间的互动关系。一般而言，中国形象的自塑与他塑既与中国的经济发展水平相关，也与一定的社会文化、政治、国家利益和意识形态密切相关。就中国形象的他塑而言，中国形象的积极与消极在很大程度上直接取决于中国与其他国家之间双边关系的好坏。陈勇、张昆（2012）指出美国《时代》周刊所塑造的中国形象是美国国家利益和意识形态的共同"折射"。陈薇（2014）强调西方国家都是从各自的国家利益出发报道和评价中国的，将自身的价值观和利益导向投射进这种形象塑造中，从而呈现种种刻意的歪曲和僵化的刻板形象，尤其对于特定话题，如政治、人权、卫生、医疗等话题持负面态度。

6.4.3 基于语料库的翻译与中国形象研究的意义

基于语料库的翻译与中国形象研究旨在利用语料库技术，在对大量翻译文本的语言特征进行分析的基础上，系统研究翻译文本所呈现的中国形象，探讨翻译在中国形象构建中所发挥的作用。该领域的研究不仅可以使中国形象研究方法发生变革，拓展并深化中国形象研究，而且可以推进语料库批评译学的发展。

（1）基于语料库的翻译与中国形象研究使中国形象研究方法发生变革

应当指出，无论是传播学视域下的中国形象研究，还是比较文学视域下的中国形象研究，或者目前进行的为数不多的翻译与中国形象的研究，大多基于个别文献或作品的文本分析，很难摆脱研究者的直觉和主观判断的影响。近年来，一些研究机构，如上海交通大学国家形象与城市文化创新研究中心和国家外文局对外传播研究中心，相继采用问卷调查的方法，对北美国家或其他国家和地区的民众关于中国的认知和看法进行研究。尽管问卷调查具有一定的客观性，但由于受试者人数的限制，再加上受试者情感或态度对问卷调查的影响，这类研究的可信性和科学性尚有较大的上升空间。而基于语料库的翻译与中国形象研究引进语料库方法，使得该领域研究建立在大量文本分析的基础之上，并以相关数据为支撑，研究结论因而有充分的事实依据，研究的客观性和科学性实现了质的飞跃。

（2）基于语料库的翻译与中国形象研究拓展并深化中国形象研究

基于语料库的翻译与中国形象研究旨在分析翻译文本所塑造的中国形象以及翻译在中国形象构建中所起的作用，从而将中国形象研究的研究对象从原创文本扩大至翻译文本。应当指出，翻译文本在中国形象构建中所起的作用不亚于原创文本，甚至超过后者。毕竟，翻译文本直接面向国外受众，可以在中国国际形象塑造方面发挥更大作用。而且，该领域研究克服了现有中国形象研究一味关注新闻作品和文学作品的局限性，将政治文献和学术文献及其翻译作品纳入考察范围。事实上，政治文献在中国政治形象、中国政府以及政党形象构建方面发挥着十分重要的作用，而学术文献反映了学术界或社会精英阶层的价值观。还应指出，该领域研究一方面强调在文本语言特征分析的基础上归纳中国形象的具体表现及其历史演变，依托语言符号的深度分析揭示中国形象，另一方面依据批评话语分析、批评译学和形象学等理论，从社会文化语境或意识形态角度深度分析中国形象及其历史演变的成因。然而，现有中国形象研究大多满足于中国形象的描写，关于其成因的分析比较肤浅。很明显，从这个意义上讲，翻译与中国形象的语料库研究能够扩大中国形象研究的研究范围，并在很大程度上加深该领域的研究深度。

（3）基于语料库的翻译与中国形象研究推动语料库批评译学研究

人类社会发展历史告诉我们，翻译对于意识形态尤其是社会主流意识形态能够发挥强化或颠覆的作用。历史证明，没有共产党，就没有新中国。我们同样可以毫不夸张地说，没有翻译，就没有新民主主义革命；没有翻译，就没有马列主义在中国的传播。正是通过翻译，我们引进了马克思主义和列宁主义等先进思想和价值观，影响了一大批文化精英和先进知识分子，使得我国国民落后的思想发生改变。然而，学界却不大关注翻译对于意识形态的影响，很少就翻译对于意识形态的反作用开展系统、深入的研究。而基于语料库的翻译与中国形象研究侧重于研究翻译在呈现和塑造中国形象方面的作用。作为关于中国的认知和看法，中国形象实质上反映的是意识形态。此外，该领域研究还探讨不同翻译文本所塑造的中国形象背后的意识形态。由此可见，该领域研究不仅可以揭示翻译背后的意识形态，而且关注翻译对意识形态的反作用。显然，该领域研究的开展可以有效推动语料库批评译学研究，尤其是翻译对于意识形态的反作用研究。

6.5 ｜ 个案分析：记者招待会汉英口译中的中国政府形象构建

6.5.1 引言

自1988年的首次登台亮相，"两会"总理记者招待会已制度化和常规化。作为中国政府与国内外媒体有效沟通的舆论平台，"两会"总理记者招待会既体现了当代中国政治民主化进程中的重要转变，也是国内外媒体了解中国政府态度、政策、立场等的最佳窗口。在媒体记者云集的招待会上，尤其是在全球拥有广泛影响力的国外媒体面前，如何全面并准确地呈现中国政府和国家的形象是政府领导人的首要关注，也是跨文化研究中的重要命题。作为中间人的口译员及其提供的口译服务，在这种跨文化沟通中扮演着极为重要的角色，即凭借话语构建政府和国家公众形象的促进者和桥梁。

然而，当前对口译或翻译在构建及传播政府和国家形象的研究中，多数集中于探讨翻译策略、译者素养或者外宣翻译中的错误及问题等议题（仇贤根，2010；卢小军，2013等）。殊为遗憾的是，极少有研究分析口译话语如何通过对具体词汇手段的规律性选用来共同作用于特定话语的形成，进而如何构建政府在媒体心目中的形象。本节拟基于语料库的应用，通过对口译话语中特定词汇的典型搭配行为和共现特征的研究，来深入剖析政府形象如何经由特定搭配意义的反复选取得以呈现并被逐步建构。

6.5.2 搭配与形象建构相关研究

搭配（collocation）是语料库语言学的核心概念，是指词汇模式的典型共现。它是词语之间在横组合上的关系，也是超越单个词语界限的更高层面上的意义单位。搭配本身可以通过语言学路径或统计学路径进行研究。语料库语言学倾向于采用后者。著名语料库语言学者Sinclair将之定义为"文本中的两个或多个词语在彼此的短距离内出现"（1991：170）。构成搭配的词语包括节点词和搭配词两部分，前者为"所要研究的词"，后者指"任何出现于节点词特定语境中的词"（ibid，115）。由节点词和搭配词的共现所产生的搭配行为通常表明文本意义的取舍，反映说话者的态度，而特定搭配行为在文本中的反复共现则促成特定话语或意象的产生，与潜在的话语动机联系在一起，是研究者的核心关注之一。Baker（2004：352）在借助语料库考察有关性别的话语时指出，可通过对个别关键词的索引行和搭配词的缜密分析，考察它们在促成特定话语中的服务目的，从而揭示某个文本的典型特征或核心话语。

由于搭配具有文化差异，搭配行为"实际上直接反映它们所嵌入的文化背景"（Baker，1992：49），故而搭配选择可反映译者动机，并可在跨文化语境中用于构建特定的话语形象。一些国外学者已利用语料库方法，考察了翻译文本中的搭配行为与政治形象塑造之间的关系，如Kemppanen（2004）通过讨论译自俄语的翻译芬兰语和原创芬兰语中"友谊"一词的搭配特征，揭示了苏联在翻译芬兰语历史文本中所呈现的特殊政治形象（cf. Laviosa，2000；Kim，2013等）。国内也有学者探讨了外宣翻译中的搭配与国家形象构建的关系，如卢小军（2013）就讨论了如何参考英语平行文本以实现英译文地道准确的搭配，从而更好地维护自身国际形象（cf. 仇贤根，2010；唐义均，2012等）。但目前国内学者的研究均基于个案分析方法，主要关注外宣翻译中常见的搭配不当等问题，而尚未研究翻译文本如何通过特定的搭配行为系统性地呈现并构建政府或国家形象。此外，个案研究常存在一定的主观性与片面性。鉴于此，本文基于语料库，拟通过系统分析"两会"记者招待会口译，揭示译员是如何通过对特定搭配的反复选用以建构政府或领导人形象的。

6.5.3 研究设计

本研究拟通过对比口译语料与原创口语语料，揭示口译文本的典型特征。因为这种对比类似翻译（口译）文本的理解与接受过程：译语文本的读者正是经过有意或无意地比照目的语原创文本所代表的规范，做出有关翻译文本特征判断（Kemppanen，2004：104）的。在对比中应用语料库技术方法，则具有提供定量数据的额外优势，可系统地观察译员的规律性选择。

本研究所用语料为自建的汉英会议口译语料库（Chinese-English Conference Interpreting Corpus），具体包括口译语料子库和原创语料子库两部分。前者收录了1990至2014年间中国政府"两会"记者招待会的汉语语料及其英语译文，均经过严格的标准转写成文字语料。其中，转写后的汉语原文为267,236字，英语译文为213,218词，并实现了句级层面上的平行对齐。后者主要收录了同一时期美国政府记者招待会的原创语料，均为源自白宫和美国总统府官方网站的转写文本，共包含212, 689个英文单词。可见，口译子库和原创子库在话题、时间跨度和库容大小等方面均具有良好的可比性。

出于研究政府及领导人形象构建的目的，我们拟选取第一人称代词we作为考察的节点词。一方面，人称代词we在口译文本和原创文本中均是高频出现的词语（在各自的词表中按频次由高到低排序分别为第9和第

11），利用统计学途径，能够保证提取到较为可靠或显著的搭配结果；另一方面，人称代词的选择通常会受到权力关系和亲密程度等因素的影响，而第一人称代词直接与说话者本人相关，通过考察代词we频繁与哪些词语共现，能够直接揭示由该搭配试图呈现或构建的主观形象。此外，复数代词we具有内包和外排两种用法，既可以指代领导人本身及中国政府，也可用于指代包含听众在内的所有人，考察该词不同用法的典型搭配在揭示话语与形象建构时具有特殊的价值与意义。

本研究采用WordSmith 6.0软件先考察代词we的类联接，再利用该软件内嵌的"Collocates"（搭配）功能，分别检索口译和原创语料中该词的搭配词，并以互信息值（MI）作为计算搭配强度的标准。为了选出具有显著性意义的搭配词，我们仅考虑互信息值大于3的搭配词，同时参照Sinclair（1991）将节点词的左右跨距设为4：4的做法。Baker（2006）指出，虚词搭配词对话语分析而言意义不大，应当主要分析实义搭配词，故此处我们仅考虑we与实义词语的搭配。检索出的搭配词按照频次的高低进行排序，并依据相关语义标准进行分类。

最后，我们结合相关学科理论，将语料库的定量数据与定性分析结合起来。通过对比we在口译与原创文本中各自呈现的典型搭配特征，分析其背后折射的文化或社会信息，因为"固定和半固定的表达（搭配、流行语、套话和俗语）编码着文化信息"（Stubbs，1996：169），并且文化信息常常蕴含于词汇模式之中。在此过程中，我们试图揭示两类文本经由典型搭配所构建的主体形象上的异同。

6.5.4 数据分析及研究结果

考察发现，人称代词we在口译语料中的类联接主要为Pron + V，即与各种动词搭配，而极少与其他词类搭配。所谓类联接（colligation）是指语法层面的共现关系，即节点词与特定语法范畴之间的搭配关系，是在抽象层次上比词语搭配更高一级的语法搭配关系。基于上一节的讨论，此处我们仅考虑we与实义类动词的搭配，而忽略与系动词、助动词等虚词的搭配。表6-1分别展示了口译和原创文本中，在MI值大于3的情况下，we的前20位实义动词搭配词，按照频次高低排序。表6-1中，尽管两库库容基本相当，但就we的搭配词的类别和频次而言，口译和原创文本存在着明显的差别，具体体现在感知动词、意愿动词和特有类动词搭配词三方面，详见下述分析。

表 6-1　We 的前 20 位动词搭配词

	口译文本（213,218词）			原创文本（212,689词）		
	搭配词	MI值	频次	搭配词	MI值	频次
1	hope	5.258	135	think	3.300	132
2	continue	5.145	106	know	3.808	97
3	know	4.722	100	want	3.811	67
4	believe	4.354	91	see	3.853	54
5	work	3.606	80	continue	5.032	54
6	see	4.374	66	believe	4.246	51
7	think	3.089	56	said	3.168	49
8	want	3.937	45	work	3.747	47
9	say	3.857	43	say	3.269	46
10	like	3.056	43	go	3.291	37
11	ensure	4.221	36	hope	4.833	34
12	put	4.096	34	look	3.591	34
13	set	4.580	31	put	3.878	20
14	pursue	4.739	30	help	3.349	20
15	maintain	4.499	28	agreed	5.487	19
16	adopted	4.663	27	keep	3.799	18
17	develop	3.954	23	act	4.115	17
18	pay	4.451	23	seen	4.165	17
19	strengthen	4.356	23	start	3.947	16
20	promote	3.458	19	expect	4.317	14

此外，通过对索引行在语境下的逐行分析表明，人称代词we在口译文本中与典型搭配词共现时通常以其排他性用法出现，专用于指代领导人本身或者其所代表的中国政府及人民。这初步表明对该词的搭配分析能够揭示其背后所折射的政府主体形象。然而，在某些情况下，we与个别高频搭配词共现时亦频繁出现于内包用法，用于涵盖政府领导人及现场听众在内的所有人，该种用法则有特殊的含义，以下具体分析。

6.5.4.1 感知动词

由表6-1可知，we在口译和原创文本中均与感知类动词think、believe、know搭配，并高频共现，然而却在各词的偏好上存在着显著差异。一般而言，know表示"知道"，意味着完全确信，而think意味着猜测，确信程度较低。因此，当与第一人称代词搭配时，在确信程度上，know>believe>think。经观察可知，口译文本中we与三个感知动词的搭配依次为：know（100）、believe（91）、think（56），即与高确信程度的know搭配最频繁，而与低确信程度的think共现最少。相比较而言，原创文本中we与二词的搭配依次为：think（132）、know（97）、believe（51），即与低确信程度的think搭配最频繁，而与较高确信程度的believe搭配最少。总结而言，两库中know的搭配频次基本相当，却在think和believe的搭配频次上存在显著差异。上述结果表明，在两库库容大致相当的情况下，口译文本明显倾向于选择高确信程度的感知动词搭配，故而整体展现出更高的确信程度。

Persson（1993）认为，think和believe均可用于表达"信念"和"纯粹性观点"。前者指基于可能性的看法，后者用于传达义务和必要性。口译文本因其典型搭配特征呈现出两个鲜明的特点：其一，当表示基于可能性的看法时，较高的确信程度表明说话者对命题的正确性负有更大的责任，也表露出说话者负责任的态度和不惧犯错的精神。口译文本的we偏好与高确信度的believe等搭配，进而刻画出领导人坚定果断、勇于担当的个体形象。相反，闪烁其词或模糊含混的说法则把命题的准确与否交由听众自行揣度，有推卸或躲避责任之嫌。其二，当用于传达义务和必要性时，高确信程度的用法反映更强的客观必要性或采取行动的迫切性，也体现说话者更高的权威性与信心程度，并带给听众更大的心理期待。因此，口译文本的典型搭配构建出领导人强大的执行力和勇于作为的个体形象。相反，迟疑不决或捉摸不定的说法则难以带给人信心和勇气，在听众层面上削弱接收效果。

对索引行的进一步分析表明，口译文本中we与不同的感知动词进行搭配时呈现出不同的用法：we与know搭配时较多为"内包"用法，用于强调发言人与听众之间共同的认知基础（如as we know，we all know，we also know等）。该用法可拉近与听众之间的心理距离，给人以平等的参与感。听众从心理上自动归于和发言人同一立场。然而，Fowler et al（1979：203）指出，we的此种用法有时会被权力人物利用，将自己的意志强加于人，故而该用法有时亦可体现说话者的话语权威。相较之下，代词we与think和believe搭配时则多为排他性用法，通常用于专指领导人自身或者中国政府，用于阐述己方的态度、观点或立场。在该特征上，原创文本中we的用法与口译文本展现出相似的特点。

6.5.4.2 意愿动词

关于英语意愿动词的用法不尽一致。本节将意愿动词界定为表达说话人主观意愿或选择的动词，即用于传达希望、愿望、期望、想要等语义的动词。它既包括情态助动词，也包括实义动词。此处，我们仅关注作为we搭配词的实义类意愿动词，如want、hope、expect、would like等词。尽管上述意愿动词均可用于表达主观意愿，但仍存在一定的区别：一般而言，want比较口语化，主要用于表达迫切的希望；hope较为正式，通常用来表示主观上的愿望并对其实现抱有一定信心；expect指"期望"，多有一定的客观根据；would like比较委婉，多用于正式场合。

由表6-1可知，口译文本中we与意愿类动词的搭配按频次高低依次为：hope（135）、want（45）、(would) like（43），即最频繁与较正式的hope搭配，其次为want和较正式的(would) like。原创文本中的意愿动词类搭配词按频次高低依次为：want（67）、hope（34）、expect（14），即最频繁与较口语化的want搭配，其次为hope和expect。通过对比发现，口译文本中的we和意愿动词搭配时与原创文本存在以下重要区别：其一，口译文本中的意愿动词搭配词整体上更为正式化，体现在频繁使用较为正式的hope和(would) like，而原创文本中则偏口语化，体现在频繁应用want；其二，口译文本中we与意愿动词的搭配上表露出更强烈的主观意愿，因为we与意愿动词hope、want、(would) like高频共现（共计223次）。原创文本中，we与意愿动词want、hope、expect的共现频次仅为115次，前者几乎为后者的两倍。此外，由于口译文本中we与搭配词hope（135次）大量共现，该词通常表明说话者对愿望的实现抱有一定的信心，故口译文本在表达主观意愿时相对而言展露出更强的信心。此外，对索引行的语境分析表明，we与意愿类动词搭配时通常为"外排"用法，一般用于展现作为行为主体的说话者的主观意愿或选择，极少为涵盖听众在内的"内包"式用法。

上述分析表明，一方面，口译文本通过频繁选取偏正式的意愿动词与人称代词we搭配，表明说话者所述愿望均发自内心并经过谨慎思考，进而得以构建领导人较为真诚的主观意愿表达和严肃认真的态度，并刻画出领导人可信赖甚至权威的个人形象；另一方面，较之于原创文本，we在口译文本中与各种意愿类动词的总体共现频次显著更高（223次>135次），反映了领导人在记者招待会上频繁吐露内心愿望，勇于向人民做出承诺的特点，进而构建出领导人力图进取并渴望作为的话语特征。

6.5.4.3　口译文本特有搭配词

表6-1中，口译和原创文本的搭配词，除共有的感知动词、意愿动词

以及see、say、work、continue等之外，还分别存在着各自特有的搭配词。这些特有搭配词与人称代词we的反复共现，形成了各自独特的语义韵特征，并共同作用于特定意象与内涵意义的形成。所谓语义韵，是指节点词"通过与前后一致的一系列搭配词的靠近而确立的一种意义形式"（Louw，2000：57），即节点词与典型搭配词的反复共现而获得的搭配性意义，属于较高抽象层次上的语用含义。语义韵反映了说话者有意识或无意识下进行的意义选择，其"首要功能是表达说话者／作者的态度或评价"（ibid，58），因而也是一种情感意义。语义韵概念表明，一个词项可通过与其典型搭配词的相互作用、相互影响而浸染上某种意义色彩，是该词项频繁处于特定搭配语境下的结果，并按照语义韵趋向大致可分为积极、消极和中性三种。然而，特定词项的语义韵通常并非经由说话者的自我反思或内省而获得，而是通过对其搭配词所共享的语义特征进行系统性分析而得以确立。此处，我们通过对人称代词we的特有搭配词所共享的语义特征加以分析，进而确定代词we经与特定词汇的频繁互动而形成的不同语义韵特征。

经观察得知，口译文本中we的特有搭配词包括ensure、pursue、maintain、develop、strengthen、promote等词，均是一些表抽象意义的动词。这些搭配词在语义上，均包含一种需要付出不懈努力方可执行的动作，所针对的通常是一些长期的、具有较大意义的目标，例如"追求……／发展……／促进……"。此外，它们通常暗含一种集体性而非个体性的活动，需要协同合作的进取行为。在中国社会文化语境下，这些词汇及其汉语来源词均具有明显的积极意义，描述的是一种拼搏上进、不断追求进步的人类行为或活动。与这些特有搭配词共现时，we一般表现为排他性用法，通常用于明确动作的施事主体，即领导人集体或者中国政府。只有在少数情况下，该词表现为涵盖（部分）听众在内的中国人民的"内包"式用法。这种用法特点使得政府的施事主体形象得以凸显。因而，人称代词we在口译文本中通过与这些搭配词的反复共现，并频繁再现于此类搭配语境，而沾染上搭配词共有的积极语义色彩，大致呈现出一幅奋发图强、励精图治的主体形象。例如，温家宝总理曾在记者招待会上表示自己的公众形象大概是一个"温和"并且"有信念、有主见、敢负责的人"（中国新闻网，2003），这与其话语特点不无关系。

相较而言，原创文本中we的其他一些特有搭配词如go、look、help、agreed、keep、act、start等语义范围相对较广，难以统一概括。这些搭配词多为表达具体意义的动词，侧重描述说话者具体发出过的动作，如"去／看／行动／开始"等，因而通常与个体行为联系在一起。然而，上述搭配词并未表现出明显积极或消极的语义色彩，整体上偏于中性。故而，原创文本中的we并未沾染上明显积极或消极的语义色彩。

因为"某个词语的语义韵是该词之所以被选用的原因"（Sinclair，1998：20），口译和原创文本不同的语义韵特征，表明两者的词汇模式传递了各自特殊的意义评价，呈现并构建了不同的主体形象。

6.5.5 口译中的政府形象构建讨论

所谓形象是指"人们对于某一对象所持有的一系列信念、观念及印象"（Kotler，2001：273），建立在具体事物的客观属性和主观感知两者基础之上。尽管形象和与之对应的客观事实共存，并彼此竞争，却能够比后者触及更广阔的社会范围，故而具备强大的社会影响力。既然形象是人们持有的观念，必然会存在主观性与情感性，可以被建构甚至塑造。需要指出的是，人们的主观感知与事物的客观特性并非时刻保持一致，而往往存在一定的偏差，很大原因在于他者的操控。当前西方媒体在国际舆论传播中占据主导地位，国际话语的流动与塑造存在极大的不均衡性，国际社会对于我国政府形象的感知主要源自西方话语体系的塑造，往往并不符合客观事实，现状急需得以转变。记者招待会及其口译活动可通过影响听众的主观感知，借由话语的力量来构建一国政府或领导人在国际社会和新闻媒体心目中的形象。由我国总理亲自召开的记者招待会，俨然"已经成为一个输出中国形象、发出中国声音的高端看台"（张涛甫、项一嵚，2012：76）。

　　形象在极大程度上凭借语言得以塑造，并最终实现于具体的词汇模式中。搭配分析对发现有意义的语言模式和理解语言在建构话语的不同方式发挥着重要的作用（Baker，2006）。特定的搭配模式或者说重复性的措辞在文本中频繁出现，并反复再现于一系列同类文本之中，可以系统地促成特定意象或话语力量的形成。特定的词项通过与某些词汇的反复共现，将某种意象不断呈现至听众脑海中，进而影响听众的感知。听众经由思考与心理整合可形成对说话主体整体心理的把握与判断，最终构建关于说话主体的主观印象。在记者招待会口译中，人称代词we通过与高确信度的感知动词、频繁应用且正式的意愿动词以及蕴含积极语义韵的特有动词进行反复搭配，并重复再现于类似的公众场合，在听众脑海中共同呈现出一种真诚自信、勇于进取、不断探索进步的综合性主观印象，可系统地构建领导人及政府的正面形象。Krishnamurthy（1996）指出"语言中表达的主流态度和观点可以塑造我们的思维"，并且"对于反复出现的词汇与表达的日常接触，可以促使人们无意识地接受其所体现的态度和观点"（蔡颖，2008：6）。更为重要的是，思想可通过流通中的语言不断形成并得以强化，并在一定的时空中汇聚成强大的信念力量，最终影响并反作用于社会实践。该形象经由海内外媒体传播渗透，可进而扩散至更广阔的国际社会及民众之中，产生积极正面的外宣效果。

　　可以说，一国政府国际形象的积极健康发展，不仅受到其经济、文化、军事等综合国力发展水平的影响，更受制于其影响和引导国际舆论的水平。原国务院新闻办公室主任赵启正（2010：47）认为，要让世界正确地认识中国以及中国政府，"不能寄希望于西方媒体来公正客观地报道中国，更不能寄希望于他们主动填补早已存在的舆论鸿沟。能否把中国的真实情况，包括中国文化精神、中国特色的社会主义、中国的内外政策等等介绍出去，首先取决于中国人自己的国际沟通能力"。记者招待会及其提供的口译服务，正是我国政府主动增强国际沟通水平，努力影响国际舆论，有效改善自身国际形象的重要方式。

6.5.6 结语

搭配具有语言及文化差异，两种语言中字面上对等的词语组合可能表达不同的意思，同一种词语组合在翻译转换中也可以由不同的搭配模式来表达。某个词语组合所携带的联想与内涵意义是语言使用者选择该组合的内在原因，也体现了语言使用者借由词汇模式期望构建的外在形象。对于反复出现的措辞进行分析，能够提供最为直接的实证证据来揭示形象如何凭借词汇模式得以构建。本节通过对人称代词we的搭配分析，一方面揭示了记者招待会口译文本如何通过选取特有的词汇搭配模式来构建政府及领导人形象，另一方面也表明了基于语料库的搭配分析是研究话语塑造与形象建构的有效工具，具有定量与定性分析相结合的双重优势。囿于篇幅所限，本节的缺陷在于未能详细分析口译文本中的搭配模式与汉语原文的对应关系，未来的研究可关注于探索译文的典型搭配模式究竟是来自源语迁移还是来自口译过程本身。

　　本章梳理了中国形象研究的现状与问题，重点阐述了基于语料库的翻译与中国形象研究的内涵与意义。基于语料库的翻译与中国形象研究主要涵盖以下研究领域：（1）中国文学作品翻译中的中国形象研究，（2）政治文献翻译中的中国形象研究，（3）新闻翻译与中国形象研究，（4）学术著作翻译中的中国形象研究，（5）中国形象的历史演变研究。该领域研究不仅拓展和深化了中国形象研究，导致中国形象研究方法的变革，而且能够有力推动语料库批评译学的发展。为说明如何开展基于语料库的翻译与中国形象研究，本章介绍了一项典型个案研究。该研究通过分析记者招待会汉英口译中"we"的搭配，阐明了记者招待会汉英口译所构建的中国政府形象。

语料库批评译学：现状与未来

7.1 ｜ 引言

　　作为一种特殊的观念系统，意识形态①深刻影响着翻译，而翻译同时也会反映、塑造、维护、改变和生产意识形态，两者之间复杂而辩证的关系成为20世纪70年代以来文化范式的翻译研究所关注和研究的核心议题。（Even-Zohar，1979；Hermans，1985；Godard，1990；Lefevere，1992；Niranjana，1992；Spivak，1992；Cheyfitz，1991；Simon，1996；Tymoczko，1999；Gentzler & Tymoczko，2002；Venuti，1992；1995；1998；Hatim & Mason，1997；María Calzada Pérez，2003；蒋骁华，2003；王东风，2003；Munday，2007；孙志祥，2009；陈浪，2014）

　　文化范式的翻译研究的优势在于以概念驱动，优选（cherry-pick）语言实例，通过整体性和综合性的定性分析，建构解释模型。其不足之处在

---

① 意识形态是个十分复杂的概念，其语义内涵经历了历时的演变。传统马克思主义所说的意识形态指的是统治阶级专属的、错误和虚假的意识，具有明显的负面意义。之后，意识形态的概念逐渐扩大，变成了一般社会所流行的价值观和信仰，成为一个中性词。但也有学者指出，只有维护特定权力关系的价值观和信仰才能称为意识形态，这实际上综合了马克思和现代的意识形态概念，更为全面。

于没有使用定量研究手段，缺乏坚实的语言事实作为支撑，尤其是来自大规模语料统计基础上的语言数据的支持，容易招致批评。[①] 针对这一不足，语料库翻译学所提供的定量研究手段似乎可以作为有益的补充。但在发展的初期对翻译的意识形态问题并没有给予足够重视。

语料库翻译学是指"采用语料库方法，在观察大量翻译事实或翻译现象并进行相关数据统计的基础上，系统分析翻译本质和翻译过程的研究"（胡开宝，2012），其研究范围主要包括"翻译理论、翻译描述和翻译实践三个领域"（Laviosa，1998：474）。在2000年之前，语料库翻译学的研究议题相对集中于翻译普遍特征（翻译共性）、具体语言对翻译语言特征等研究领域。2000年之后，研究重点开始逐渐从翻译共性向特殊性转变，译者风格、翻译规范等议题受到关注。（Baker，1993，1996，2000，2004；Laviosa，2002；王克非，黄立波，2008；Xiao & Yue，2009；黄立波，王克非，2011；肖忠华，戴光荣，2011；胡开宝，2012；宋庆伟，匡华，吴建平，2013）Laviosa（2004）甚至认为，2000年之后，语料库翻译学发生的文化研究转向产生了基于语料库的批评翻译研究。不过直至近期，无论从研究数量还是研究的系统性上看，语料库翻译学关于意识形态的研究尚处于发展的初期。（肖忠华，戴光荣，2011；胡开宝，2012；胡开宝，毛鹏飞，2012；Laviosa，2013；胡开宝，李晓倩，2015）可以这样说，意识形态在上述议题中一直处于背景化，常被用来解释语料库检索软件反馈的语言证据，但它本身并没有构成语料库翻译学描述的一个主要对象。

---

① 国内部分学者批评翻译研究的文化转向"将研究重心转移到文本外因素的过程中，夸大了翻译的文本外的制约因素"（赵彦春，2005：26），担心过多的超出语言之外的探讨会削弱对翻译的语言转换的研究，认为它们偏离并消解了译学本体的研究，因此呼吁翻译研究必须回归本体，即语言的转换。（吕俊，2004；赵彦春，2003；2005）

语料库翻译学对意识形态研究的忽视主要是受到了语料库翻译学的发展阶段、研究方法和研究框架的限制。在语料库翻译学发展的初期，译本的语言问题相比于意识形态，更容易研究。（Olohan，2004：149；肖忠华，戴光荣，2011）因为意识形态主要和文本之外的社会文化语境相关，更为抽象。而语料库翻译学由于采取了语料库方法，其操作的立足点在于语言本身。语料库方法以大规模真实语料为对象，利用语料库软件进行分析和数据统计，识别典型或非典型的语言型式，结合定量和定性研究，提出并证实或证伪的特定研究假设。这种研究方法规定了语料库翻译学的研究要基于语言本身，而其主要的研究步骤则是从语言证据到假设，再到新的语言证据和新的假设这样一种循环式上升的方式。从研究框架的角度看，语料库翻译学吸收的主要是描写性译学的框架，研究影响翻译过程和产品的规范，但最终目的还是指向翻译规律（Chesterman，1993），这与翻译共性研究的方向一致。这使得语料库翻译学特别重视翻译的共性或相似性，相对而言忽略了翻译的个性或差异性。由于意识形态发生于特定的社会文化系统，具有个性或差异性，受到忽视也在所难免。另外，描写性译学明确表示"引发我们经验世界中的变化不是科学学科甚至包括人文科学所要关心的事。"（Toury，2011：241）这和更为激进的文化范式的翻译研究途径（包括解构主义、后殖民批评、女性主义等）所提倡的发挥翻译的意识形态功能，积极介入各种文化政治议程的主张并不合拍。因此，意识形态问题在语料库翻译学的研究中一直处于比较边缘的位置。不过，随着近年来语料库翻译学对个性、差异性和特殊性的重视，意识形态问题开始逐渐进入研究的视野。

7.2 ｜ 语料库批评译学的现状

截至目前，语料库翻译学研究翻译的意识形态问题已经积累了一些成果。本节将首先以历时的视角对相关研究进行介绍①，然后利用扩展分析模型重点分析其研究路径和方法，最后在指出其不足的基础上对未来的研究提出展望。

7.2.1 研究文献回顾

Puurtinen（1998）在《儿童文学文本中的句法、可读性和意识形态》一文中以儿童文学文本的可读性为切入点，探讨了两个方面的问题，一个是芬兰语儿童文学翻译的句法翻译规范；一个是"反映芬兰语儿童文学翻译中的意识形态的微观和宏观层面的语言策略"（1998：525）。对于第一个方面，作者利用儿童图书平行和可比语料库（包括英语原文，相应的芬兰语译文以及芬兰语原创文本），对比芬兰语原创文本和英—芬译文中和可读性有密切关联的非限定句法结构（Nonfinite Syntactic Constructions，NCs）的使用频率。结果表明，芬兰语译文中的NCs使用频率要高于原创文本。作者指出，NCs所含信息量大，作为一种左分支结构，会带来更高的记忆负荷，并且具有语法隐喻的特点。这三个方面会对儿童图书的可读性带来负面影响，因此这一语言结构并不适合儿童图书。但研究结果与上述假设相反。作者认为，芬兰语儿童文学翻译并未遵循芬兰语文化多元系统中儿童文学这个子系统中的语言规范，而是形成了自己的翻译规范。作者对此做了解释，认为有可能和以下四个方面有关：原文的影响；对待儿童的态度的变化；儿童（翻译）文学在多元系统中的角色和功能；儿童文学在风格或美学上的要求。但作者对除第三点之外的其他方面并未做详细

---

① 2011年以来发表的关于语料库翻译学的综述性文章中，对基于语料库的翻译的意识形态研究成果的介绍比较零散，数量很少。胡开宝和李晓倩（2015）对相关的9篇文献进行了评述，从数量上看是目前讨论数量最多的，其中4篇来自国内的中文刊物。不过，这9篇文献有的并未使用语料库视角。除了本文所述的文献之外，Stefan Baumgarten（2001），Tiina Puurtinen（2003）和Jeremy Munday（2007a）通过分析译文的词汇语法特征，考察文本层面如何传达出特定的意识形态效果，以及译者对翻译的介入和隐藏的动机，其研究路径和模式与基于语料库的研究十分相似，但由于并未使用语料库的方法，这里暂不评述。

说明。

就第二个方面，作者借鉴了批评语言学的语言观，认为"语言，包括作者所做的词汇和句法选择，描述某个事件、人物、关系，可以帮助创造、维护某种信仰、价值观和权力关系。句法结构可以反映世界观。"（1998：526）在分析阶段，作者采纳了Simpson（1993：5）尤其是Thompson（1990：56）的意识形态分析框架，关注"物化"（reification）这种意识形态运作模式以及相关的三种策略，即被动化（passivisation）、名物化（nominalisation）和前置修饰语分词定语结构（premodified participial attribute constructions）。（1998：531）作者对这三种策略的使用所具有的意识形态效果进行了定性分析。最后作者指出，上述两方面在很多方面是相关的。在儿童图书中，带有意识形态意义的某些语言形式会降低文本的可读性。

Laviosa（2000）利用翻译英语语料库（Translational English Corpus，TEC）对5个语义相关的词汇European，Europe，European Union，Union和EU在英国两个主流报刊《卫报》（*The Guardian*）和《欧洲》（*The European*）的翻译文本中的搭配进行研究，考察其具有的词汇语法特征，对这些文化关键词背后的文化信息进行解码。作者发现：《卫报》和《欧洲》报刊中所塑造的欧洲形象不是咄咄逼人、充满冲突或矛盾的形象，而是以一种看似超脱和客观的方式进行报道的一种政治现实的形象，其活动、观念、目标和理念在较平衡的争论和讨论中得以呈现。（2000：172）作者想要表明，基于语料库的方法对定性研究有着巨大潜力，可以超越纯粹的语言描写，并进入语言意识形态的领域。（2000：161）

Kemppanen（2004）介绍了以关键词为手段辨识译文中意识形态的方法。作者以芬兰语中的关键词*ystävyys*（友谊）为考察对象，利用语料库手段，分析了有关政治史方面的俄语—芬兰语翻译文本和芬兰语原创文本在这个关键词的使用上所体现出的显著性差异，分析意识形态在两类文本中实现的方式。作者借鉴Firth的观点，将关键词界定为具有社会学意义上的重要词汇。作者使用WordSmith工具，检索与关键词的使用相关的以下五个方面：词表（word list）、搭配（collocation）、词簇（word cluster）、合成词（compound）和文本的行动元结构（actantial structure）。结果显示，翻译和原创文本在*ystävyys*这个词的使用方面表现出显著差异。在词汇型式的使用方面差异明显，如*ystävyys*经常和ja，意即and搭配，或创造性地在翻译文本中创造词簇和复合词，但原创文本中没有。在更大的语境中分析关键词*ystävyys*，结果表明，翻译实现一个行动元结构，其主语—英雄包括合作的行动者。该行动者目的在于达到一个一般的友谊目的。然而在原创文本中，行动的主语单独发挥功能，这解释了不太常用*ystävyys*这个词的原因。在这个词出现的语境中，它常常具有否定的语义韵。

Olohan（2004：160-167）在《翻译研究中的语料库入门》（*Introducing Corpora in Translation Studies*）一书中展示了如何凭借关键词分析手段考察译者的词汇选择，并进而探索这种词汇语法选择背后的意识形态动因。作者研究的语料来自TEC语料库中收入的著名翻译理论家Lawrence Venuti翻译的4个译本，翻译的总词数为214,919。作者的研究路径是：首先，利用WordSmith工具中的关键词功能，将Venuti四个译本和参照语料库进行对比，找出前500个关键词，制作成词表。其次，作者抽取前两百个单词中的所有名词，结合译本的内容，研究Venuti译本的主题。最后，作者重点考察Venuti在翻译中的词汇语法选择所具有的意义。Venuti（1995：1-42）曾经对英美翻译文学中流行的流畅性和透明性的归化翻译策略进行了批评，认为译者遵循英美文化中的翻译规范，追求流畅性的翻译，使得翻译读起来不像是翻译，译者处于隐身的状态，这反映了英美文化对待他者文化的霸权姿态。Venuti认为，英美文化中的翻译实际上施加了一种我族中心主义的暴力。为了抵抗这种透明性诗学，Venuti提出了抵抗的翻译，采取异化的翻译策略。他自己在翻译中也身体力行，有意识地让自己的翻译读起来具有差异性。Olohan根据Venuti所声明的异化翻译策略并结合外部对Venuti译本的评论，利用WordSmith工具，从关键词入手，考察

Venuti的译本到底使用了哪些典型的语言手段实现自己的翻译目的。研究结果表明，Venuti译本中的某些连接性副词使用频率很高。他过度使用yet，nonetheless，nor和thus，这些词在学术类文本中比较常见，但在小说中不太经常出现。此外，Venuti还过度使用toward，wherein和shall，这些词给人的感觉不仅正式，而且十分古老。过多使用这些词使得文本读起来更加古怪，语言笨拙。这和Venuti自己对翻译策略的说明以及外界对他的译本的评论是一致的。最后，作者指出，关键词分析技术有时候无法展现Venuti所采取的翻译策略，因为有时候某个词只使用一次，以获得某种突出的效果，如用西班牙语中的Adios代替英语中的goodbye。这个时候，关键词手段就无法检测出来这种只出现一次的词汇使用。不过，作者认为，Dorothy Kenny（2001）对翻译中的创造性词汇的研究可以在这方面进行补充。

Ewa Gumul（2011）借助语料库工具，分析了波兰的《论坛》杂志（*Forum*）刊载的译自英语报纸杂志的22篇关于2003年伊拉克战争的波兰语译文，目的是考察译文中具有意识形态意义的词汇和句法标记所发生的翻译变异。这22篇译自英美各报纸杂志的波兰语译文和英语原文构成了作者自建的语料库，共计32,000词左右。作者主要借鉴了批评话语分析（CDA）的理论框架和分析工具，如名物化、及物性系统、情态系统等，并利用语料库手段，考察翻译文本的如下特征：语法隐喻（如名物化和去名物化）的消歧或创造、及物性型式的变化、情态系统层次的变更、词汇选择、语义韵和衔接型式的转移。（Ibid：758）作者的研究表明，在22篇译文中，没有发生意识形态转移的有5篇，占总数的22.72%；其余的都不同程度地发生了意识形态意义的转移和变动。最常见的转移按照频率的高低发生在以下层次：词汇选择、衔接型式、及物性型式和情态系统层次。（Ibid：765）作者对发生在这些层次的转移有选择地进行了分析和解释。研究表明，相当一部分的目标文本为波兰读者传递了一个修改过的视角。这些意识形态意义的转移体现出某种一致的型式，反映了译文表

达出的反战立场。（Ibid：771）

钱多秀、矫玉洁（2012）借助语料库方法，分别从词汇和句子层面分析《中国国防白皮书》的翻译，探讨政治文本翻译的特征和规律，为今后政治文本的翻译提出建议。李娇（2013）利用语料库手段，描写女性译者杨必与两位男性译者在翻译《名利场》时语言使用上的差异，以期发现杨必译本中女性性别特质对翻译的影响，并从性别及女性主义翻译的视角对研究结果进行阐释。朱晓敏、曾国秀（2013）采用Charteris-Black（2004）提出的"批判隐喻分析"（Critical Metaphor Analysis）框架，综合运用CDA、语料库语言学、语用学和认知语言学研究方法，分析政治语篇中所使用的概念隐喻模式，研究它们是如何从原文本译成目标语，分析构成或制约译者信仰和行为的思维模式和意识形态，并总结汉语政治文本隐喻翻译的策略。秦静（2014）以《红楼梦》及其三个英译本（霍译、杨译、乔译）的第三回为实际语料，调查其中的主述位结构，并用语料库检索方法探析四个文本的人物刻画。

胡开宝、李晓倩（2015）综合了批评话语分析、描写性译学和语料库翻译学，提出语料库批评译学的框架，用于研究翻译与意识形态的互动。语料库批评译学被定义为：采用语料库方法，在观察和分析大量翻译文本的特征并进行相关数据统计的基础上，系统分析翻译文本特征和翻译过程背后的意识形态因素以及翻译对意识形态的影响。作者对这一新领域的属性、缘起、研究内容、研究路径和意义进行了分析和说明。它的研究内容包括性别、民族、政治和个体意识形态四个方面。研究路径则包括及物系统、名物化、情态系统、分类系统、关键词和敏感词。

7.2.2 现有研究述评

本小节将利用Zanettin提出的分析模型进行扩展，用于图示化7.1中的文献。

Zanettin（2013）在考察基于语料库的翻译共性的研究成果时，提出了一个包括理论假设、描述项、指示项和操作项的四个抽象层次的分析模型。这里的理论假设指的是相关的有待证明的研究假设，如翻译共性假设。描述项指的是支持上述假设的描述性特征，如显化、隐化、简化或范化等。指示项即与不同语言分析层次有关的，用来实现上述描述性特征的语言指示项，一般发生在词汇、句法、语义或话语层次。操作项指的是对上述指示项的演算模型，也就是说通过形式化的计算操作项，将抽象的语言特征实例化，如STTR是词汇丰富性的实例化。

Zanettin认为，这一分析模型也可以用来分析关于译者风格、翻译规范或翻译带来的语言变迁的研究。但它是否适合于分析基于语料库的翻译的意识形态研究呢？翻译共性、译者风格和翻译规范的语料库研究数量众多，形成了相对而言比较成熟的一套理论假设、描述项、指示项和操作项，分析起来比较容易；而基于语料库的翻译与意识形态研究数量较少，需要根据实际情况考虑设立具体的项目。此外，这一分析模型体现了从假设到语言材料之间的往复循环，它更适合用于分析理论研究和偏重理论的描述研究，至于应用研究，需要灵活处理。鉴于此，上述分析模型可以做如下修改：

第一，增加研究类型和研究方法两个项目。研究类型分为理论、描述和应用三类，应用研究一般不会从理论假设开始。研究方法包括所用的语料内容，语料库类型，语料库容量，对比方式等方面。第二，根据本章节的分析对象，重新界定Zanettin分析模型中各个项目的内涵。理论假设可以以命题的形式出现，如认为翻译的意识形态具有普遍性，或翻译与权力之间的共谋形成意识形态，或翻译塑造形象／身份。描述项可以包括意识形态运作的策略，如合法化、虚饰化、统一化、分散化、具体化。（汤普森，2005：68）指示项改为分析项，指的是在哪个语言层面（词汇、语法、语义和语用）入手分析，如语法层面的被动化、名物化，词汇层面的搭配，语用层面的语义韵等。操作项指一种形式化的可以被计算机统计的项目，我们将其简单理解为利用语料库检索软件时所输入的检索式，或者软件所具有的某种检索功能，如词频表、关键词表、搭配词表等。

综上所述，本章提出的扩展分析模型包括研究类型、研究路径和研究方法三个维度，其中研究类型包括理论、描述和应用三个类型；研究路径包括理论假设、描述项、分析项和操作项四个层面；研究方法包括语料内容、语料库类型、语料库容量、对比方式、定性与定量、检索工具6个要素。[1] 按照这个扩展分析模型，上述文献的分析如表7-1所示。

表7-1　基于语料库的翻译的意识形态研究分析表

大项	文献 小项	Puurtinen 1998	Laviosa 2000	Kemppanen 2004	Olohan 2004
研究类型	理论	√	/	/	/
	描述	√	√	√	√
	应用	/	/	/	/
研究路径	理论假设	翻译与权力共谋	翻译塑造形象	翻译建构意识形态	翻译建构意识形态
	描述项	物化 句子复杂度	/	/	异化 显形
	分析项	被动化 名物化 前置修饰语分词 定语结构 NCs	词汇句法位置搭配	关键词 *搭配 *词簇 *复合词 *语义倾向 *语义韵 行动元结构	关键词
	操作项	/	European Europe European Union Union EU	ystävyys ja friendship and ystävyys ja rauha 行动者—对象	名词 连接性副词 toward wherein shall

---

[1] 表格中某个项目下若包含带有星号"*"的项目，则表示星号的项目为次级项目，隶属于上级项目。如，关键词是一个项目，后面的"*搭配、*词簇、*复合词"则是关键词下面的次级项目。

续表

大项	小项	Puurtinen 1998	Laviosa 2000	Kemppanen 2004	Olohan 2004
研究方法	语料内容	儿童文学	报刊政治新闻	政治史学术文本	小说
	语料库类型	平行+可比 *英语原文 *芬兰语译文 *芬兰语原创	可比 *TEC （英语译文） *BNC （英语原创）	平行+可比 *俄语原文 *芬兰语译文 *芬兰语原创	可比 *TEC （英语译文） *BNC （英语原创）
	语料库容量	/	约74,000词	芬兰语译文500,000词 芬兰语原创500,000词	214,919
	对比方式	原文+译文 译文+原创	译文+原创	原文+译文 译文+原创	译文+原创
	定性与定量	定性+定量	定性+定量	定性+定量	定性+定量
	检索工具	/	WordSmith	WordSmith	WordSmith

表 7-2　基于语料库的翻译的意识形态研究分析表（续）

大项	小项	Ewa Gumul 2011	朱晓敏 2011	钱多秀、矫玉洁 2012
研究类型	理论	/	/	/
	描述	√	√	√
	应用	/	/	√
研究路径	理论假设	翻译操纵原文意识形态	意识形态操纵翻译	/
	描述项	意识形态转移		/
	分析项	词汇选择 衔接型式 及物性型式 *被动化 *名物化 情态系统层次	情态系统 *人称代词	词汇 句法
	操作项	continue/prolong occupation will even if even/also	我们 we/us our/ours we will等词簇	词频表 关键词表 nuclear 搭配词表 TTR 主语we 排比句

大项	小项 \ 文献	Ewa Gumul 2011	朱晓敏 2011	钱多秀、矫玉洁 2012
研究方法	语料内容	报刊时事新闻	政治文本	政治文本
	语料库类型	平行 *英语原文 *波兰语译文	平行+可比 *汉语原文 *英语译文 *英语原创	平行+可比 *汉语原文 *英语译文 *英语原创 *BROWN语料库
	语料库容量	约32,000词	原文83,462字 译文68,818词 原创英文25,983词	原文29,730字 译文20,403词
	对比方式	原文+译文	原文+译文 译文+原创	原文+译文
	定性与定量	定性+定量	定性+定量	定性+定量
	工具	/	WordSmith	AntConc WinAlign

表 7-3　基于语料库的翻译的意识形态研究分析表（续）

大项	小项 \ 文献	李娇 2013	朱晓敏、曾国秀 2013	秦静 2014	胡开宝、李晓倩 2015
研究类型	理论	/	/	/	√
	描述	√	√	√	/
	应用	/	√	/	/
研究路径	理论假设	性别影响翻译	政治语言中隐喻的普遍性	翻译塑造形象	翻译中意识形态的普遍性（性别/民族/政治/个人意识）
	描述项	/	/	/	
	分析项	词汇 句法	隐喻关键词	主述位结构 搭配	及物系统 *名物化 情态系统 分类系统 关键词 *搭配 *语义韵 敏感词

大项	文献\小项	李娇 2013	朱晓敏、曾国秀 2013	秦静 2014	胡开宝、李晓倩 2015
研究路径	操作项	受事主语被动句 be + v-passive voice 被／受／给／把 疑问句 人物指称 搭配词 强化词 叹词	旅行 *道路 *步伐 *阻碍 *目的地 战争 建筑 家庭 圆圈	称谓 *黛玉 *贾母 *宝玉 搭配词（动词）	I wonder if 动名词 不定式 probably/likely
研究方法	语料内容	小说《名利场》	政治文本	小说《红楼梦》	/
	语料库类型	平行（一对三） *英语原文 *汉语译文	平行 *汉语原文 *英语译文	平行（一对三） *英语原文 *汉语译文	平行+可比
	语料库容量	/	汉语1,627,000字/ 943,920词 英语1,136,551词	/	/
	对比方式	原文+译文	原文+译文	原文+译文	/
	定性与定量	定性+定量	定性+定量	定性+定量	定性+定量
	工具	AntConc ParaConc	WordSmith ParaConc	AntConc	WordSmith ParaConc

表格7-1～7-3清楚地揭示了目前基于语料库的翻译意识形态研究的特点：

（1）从研究类型的角度看，11篇文献有2篇涉及理论问题。Puurtinen（1998）在研究芬兰儿童文学翻译规范的时候发现，译文中NCs的使用频率高于原创文本，由于NCs结构复杂，会带来认知困难，这否定了翻译共性（简化）假说，而这一语言特征和目的语社会文化中的意识形态相关。胡开宝、李晓倩（2015）提出语料库批评译学的框架，用于研究翻译与意识形态之间的关系问题，是纯理论性的探讨。有10篇文献采用了描述性研究。3篇文献明确以方法论的探讨为重点（Laviosa，2000；Kemppanen，

2004；Olohan，2004），4篇以具体问题为驱动（Gumul，2011；朱晓敏，2011；李娇，2013；秦静，2014），2篇以描述性研究为手段，解决翻译实践问题（钱多秀，矫玉洁，2012；朱晓敏，曾国秀，2013）。整体来看，目前从语料库入手研究翻译与意识形态的关系问题尚处在方法论的探索阶段，以问题驱动研究为主，纯理论性的探索很少，亟须加强。

（2）研究路径包括四个层次：①理论假设：11篇文献中并没有提出像翻译共性假设这类的集约型概念，有的只是一些命题，即作者所持的关于翻译、语言和意识形态之间关系的基本假设，且基本上都并未直接给予明确说明。这些不言自明的假设包括：翻译与权力共谋、翻译塑造形象、翻译建构意识形态、翻译操纵原文意识形态、意识形态操纵翻译、性别影响翻译、政治语言中隐喻的普遍性、翻译中意识形态的普遍性。这些假设相互之间有很多重合之处，大致可以归纳为两条：翻译中的意识形态具有普遍性，翻译与意识形态相互影响。这两条命题并非清晰的概念，比较抽象和模糊。②描述项：只有3篇文献提出了相应的概念或范畴，即物化和句子复杂度（Puurtinen，1998）、异化和显形（Olohan，2004），意识形态变异（Gumul，2011）、异化和显形是Venuti（1995）在批评英美文化系统主流翻译规范的基础上所提出的概念，Olohan拿来用于分析Venuti译文中的相关现象。意识形态转移是在Catford提出的翻译的转移这个概念上进行的扩展。Puurtinen所使用的物化概念来自汤普森（2005：68）所提出的意识形态运行的第五种策略[①]，而句子复杂度则是根据特定研究项目提出的，不具有普遍性。可见，描述项方面尚未形成固定的、专属的概念和范畴。③分析项：分析项的内容比较丰富，涉及的层面归纳起来有：词汇，如关键词、搭配、词簇、复合词，具体的词类如强化词、叹词、人称代词、连接性副词、名词、介词等；语法，如及物系统（名物化、被动化）、情态系统（人称）、分类系统、语义倾向；句法，如排比句、主述

---

① 在中文版中，reification被翻译为"具体化"，实际上是误译，应该翻译成物化更合适。

位结构、前置修饰语分词定语结构、NCs；话语，如语义韵；叙事结构，如行动元结构。在11篇文献中，涉及词汇（搭配、关键词）的有10篇，涉及语法层面的及物系统、情态系统或分类系统的有4篇，而涉及话语层次语义韵的有2篇。④操作项：用于检索的项目基本上为词汇，另外就是检索软件如AntConc和WordSmith相应的词频、关键词、搭配的功能所生成的相应词表。

整体来看，基于语料库的翻译与意识形态研究在理论假设层面有一些不言自明的命题，但缺少定义明确的有待证明的概念性假设。在描述项方面，缺少专属的、固定的描述性概念和范畴。在分析项方面，集中于词汇层面的关键词以及语法层面的及物系统，在话语层面的分析项只有语义韵这一个，数量太少，而且使用它用来研究的也很少。操作项也以词汇为主。

（3）从研究方法的角度看，研究的语料包括儿童文学、小说、各种类型的政治文本，其中以政治文本为主要研究对象。从语料库的规模来看，除了2篇文献使用了已有的语料库（TEC, BNC），其他均为研究者根据实际项目自建的语料库，容量大小不一（有的研究者并未说明库容），字数从数万字到几十万不等，整体来看库容偏小。语料的规模与研究项目的性质有关，相当一部分研究主要目的在于提出一种研究方法或模型，语料仅仅是用来说明方法或模型的工具而已。所使用的语料库类型包括平行语料库和可比语料库，进行语际对比（原文和译文）和语内类比（译文和原创）。5篇文献使用了综合平行和可比语料库，进行了语际和语内比较。4篇文献用到平行语料库和语际对比方法。2篇文献用到可比语料库，进行语内类比。整体看来，综合平行和可比语料库进行语际和语内比较占据多数，是今后研究的发展方向。11篇文献综合使用定性和定量的研究方法，先用语料库的定量方法检索并获取数据，然后用定性方法进行分析。所用的检索工具主要是WordSmith和AntConc。前者为商用软件，后者可以在软件开发者Lawrence Anthony的个人官网上免费下载使用。

总体而言，从语料库视角研究翻译与意识形态的关系问题目前尚处于研究方法的探索初期，其主要研究目的在于从方法论的角度探索一种分析模型。但这一模型缺乏明确的理论假设、专属的描述性概念和范畴、超越词汇层面的分析项以及更为复杂的检索方式。其研究的语料对象多为文学和各种类型的政治文本，语料库规模偏小，语料对比以语际对比和语内类比为主，单独使用语内类比的情况比较少见。

7.3 ┃ 语料库批评译学的未来展望

由于意识形态和翻译之间关系的复杂性，单纯对研究方法的考察无法全面涵盖其内容，因此，亟须探索一种综合性的理论框架。这一理论框架必须充分整合现有的理论资源，具有相当广泛的包容性；它必须能提出一系列理论假设，并以十分明确的概念或范畴的形式表达；开发一定数量的本研究专属的描述性特征和范畴；提升分析的层面，超越词汇而进入语义和话语层面；设计更为复杂的检索方式，或开发专门的检索软件，提升分析的层次。

鉴于此，未来相关方面的研究可以从以下几个方面展开。第一，在融合描述翻译学、语料库语言学、语料库翻译学、系统功能语法、批评语言学、批评话语分析等多个理论资源的基础上，建设综合性的理论框架，全面涵盖翻译与意识形态关系的多重面向。国内学者胡开宝和李晓倩（2015）在这方面做了有益的探索。综合了描述翻译学、批评语言学、批判话语分析以及其他理论资源，提出了语料库批评译学的理论框架，并对其内容、研究路径和意义做了全面阐发。这方面的工作值得继续深入。第二，继续加强和推进研究方法的探索。可以从3个方面入手。首先，鉴于意识形态本身的复杂性，未来研究可以划定专属领域，集中考察翻译与性别、翻译与种族／国家身份、翻译与政治等的关系。其次，在理论假设和描述项两个方面，横向移植翻译共性研究的一些概念（简化、泛化等），形成专属的、稳定的概念和范畴。最后，提升分析项的层次，加大对语义韵的考察，在话语层面考虑引入语篇的衔接与连贯，或叙事结构等分析项目；在检索项方面，加强语料库加工技术的研究，探索语料库在话语层面的标注和赋码，开发用于研究意识形态的专属检索软件，提升检索的复杂度。

　　与此同时，未来语料库批评译学研究还应着力建设适合翻译与意识形态研究的专门语料库。这些语料库应当收录文学作品、新闻和政治文献及其翻译文本，尽量收入同一源语文本的不同翻译文本。这些翻译文本的译者或者来于不同国家、政党，持有不同政治倾向或宗教信仰，或者来自于不同种族或民族，或者性别不同，而其他相关变量尽量相同或接近。应用这些语料库，我们可以比较不同翻译文本在语言特征和翻译策略与技巧应用等方面差异，在此基础上与源语文本相对照，分析政治信仰、政治立场或政治观点对翻译文本词汇和句法结构应用、翻译策略和方法选择的具体影响，以及翻译文本在具体某一国家、政党或民族形象构建上所起的作用。为研究译者个体意识形态与翻译之间的互动关系，我们应当确保语料库所收录翻译文本的译者具有相同的社会意识形态或群体意识形态，比如他们来自同一国家、同一政治团体、同一民族，或者性别相同，但是他们的翻译思想、翻译理念、翻译目的或性格特征等个体意识形态因素不同。只有如此，利用语料库所考察的不同翻译文本在语言特征和翻译策略与方法应用方面所呈现的差异才能归因于译者的个体意识形态因素。

　　必须指出，随着翻译研究的文化转向，翻译与政治或狭义的意识形态之间关系的研究取得了长足的进展（Kemppanen, 2004; Gumul, 2011），而关于翻译与性别、翻译与民族和翻译与译者个体意识形态之间关系的研究不大多见，这些研究领域的语料库研究则更少。尽管学界对性别与语言特征和言语行为差异之间的关系开展了一些实证研究，但是关于性别与翻译之间关系的实证研究成果寥寥无几，而关于民族意识与翻译之间关系的实证研究更是无人问津。相比较而言，基于语料库的译者个体意识形态与翻译研究取得了一些进展，如Baker（2000），Olohan（2003）和Li，et.al（2011），不过该领域的广度和深度仍有较大上升空间。目前，我们对于译者的个性是否会对翻译产生影响不得而知，对于翻译思想或翻译价值观影响翻译的机制，尤其是对于翻译文本词汇或句法结构选择的影响，尚未获得清晰的认识。应当指出，上述研究领域的发展水平直接关系到语料库批评译学的理论框架能否最终建立。此外，未来语料库批评译学研究应花大气力推动基于语料库的性别与翻译研究，基于语料库的民族与翻译和基于语料库的译者个体意识形态与翻译研究。

还应指出，语料库批评译学不仅要研究意识形态对于翻译的影响，而且也要研究翻译对意识形态的反作用。然而，目前翻译对意识形态反作用的研究没有得到学界足够的关注，相关研究成果较少。事实上，翻译对意识形态反作用的研究是语料库批评译学研究不可缺少的组成部分。如果该领域研究的发展差强人意，则根本谈不上语料库批评译学理论框架的最终完善。历史表明，翻译在我国社会意识形态的形成与发展中发挥着重要作用。而中国共产党的成立及其基本理论和原则的形成直接得益于马克思主义文献的翻译，正可谓没有翻译，就没有马列主义在中国的传播。然而，遗憾的是，学界尚未就翻译对我国社会意识形态或政治的影响开展研究，尤其是语料库研究。为此，学界应大力加强基于语料库的翻译对意识形态反作用的研究，尤其是翻译在民族形象、政党形象、政府形象和国家形象构建中的作用。

本章小结

　　自20世纪70年代翻译研究发生文化转向以来，翻译与意识形态之间的相互关系一直是翻译研究的重要议题之一，一大批论著先后发表、出版。然而，这些研究大多缺乏大规模语料和相关数据的支撑。近年来，随着语料库翻译学的快速发展，学界开始利用语料库探讨翻译中的意识形态，语料库批评译学便应运而生，并取得了一些研究成果。不过，语料库批评译学目前处于发展的初级阶段，其理论框架亟须完善，研究方法尚需明确，研究领域的分布不够平衡。鉴于此，未来学界应努力推动语料库批评译学与批评话语分析理论和语料库方法的进一步融合，重点推进翻译中的性别意识形态、民族意识形态和个体意识形态等领域的研究，加强翻译对意识形态的反作用研究。应当指出，语料库批评译学以批评话语分析和描写性译学理论为依据，在大量语料分析的基础之上考察翻译与意识形态之间的互动关系，拥有坚实的理论基础和充分、可靠的研究语料。有理由相信，语料库批评译学必将发展成为理论框架完善、研究方法科学、成果迭出的翻译学分支学科。

参考文献

1. AGORNI M. A. Marginal(ized) perspective on translation history: Women and translation in the eighteenth century [J]. Meta, 2005, 50 (3): 817-830.

2. AIJMER K. I think – an English modal particle[M]//Swan Toril, Westvik Olaf J. , editor, Modality in Germanic languages: Historical and comparative perspectives, Berlin: de Gruyter, 1997: 1-47.

3. AKSOY, B. Translation as rewriting: The concept and its implications on the emergence of a national literature[J]. Translation Journal, 2001, 5(3). http://www. translationjournal. net/journal/17turkey. htm

4. AL-MOHANNADI S. Translation and ideology[J]. Social Semiotics, 2008, 18(4): 529-542.

5. ALGHAMD S. S. Translation and Ideology: A critical discourse analysis of chomsky's "Media Control" and its Arabic Translation[J]. International Journal of Linguistics, 2014, 6(3): 118-132.

6. ÁLVAREZ R, VIDAL M C-Á. Translating: A political act[M]// Álvarez Román, Vidal M Carmen-África, editor, Translation, power, subversion, Clevedon: Multilingual Matters, 1996: 1-9.

7. BAER B. Literary translation and the construction of a Soviet intelligentsia[J]. The Massachusetts Review, 2006, 47 (3), 537-560.

8. BAKER M. In other words: A coursebook on translation[M]. London: Routledge, 1992.

9. BAKER M. Corpus linguistics and translation studies: Implications and applications[M]//Baker Mona, Francis Gill, Tognini-Bonelli Elena, editor, Text and technology: In honour of John Sinclair, Amsterdam/Philadelphia: John Benjamins, 1993: 233-250.

10. BAKER M. Corpora in translation studies: An overview and some suggestions for future research[J]. Target, 1995, 7(2): 223-243.

11. BAKER M. Corpus-based translation studies: The challenges that lie ahead[M]// Harold Somers, editor, Terminology, LSP and Translation: Studies

in language engineering in honour of Juan C. Sager. Amsterdam/Philadelphia: John Benjamins, 1996: 175-186.

12. BAKER M. The role of corpora in investigating the linguistic behaviour of professional translators[J]. International Journal of Corpus Linguistics, 1999, 4(2): 281-298.

13. BAKER M. Towards a methodology for investigating the style of a literary translator[J]. Target, 2000, 12(2): 241-266.

14. BAKER M. A corpus-based view of similarity and difference in translation[J]. International Journal of Corpus Linguistics, 2004, 9(2): 167-193.

15. BAKER M. Narratives of terrorism and security:'accurate'translations, suspicious frames[J]. Critical studies on terrorism, 2010, 3(3): 347-364.

16. BAKER P. Querying keywords: Questions of difference, frequency, and sense in keywords analysis[J]. Journal of English Linguistics, 2004, (4): 346-359.

17. BAKER P, MCENERY T. A corpus-based approach to discourses of refugees and asylum seekers in UN and newspaper texts[J]. Journal of Language and Politics, 2005, 4(2): 197-226.

18. BAKER P. Using corpora in discourse analysis[M]. London: Continuum, 2006.

19. BAKER P, EGBERT J. Triangulating methodological approaches in corpus linguistic research[M]. London: Routledge, 2016.

20. BAKER P. Using corpora to analyze gender [M]. London: Bloomsbury, 2014.

21. BAÑOSA R. 'That is so cool': investigating the translation of adverbial intensifiers in English-Spanish dubbing through a parallel corpus of sitcoms [J]. Perspectives: Studies in Translatology, 2013, 21(4): 526-542.

22. BASSNETT S, LEFEVERE A. Constructing cultures: Essays on literary translation[M]. Shanghai: Shanghai Foreign Language Education Press, 2001.

23. BATCHELOR J. Changing the agenda: Gender consciousness in relation to Louise Labé's sonnets [C]. Paper presented at the EST Congress in Prague, 1995.

24. BAUMGARTEN S. Uncovering ideology in translation: An analysis of English translations of Hitler's Mein Kampf[J]. CTIS Occasional Papers, 2001, 1: 21-54.

25. BAXTER J. Positioning gender in discourse: A feminist methodology[M].

London: Palgrave Macmillan, 2003.

26. BEATON M. Interpreted ideologies in institutional discourse: The Case of the European Parliament[J]. The Translator, 2007, 13(2): 271-296.

27. BEDNAREK M. Evaluation in media discourse. Analysis of a newspaper corpus[M]. London & New York: Continuum, 2006.

28. BELLER M. Perception, image, imagology[M]//Beller M , Leerssen J, editor, Imagology: the cultural construction and literary representation of national characters, Amsterdam: Rodopi, 2007: 3-16.

29. BEN-ARI N. Suppression of the erotic in modern Hebrew literature[M]. Ottawa: University of Ottawa Press, 2006.

30. BERMANN S, WOOD M. Nation, ianguage, and the ethics of translation[M]. Princeton: Princeton University Press, 2005.

31. BLUM S D. Portraits of"primitives": Ordering human kinds in the Chinese nation[M]. New York: Rowman & Littlefield, 2001.

32. BOSSEAUX C. Who's afraid of Virginia Woolf? A corpus-based study of the French translations of The Waves[J]. Meta, 2006,51(3): 599-610.

33. BRADAC J. , MULAC, A. & THOMPSON, S. Men's and women's use of intensifiers and hedges in problem-solving interaction: molar and molecular analyses [J]. Research on Language and Social Interaction, 1995, 28 (2): 93-116.

34. BROWN P. Politeness and language[M]// Smelser Neil J, Baltes Paul B, editor. International encyclopedia of the social and behavioral sciences. Oxford: Elsevier Sciences, 2001: 11620-11624.

35. BROWNP ,LEVINSON S. Politeness: Some universals in language usage[M]. Cambridge: Cambridge University Press, 1987.

36. BROWN R, GILMAN A. The Pronouns of power and solidarity[M]// Giglioli Pier Paolo, editor. Language and social context : selected readings. Harmondsworth: Penguin, 1972.

37. BROWNLOW S, ROSAMOND J A, PARKER J A. Gender-linked linguistic behavior in television interviews[J]. Sex Roles, 2003, 49(3-4): 121-132.

38. BUCHOLTZ M. Bad examples: Transgression and progress in language and

gender studies[M]//Bucholtz M. , Liang A. C. , Sutton L. A. , editor. Reinventing identities: the gendered Self in discourse. Oxford: Oxford University Press, 1999: 3-24.

39. BUCHOLTZ M. Bad examples: Transgression and progress in language and gender studies [M]// M. Bucholtz, A. C. Liang & L. A. Sutton, editors. Reinventing identities: The gendered self in discourse. New York & Oxford: Oxford University Press, 1999: 3-24.

40. BUCHOLTZ M. , LIANG A. & SUTTON, L. Reinventing identities: The gendered self in discourse [M]. New York: Oxford University Press, 1999.

41. BUTLER J. Undoing gender [M]. New York and London: Routledge, 2004.

42. BUTLER J. Gender trouble: Feminism and the subversion of identity[M]. 2nd ed. London: Routledge, 1999.

43. CAIMOTTO M C. Images of turmoil: Italy portrayed in Britain and re-mirrored in Italy[M]// Doorslaer Van Luc, Flynn Peter, Leerssen Joep, editor. Interconnecting translation studies and imagology. Amsterdam/Philadelphia: John Benjamins, 2016: 239-256.

44. CALZADA-PéREZ M. Apropos of ideology: translation studies on ideology-ideologies in translation studies[M]. Manchester: St. Jerome, 2003.

45. CAMERON D. Feminism and linguistic theory[M]. 2nd end. London: Macmillan, 1992.

46. CAMERON D. The language-gender interface: challenging co-optation[M]// Bergvall V. , Bing J. , Freed A. , editor, Rethinking language and gender research. , London: Longman, 1996: 31-53.

47. CASTELLI E. Les belles infidèles/fidelity or feminism? [J]. Special section on feminist translation of the New Testament, Journal of Feminist Studies in Religion, 1990: 25-39.

48. CASTRO O, ANDREWS M. (Re-)Examining horizons in feminist translation studies: Towards a third wave?[J]. MonTI, 2009, (1): 59-86.

49. CASTRO O. Introduction: Gender, language and translation at the crossroads of disciplines[J]. Gender and Language, 2013a, 7(1): 5-12.

50. CASTRO O. Talking at cross-purposes? The missing link between feminist

linguistics and translation studies[J]. Gender & Language, 2013b, 7(1): 35-58.

51. CHAMBERLAIN L. Gender and the metaphorics of translation[M]// Venuti L, editor. Rethinking translation: Discourse, subjectivity, ideology. London and New York: Routledge, 1992: 314-327.

52. CHARTERIS-BLACK J. Corpus approaches to critical metaphor analysis[M]. Basingstoke/New York: Palgrave Macmillan, 2004.

53. CHEN Y-M. The ideological construction of solidarity in translated newspaper commentaries: Context models and inter-subjective positioning[J]. Discourse & Society, 2011, 22(6): 693-722.

54. CHESHIRE. J. Age and generation-specific use of language [M]// U. Ammon, N. Dittmar & K. Mattheier, editors. Sociolinguistics: An introductory handbook of the science of language and society. Berlin: Mouton de Gruyter, 1987: 760-767.

55. CHESTERMAN A. From'is' to'ought': Laws, norms and strategies in translation studies[J]. Target. International Journal of Translation Studies, 1993, 5(1): 1-20.

56. CHEYFITZ E. The poetics of imperialism: Translation and colonization from the Tempest to Tarzan[M]. Philadelphia: University of Pennsylvania Press, 1991.

57. CHILTON P. Analysing political discourse: Theory and practice[M]. London: Routledge, 2004.

58. CHILTON P, TIAN H, WODAK R. Preface[J]. Journal of Language and Politics, 2010, 9(4): 485-487.

59. CHOULIARAKI L, FAIRCLOUGH N. Discourse in late modernity: Rethinking critical discourse analysis[M]. Edinburgh: Edinburgh University Press, 1999.

60. COFFIN C, O'HALLORAN K. The role of appraisal and corpora in detecting covert evaluation[J]. Functions of language, 2006, 13(1): 77-110.

61. COLLEY A, TODD Z, BLAND M, et al. Style and content in e-mails and letters to male and female friends[J]. Journal of Language and Social Psychology, 2004, 23(3): 369-378.

62. COUPLAND N. & COUPLAND J. Language, ageing, and ageism [M]// W. Robinson & H. Giles, editors. The new handbook of language and social psychology. Chichester, UK: Wiley, 2001: 465-486.

63. CRANNY-FRANCIS A. et al. Gender studies: Terms and debates [M]. Hampshire

& New York: Palgrave Macmillan, 2003.

64. CROSBY F, NYQUIST L. The female register: An empirical study of Lakoff's hypotheses[J]. Language in society, 1977, 6(3): 313-322.

65. CUNICO S, MUNDAY J. Encounters and clashes: Introduction to translation and ideology[J]. The Translator, 2007, 13(2): 141-149.

66. DAVIN D. Afterwords[M]. London: Virago, 1987.

67. DEWEY J. Feminist translation as a political act [J]. Journal of Feminist Studies in Religion, 1991: 63-69.

68. DOORSLAER V L. Translating, narrating and constructing images in journalism with a test case on representation in Flemish TV news[J]. Meta, 2012, 57(4): 1046-1059.

69. ECKERT P, MCCONNELL-GINET S. Language and gender[M]. Cambridge: Cambridge University Press, 2003.

70. EDLEY N. Analysing masculinity: Interpretative repertoires, ideological dilemmas and subject positions [M]// M. Wetherell, S. Taylor & S. Yates, editors. Discourse as Data. London: Sage/Open University Press, 2001: 189-228.

71. ELMIGER D. The government in contact with its citizens: Translations of federal information in multilingual Swiss administration[J]. Gender & Language, 2013, 7(1): 59-74.

72. ERGÜN E. Feminist translation and feminist sociolinguistics in dialogue: A multi-layered analysis of linguistic gender constructions in and across English and Turkish[J]. Gender and Language, 2012, 7(1): 13-33.

73. EVEN-ZOHAR I. Polysystem theory[J]. Poetics today, 1979, 1(1/2): 287-310.

74. FAIQ S. Cultural encounters in translation from Arabic. Clevedon: Multilingual Matters, 2004.

75. FAIRCLOUGH N. Language and power[M]. London: Longman, 1989.

76. FAIRCLOUGH N. Discourse and social change[M]. Cambridge: Cambridge Polity Press, 1992.

77. FAIRCLOUGH N. New Labour, new language?[M]. London: Routledge, 2000.

78. FAIRCLOUGH N. Analysing discourse: Textual analysis for social research[M]. London: Routledge, 2003.

79. FAIRCLOUGH N. Language and globalization[M]. London: Routledge, 2006.

80. FAIRCLOUGH N. The language of critical discourse analysis: Reply to Michael Billig[J]. Discourse & Society, 2008, 19(6): 811-819.

81. FAWCETT P. Translation and power play[J]. The Translator, 1995, 1(2): 177-192.

82. FIRTH J R. The Technique of semantics. Papers in linguistic Theory[M]. Oxford: Oxford University Press, 1969.

83. FOUCAULT M. Discipline and punish: the birth of a prison[M]. London: Penguin, 1991.

84. FOUCAULT M. The archaeology of knowledge[M]. London: Tavistock Publications, 1972.

85. FOWLER R E A. Language and control[M]. London: Routledge, 1991.

86. FOWLER R. , B. HODGE, G. KRESS, T. TREW. Language and control[M]. London: Routledge & Kegan Paul, 1979.

87. FRANK, H. T. Cultural encounters in translated children's literature: Images of Australia in French translation[M]. Manchester: St. Jerome, 2007.

88. FRANK H. T. Cultural encounters in translated children's literature[M]. Manchester: St. Jerome, 2014.

89. GENETTE G. Paratexts: thresholds of interpretation[M]. Cambridge: Cambridge University Press, 1997.

90. GLADNEY D C. Representing nationality in China: Refiguring majority/minority identities[J]. The Journal of Asian Studies, 1994,53(1) : 92-123.

91. GODARD B. Translating and sexual difference[J]. Resources for Feminist Research, 1984, 13(3): 13-16.

92. GODARD B: Theorizing feminist discourse/translation[M]//Bassnett Susan, Lefevere Andre, editor. Translation, history and culture, London and New York: Cassell, 1990: 87-96.

93. GODAYOL P. Metaphors, women and translation: From les belles infidèles to la frontera[J]. Gender & Language, 2013, 7(1): 97-116.

94. GOLDBLATT H. Heavy wings [M]. New York: Grove Weidenfeld, 1989.

95. GOLDBLATT H. Blue pencil translating: Translator as editor[J]. Translation Quarterly, 2004, (33): 21-29.

96. GU Y. Politeness phenomena in modern Chinese[J]. Journal of Pragmatics, 1990, 14(2): 237-257.

97. GUMUL E. Translational shifts of syntactic and lexical markers of ideology: Reporting the Iraqi conflict in Polish reprint press[J]. Meta: Journal des traducteursMeta:/Translators' Journal, 2011, 56(4): 758-774.

98. HALLIDAY M A, MATTHIESSEN C. Construing experience through meaning[M]. London: Continuum, 1999.

99. HALLIDAY M. An introduction to functional grammar[M]. Beijing: Foreign Language Teaching and Research Press, 2000.

100. HANNAY M. P. Silent but for the word: Tudor women as patrons, translators, and writers of religious works [M]. Kent: Kent State University Press, 1985.

101. HATIM B, MASON I. Discourse and the translator[M]. London and New York: Longman, 1990.

102. HATIM B, MASON I. The translator as communicator[M]. London: Rouledge, 1997.

103. HELLINGER M, BUFIMANN H. Gender across languages: The linguistic representation of women and men. Amsterdam & Philadelphia: John Benjamins, 2001.

104. HERMANS T. The manipulation of literature. studies in literary translation[M]. London & Sydney: Croom Helm, 1985.

105. HERRING S. Gender and democracy in computer-Mediated communication[J]. Electronic Journal of Communication, 1993, 3(2). http://www. cios. org/ EJCPUBLIC/003/2/00328. HTML

106. HOLMES J. Functions of you know in women's and men's speech[J]. Language in society, 1986, 15(1): 1-21.

107. HOLMES J. Sort of in New Zealand women's and men's speech[J]. Studia linguistica, 1988, 42(2): 85-121.

108. HOLMES J. Hedges and boosters in women's and men's speech[J]. Language & Communication, 1990, 10(3): 185-205.

109. HOLMES J. Charpersons, Chairpersons and goddesses: Sexist Usages in New Zealand English [J]. Te Reo, 1993a, (36): 99-113.

110. HOLMES, J. Sex-Marking Suffixes in written New Zealand English [J]. American Speech, 1993b, 68 (4): 357-70.

111. HOLMES J. Generic Pronouns in the Wellington corpus of spoken New Zealand English [J]. Kotare, 1997,(1): 32-40.

112. HOLMES J. Ladies and Gentlemen: Corpus snalysis and linguistic Sexism [M]// C. Mair & M. Hundt, editors, Corpus Linguistics and Linguistic Theory. Amsterdam: Rodopi, 1999: 141-55

113. HOLMES J. S. The name and nature of translation studies[M]// Venuti Lawrence, editor, The Translation Studies Reader, London & New York: Routledge, 2000: 172-185.

114. HOLMES, J, SIGLEY, R. "What's a word like girl Doing in a place like this?"[M]// A. Smith & P. Peters, editors, New Frontiers of Corpus Linguistics. Amsterdam: Rodopi, 2001.

115. HOOD S. Appraising research: Evaluation in academic writing[M]. London: Palgrave Macmillan, 2010.

116. HOOD S, MARTIN J. Invoking attitude: the play of graduation in appraising discourse[M]//Wang Zhen Hua, editor, Collected works of J. R. Martin (Vol. 2). Shanghai: Shanghai Jiao Tong University, 2010: 376-400.

117. Hsing Chia-hui. Gained in translation: The Effects of translators' gender on English-language children's literature as translated in China and Taiwan[D]. Newcastle: University of Newcastle upon Tyne, 2012.

118. HUANG L, CHU C. Translator's style or translational style? A corpus-based study of style in translated Chinese novels[J]. Asia Pacific Translation and Intercultural Studies, 2014, 1(2): 122-141.

119. HUMES B. The Last quarter of the moon[M]. London: Harvill Secker, 2013.

120. HUNG E. Translation and cultural change: studies in history, norms, and image projection[M]. Amsterdam/Philadelphia: John Benjamins, 2005.

121. Hung E. Translation and cultural change: Studies in history, norms and image-projection[M]. Amsterdam/Philadelphia: John Benjamins, 2005.

122. HUNSTON S. Semantic prosody revisited[J]. International Journal of Corpus Linguistics, 2007, 12(2): 249-268.

123. HUNSTON S. Corpora in applied linguistics[M]. Cambridge: Cambridge University Press, 2002.

124. HUO D. The Jade King: History of a Chinese muslim family[M]. Beijing: Chinese Literature Press, 1992.

125. HYLAND K. Boosting, hedging and the negotiation of academic knowledge[J]. Text-Interdisciplinary Journal for the Study of Discourse, 1998, 18(3): 349-382.

126. ITO R. & TAGLIAMONTE, S. Well weird, right dodgy, very strange, really cool: Layering and recycling in English intensifiers [J]. Language in Society, 2003, 32 (2): 257-279.

127. JESPERSEN O. Language: Its nature, development, and origin [M]. London: George Allen & Unwin, 1922.

128. JONES F. 'Geldshark Ares god of war': ideology and time in literary translation[M]//Bradbury, N. editor, Yearbook of English Studies, Modern Humanities Research Association, 2006: 191-203.

129. JOZ R. M. , S. KETABI & H. V. DASTJERDI. Ideological manipulation in subtitling: a case study of a speech fragment by Mahmoud Ahmadinejad (President of the Islamic Republic of Iran)[J]. Perspectives: Studies in Translation Theory and Practice, 2014, 22(3): 404-418.

130. JUCKER A H. News interviews: A pragmalinguistic analysis[M]. Amsterdam &Philadelphia: John Benjamins Publishing, 1986.

131. KÁDÁR D Z HAUGH M. Understanding politeness[M]. Cambridge: Cambridge University Press, 2013.

132. KALTENBÖCK G. Pragmatic functions of parenthetical I think[M]// Gunther Kaltenböck Wiltrud Mihatsch, Stefan Schneider, editor, New Approaches to Hedging, Bingley: Emerald, 2010: 237-266.

133. KANG J-H. Recontextualization of news discourse: A case study of translation of news discourse on North Korea[J]. The translator, 2007, 13(2): 219-242.

134. KARADAA B: Religious ideology and the translations of Robinson Crusoe into [Ottoman and Modern] Turkish, Micaela Muñoz-Calvo Carmen Buesa-Gómez and M. Ángeles Ruiz-Moneva editor, New Trends in Translation and Cultural Identity,, New Castle upon Tyne: Cambridge Scholars Publishing, 2008: 195-

216.

135. KEMPPANEN H. Looking for evaluative keywords in authentic and translated Finnish: corpus research on Finnish history texts, paper presented at Research Models in Translation Studies, UMIST and UCL, Manchester 28-30 April, 2000.

136. KEMPPANEN H. Keywords and ideology in translated history texts: A corpus-based analysis[J]. Across Languages and Culture, 2004, 5(1): 89-106.

137. KENNY D. Creatures of habit? What translators usually do with words[J]. Meta: Journal des traducteursMeta:/Translators' Journal, 1998, 43(4): 515-523.

138. KENNY D. Lexis and creativity in translation: A Corpus based approach[M]. Manchester: St. Jerome, 2001.

139. KIM K-H. Mediating American and South Korean news discourses about North Korea through translation: A corpus-based critical discourse analysis[D]. University of Manchester, 2013.

140. KIM W-D. Two Korean translations of the Xiaoxue: Free translation or literal translation?[J]. Babel, 2015, 61(4): 589-603.

141. KORSAK M. P. Eve malignant or maligned? [EB/OL]. http://www. maryphilkorsak. com/eve. html, accessed on 1st May, 2014.

142. KOTLER P. A Framework for marketing management[M]. Upper Saddle River: Prentice Hall, 2001.

143. KRISHNAMURTHY R. Ethnic, racial and tribal: The language of racism?[M]// Caldas-Coulthard Carmen Rosa, Coulthard Malcolm, editor, Texts and Practices: Readings in Critical Discourse Analysis. London: Routledge, 1996: 129-149.

144. KRONTIRIS T. Oppositional voices: Women as writers and translators of literature in the English renaissance [M]. London and New York: Routledge, 1992.

145. KRUGER A. Translation, self-translation and apartheid-imposed conflict[J]. Journal of Language and Politics, 2012, 11(2): 273-292.

146. KUNSMANN P. Gender, status and power in discourse behavior of men and women[EB/OL]. http://www. linguistik-online. com/1_00/KUNSMANN. HTM, 2000.

147. LAKOFF R. Language and woman's place[M]. New York: Harper and Row, 1975.

148. LAKOFF R T. Talking power: The politics of language in our lives[M]. New York: Basic Books, 1990.

149. LANGE A. Performative translation options under the Soviet regime[J]. Journal of Baltic Studies, 2012, 43(3): 401-420.

150. LAVIOSA S. The Corpus-based approach: A New Paradigm in Translation Studies[J]. Meta: Journal des traducteursMeta:/Translators' Journal, 1998, 43(4): 474-479.

151. LAVIOSA S. Core patterns of lexical use in a comparable corpus of English narrative prose[J]. Meta,1998,43(4): 557-570.

152. LAVIOSA S. TEC: A resource for studying what is"in"and"of"translational English[J]. Across Languages and Cultures, 2000, 1(2): 159-178.

153. LAVIOSA S. Corpus-based translation studies: theory, findings, applications[M]. Amsterdam/New York: Rodopi, 2002.

154. LAVIOSA S. Corpus-based translation studies: where does it come from? Where is it going?[J]. Language Matters, 2004, 35(1): 6-27.

155. LAVIOSA S. Corpus linguistics in translation studies[M]// Millán Carmen, Bartrina Francesca, editor, The Routledge handbook of translation studies. London & New York: Routledge, 2013: 228-240.

156. LAZAR M. Feminist critical discourse analysis: Gender, power and ideology in discourse[M]. Hampshire & New York: Palgrave Macmillan, 2005.

157. LEE T K. China as dystopia: Cultural imaginings through translation[J]. Translation Studies, 2015, 8(3): 251-268.

158. LEECH G N. Principles of pragmatics[M]. London: Longman, 1983.

159. LEECH G N. The pragmatics of politeness[M]. Oxford: Oxford University Press, 2014.

160. LEFEVERE A. Translating literature: Practice and theory in a comparative literature context[M]. Modern language association of America, 1992a.

161. LEFEVERE A. Translation, rewriting and the manipulation of literary fame[M]. London & New York: Routledge, 1992b.

162. LEFEVERE A. Translation practice (s) and the circulation of cultural capital: Some Aeneids in English[M]// Bassnett Susan, Lefevere André, editor,

Constructing cultures: Essays on literary translation. Clevedon: Multilingual Matters, 1998: 41-56.

163. LEFEVERE A. Translation/History/Culture: A Sourcebook[M]. Shanghai: Shanghai Foreign Language Press, 2010.

164. LI D, ZHANG C, LIU K. Translation style and ideology: a Corpus-assisted analysis of two English translations of Hongloumeng[J]. Literary and Linguistic Computing, 2011, 26(2): 153-166.

165. LOCKARD J, DAN Q. Translation ideologies of American literature in China[J]. Translation and Interpreting Studies, 2016, 11(2): 268-286.

166. LOUW B. Contextual prosodic theory: Bringing semantic prosodies to life, Chris Heffer Helen Sauntson, editor, Words in context: A tribute to John Sinclair on his retirement, Birmingham: ELR, 2000.

167. LYONS J. Semantics[M]. Cambridge: Cambridge University Press, 1977.

168. MAIER C. Issues in the practice of translating women's fiction [J]. BHS, 1998, (LXXV): 95-108.

169. MAIER C, MASSARDIER-KENNEY F. Gender in/and literary translation, Rose Marilyn Gaddis, editor, Translation Horizons: Beyond the Boundaries of Translation Spectrum, Marilyn Gaddis Rose: SUNY, 1996: 225-242.

170. MALMKJæR K. What happened to God and the angels: An exercise in translational stylistics[J]. Target, 2003, 15(1): 37-58.

171. MALMKJæR K. Translational stylistics: Dulcken's translations of Hans Christian Anderson[J]. Language andLiterature, 2004,13(1): 13-24.

172. MARTIN J R. Beyond exchange: Appraisal systems in English[M]// Hunston Susan, Thompson Geoff, editor, Evaluation in text: Authorial stance and the construction of discourse. Oxford: Oxford University Press, 2000: 142-175.

173. MARTIN J R, ROSE D. Working with discourse: Meaning beyond the clause[M]. London: Continuum, 2003.

174. MARTIN J R, WHITE P. The language of evaluation: appraisal in English[M]. Houndmills/New York: Palgrave Macmillan, 2005.

175. MARTÍNEZ I. "Quite Frankly, I'm Not Quite Sure That it is Quite the Right Colour. "A corpus-based study of the syntax and semantics of quite in present-

day English [J]. English Studies, 2009, 90 (2): 180-213.

176. MASON M. Courtroom interpreting[M]. Lanham: University Press of America, 2008.

177. MAYORAL ASENSIO R. Translating official documents[M]. Manchester: St. Jerome, 2003.

178. MCDOUGALL B. Literary translation: the pleasure principle [J]. 中国翻译, 2007, 28(5): 23-26.

179. MCFARLANE J. Modes of translation[J]. The Durham University Journal, 1953, 45(3): 77-93.

180. MILLS S, MULLANY L. Language, gender and feminism: Theory, methodology and practice[M]. London: Taylor & Francis, 2011.

181. MILLS S. Language and sexism[M]. Cambridge: Cambridge University Press, 2008.

182. MILLS S. , MULLANY, L. Language, gender and feminism [M]. London & New York: Routledge, 2011.

183. MILTON J. The resistant political translations of Monteiro Lobato[M]// Maria Tymoczko, editor, Translation, Resistance, Activism. Amherst and Boston: University of Massachusetts Press, 2010: 190-210.

184. MISSIOU, A. The Politics of Translation[J]. The Classical Quarterly, 1993, 43(2): 377-391.

185. MULAC A, WIEMANN J M, WIDENMANN S J, et al. Male/female language differences and effects in same - sex and mixed - sex dyads: The gender - linked language effect[J]. Communications Monographs, 1988, 55(4): 315-335.

186. MULAC A, LUNDELL T L. Effects of gender-linked language differences in adults' written discourse: Multivariate tests of language effects[J]. Language & Communication, 1994, 14(3): 299-309.

187. MULAC A, SEIBOLD D R, FARRIS J L. Female and male managers' and professionals' criticism giving: Differences in language use and effects[J]. Journal of Language and Social Psychology, 2000, 19(4): 389-415.

188. MUNDAY J. Style and ideology in translation: Latin American writing in English[M]. London: Routledge, 2007b.

189. MUNDAY J. Translation and ideology: A textual approach[J]. The translator, 2007a, 13(2): 195-217.

190. MUNDAY J. Evaluation in translation: Critical points of translator decision-making[M]. London: Routledge, 2012.

191. NIRANJANA T. Siting translation: History, post-structuralism, and the colonial context[M]. Jackson: University of California Press, 1992.

192. NISSEN U K. Aspects of translating gender[J]. Linguistik online, 2013, 11(2). http://linguistik-online. com/11_02/nissen. pdf. Accessed on September 6, 2015.

193. OBENG S G. Language and politics: Indirectness in political discourse[J]. Discourse & Society, 1997, 8(1): 49-83.

194. OLOHAN M. How frequent are the contractions? A study of contracted forms in the Translational English Corpus[J]. Target, 2003, 15(1): 59-89 .

195. OLOHAN M. Introducing corpora in translation studies[M]. London&New York: Routledge, 2004.

196. PALMER F R. Modality and the English modals[M]. London: Longman, 1990.

197. PALMER F R. Mood and modality[M]. Cambridge: Cambridge University Press, 2001.

198. PAN L. Ideological positioning in news translation: A case study of evaluative resources in reports on China[J]. Target. International Journal of Translation Studies, 2015, 27(2): 215-237.

199. PARTINGTON A. Corpus evidence of language change: The case of intensifiers [M]//M. Baker, G. Francis & E. Tognini-Bonelli, editors, Text and technology: In honour of John Sinclair. Amsterdam & Philadelphia: John Benjamins, 1993: 177-192.

200. PARTINGTON A. " Utterly content in each other's company": Semantic prosody and semantic preference[J]. International journal of corpus linguistics, 2004, 9(1): 131-156.

201. PERSSON G. Think in a panchronic perspective[J]. Studia neophilologica, 1993, 65(1): 3-18.

202. PILCHER J, WHELEHAN I. 50 Key concepts in gender studies [M]. London:

SAGE, 2004.

203. POUNDS G. Attitude and subjectivity in Italian and British hard-news reporting: The construction of a culture-specific 'reporter'voice[J]. Discourse Studies, 2010, 12(1): 106-137.

204. POYNTON C. The privileging of representation and the marginalising of the interpersonal: A metaphor (and more) of contemporary gender relations [M]// T. Threadgold & A. Cranny-Francis, editors, Feminine/Masculine and Representation. Sydney: Allen & Unwin, 1990: 231-240.

205. PREISLER B. Linguistic sex roles in conversation: Social variation in the expression of tentativeness in English[M]. Berlin: Mouton de Gruyter, 1986.

206. PUURTINEN T. Syntax, readability and ideology in children's literature[J]. Meta: Journal des traducteursMeta:/Translators' Journal, 1998, 43(4): 524-533.

207. PUURTINEN T. Translating linguistic markers of ideology[M]// Chesterman Andrew, Salvador Natividad Gallardo San, Gambier Yves, editor, Translation in Context: Selected papers from the EST Congress, Granada 1998. Amsterdam & Philadelphia: John Benjamins Publishing, 2000: 177-186.

208. PUURTINEN T. Explicitating and implicitating source text ideology[J]. Across Languages and Cultures, 2003, 4(1): 53-62.

209. QUIRK R, GREENBAUM S, LEECH G. & SVARTVIK J. A Comprehensive grammar of the English language [M]. London and New York: Longman, 1985.

210. RAN Y. The metapragmatic negation as a rapport-oriented mitigating device[J]. Journal of Pragmatics, 2013, 48(1): 98-111.

211. RAYOR D. Sappho's Lyre: Archaic lyric and women poets of ancient Greece [M]. Berkeley: University of California Press, 1991.

212. RINGE S. H. Standing toward the text [J]. Theology Today, 1987, (4): 552-557.

213. ROBINSON D. Theorizing translation in a woman's voice: Subverting the rhetoric of patronage, courtly love and morality [J]. The Translator, 1995, 1(2): 153-175.

214. ROBINSON D. Translation and empire[M]. Manchester: St. Jerome, 1997.

215. RÖMER U. Identification impossible?: A corpus approach to realisations of evaluative meaning in academic writing[J]. Functions of Language, 2008,

15(1): 115-130.

216. Ruiz J. S. , S. M. Bataller. Naming practices and negotiation of meaning: A corpus-based analysis of Spanish and English newspaper discourse[M]// Istvan Kecskes and Jesús Romero Trillo, editor, Research Trends in Intercultural Pragmatics. Berlin: De Gruyter, 2013, 439-457.

217. SALDANHA G. Translator style: Methodological considerations[J]. The Translator, 2011, 17(1): 25-50.

218. SANTAEMILIA J. Gender, sex and translation: The manipulation of identities[M]. Manchester: St. Jerome, 2005.

219. SANTAEMILIA J. Translating international gender-equality institutional/legal texts: The example of'gender'in Spanish[J]. Gender & Language, 2013, 7(1): 75-96.

220. SARUP M. An introductory guide to post-structuralism and postmodernism[M]. New York & London: Pearson Education, 1993.

221. SCHÄFFNER C. The role of discourse analysis for translation and in translator training. Clevedon: Multilingual Matters, 2002.

222. SCHÄFFNER C. Unknown agents in translated political discourse[J]. Target. International Journal of Translation Studies, 2012, 24(1): 103-125.

223. SCHÄFFNER C, BASSNETT S. Political discourse, media and translation. Newcastle upon Tyne: Cambridge Scholars Publishing, 2010.

224. SCOTT M, TRIBBLE C. Textual patterns: Key words and corpus analysis in language education[M]. Amsterdam & Philadelphia: John Benjamins Publishing, 2006.

225. SIGLEY R, HOLMES, J. Looking at girls in Corpora of English [J]. Journal of English Linguistics, 2002, 30(2): 138-157.

226. SIMON S. Gender in translation: Cultural identity and the politics of transmission[M]. London: Routledge, 1996.

227. SIMON S. Gender in translation [M]. London and New York: Routledge, 1996.

228. SIMONS M. The silencing of Simon de Beauvoir: Guess what's missing from the second sex [J]. Women's Studies International Forum, 1983,(5): 559-564.

229. SIMON - VANDENBERGEN A M. The functions of I think in political

discourse[J]. International Journal of Applied Linguistics, 2000, 10(1): 41-63.

230. SIMPSON P. Language, ideology and point of view[M]. London & New York: Routledge, 1993.

231. SINCLAIR J. Corpus, concordance, collocation[M]. Oxford: Oxford University Press, 1991.

232. SINCLAIR J. The lexical item, Weigand E. , editor, Contrastive Lexical Semantics, Amsterdam/Philadelphia: John Benjamins, 1998: 1-24.

233. SINGH S. Like, that's so girl talk [J]. The manitoban online, 2005, 93(3). Retrieved on 12 July, 2007 from http://themanitoban. com/2005-2006/0921/626. like. thats. so. girl. talk. php.

234. SOUZA L M F D. Interlingual re-instantiation: a model for a new and more comprehensive systemic functional perspective on translation[D]. Florianópolis & Sydney: Universidade Federal de Santa Catarina and University of Sydney, 2010.

235. SPENCER-OATLEY H. Rapport management: A framework for analysis[M]// Spencer-Oatley Helen, editor, Culturally Speaking: Managing Rapport Through Talk Across Cultures, London: Continuum, 2000: 11-46.

236. SPENCER-OATEY H. Managing rapport in talk: Using rapport sensitive incidents to explore the motivational concerns underlying the management of relations[J]. Journal of Pragmatics, 2002, 34(5): 529-545.

237. SPENCER-OATEY H, XING J. Managing rapport in intercultural business interactions: A comparison of two Chinese-British welcome meetings[J]. Journal of intercultural studies, 2003, 24(1): 33-46.

238. SPENCER-OATEY H. (Im) politeness, face and perceptions of rapport: unpackaging their bases and interrelationships. 2005.

239. SPENCER-OATEY H. Relating at work: Facets, dialectics and face[J]. Journal of Pragmatics, 2013, (58): 121-137.

240. SPENDER D. Man made language [M]. London: Routledge, 1980.

241. SPIVAK G C. The politics of translation[M]// Venuti Lawrence, editor, Translation Studies Reader. London and New York: Routledge, 1992: 397-416.

242. STARK S. Women and translation in nineteenth century [J]. New Companion,

1993, (15): 33-44.

243. STENSTRÖM A. He was really gormless-she's bloody crap: Girls, boys and intensifiers [M]// H. Hasselgård & S. Oksefjell, editors, Out of Corpora: Studies in Honour of Stig Johansson. Amsterdam: Rodopi, 1999: 69–78.

244. STUBBS M. 'A matter of prolonged field work': notes towards a modal grammar of English[J]. Applied Linguistics, 1986, 7(1): 1-25.

245. STUBBS M. Text and corpus analysis: Computer-assisted studies of language and culture[M]. Oxford: Blackwell, 1996.

246. SUNDERLAND J. Gendered discourses[M]. London: Palgrave Macmillan, 2004.

247. SUNDERLAND J. Language and gender: An advanced resource book [M]. London: Routledge, 2006.

248. SWANN, J. Yes, but is it gender? [M]// L. Litosseliti & J. Sunderland, editors, Gender Identity and Discourse Analysis. Amsterdam and Philadelphia: John Benjamins, 2002: 43–67.

249. TAGLIAMONTE S, ROBERTS C. So weird; so cool; so innovative: the use of intensifiers in the television series Friends [J]. American Speech, 2005, 80 (3): 280-300.

250. TAHIR GÜRÇAĞLAR Ş. Translation, presumed innocent: Translation and ideology in Turkey[J]. The Translator, 2009, 15(1): 37-64.

251. TALBOT M. Language and gender[M]. Cambridge: Polity, 1998.

252. TANNEN D. Conversational style: Analyzing talk among friends[M]. Oxford : Oxford University Press, 1984.

253. TANNEN D. You just don't understand: Women and men in conversation[M]. London: Virago 1991.

254. THOMPSON G, HUNSTON S. Evaluation in text[M]// Brown Keith, editor, Encyclopedia of Language & Linguistics. Oxford: Elsevier, 2006: 305-312.

255. THOMPSON J B. Ideology and modern culture: Critical social theory in the era of mass communication[M]. Cambridge: Polity, 1990.

256. TOST H. Translating onomatopoeia from Chinese into Spanish: a corpus-based analysis[J]. Perspectives: Studies in Translatology, 2014,22(1): 39-55,

257. TOURY G. Descriptive translation studies and beyond[M]. Amsterdam/

Philadelphia: John Benjamins, 1995.

258. TOURY G. Descriptive translation studies and beyond: Revised edition[M]. Shanghai: Shanghai Foreign Language Education Press, 2001.

259. TOURY G. Descriptive translation studies and beyond[M]. Amsterdam/ Philadelphia: John Benjamins, 2012.

260. TYMOCZKO M. Translation in a postcolonial context: Early Irish literature in English translation[M]. London: Routledge, 1999.

261. TYMOCZKO M, GENTZLER E. Translation and power. Amherst: University of Massachusetts Press, 2002.

262. VALDEÓN R A: The construction of national images through news translation[M]//Doorslaer Luc Van, Flynn Peter, Leerssen Joep, editor, Interconnecting translation studies and imagology. Amsterdam/Philadelphia: John Benjamins, 2016: 219-237.

263. VAN DIJK T A. Prejudice in discourse: An analysis of ethnic prejudice in cognition and conversation[M]. Amsterdam: John Benjamins Publishing, 1984.

264. VAN DIJK T A. Ideology: A multidisciplinary approach[M]. London: Sage, 1998.

265. VAN DIJK T A. Discourse and manipulation[J]. Discourse & Society, 2006, 17(3): 359-383.

266. VAN DIJK T A. Discourse and context[M]. Cambridge: Cambridge University Press, 2008.

267. VANDEPITTE S, VANDENBUSSCHE L, ALGOET B. Travelling certainties: Darwin's doubts and their Dutch translations[J]. The Translator, 2011, 17(2): 275-299.

268. VENUTI L. Rethinking translation: Discourse, subjectivity, ideology[M]. London: Taylor & Francis, 1992.

269. VENUTI L. The translator's invisibility: A history of translation[M]. London: Routledge, 1995.

270. VENUTI L. The scandals of translation: Towards an ethics of difference[M]. London and New York: Taylor & Francis, 1998.

271. VON FLOTOW L. Feminist translation: Contexts, practices and theories[J]. TTR: traduction, terminologie, rédaction, 1991, 4(2): 69-84.

272. VON FLOTOW L. Translation and gender: Translating in the"era of Feminism"

[M]. Ottawa : University of Ottawa Press, 1997.

273. VON FLOTOW L. Genders and the translated text: Developments in" trasformance"[J]. Textus, 1999, 12(2): 1000-1013.

274. VONFLOTOW L. Ideology and translation[J]. TTR (Traduction, Terminologie, Rédaction), 2000, 13(1): 9-20.

275. VON FLOTOW L. Gender in translation: The Issues go on[EB/OL]. http://orees. concordia. ca/numero2/essai/Von%20Flotow. html, 2000.

276. VON FLOTOW, L. Gender and translation [M]// P. Kuhiwczak & K. Littau, editors, The Companion to translation studies. London: Multilingual Matters, 2007: 92-105.

277. WANG N. Rediscovering China: interdisciplinary perspectives introduction[J]. European Review, 2015, 23(2): 173-179.

278. WATTS R J. Politeness[M]. Cambridge: Cambridge University Press, 2003.

279. WEEDON C. Feminist practice and poststructuralist theory[M]. London: Basil Blackwell, 1997.

280. WEST C. , LAZAR, M. & KRAMARAE, C. Gender in discourse [M]// T. A. van Dijk, editor, Discourse as Social Interaction. London: Sage, 1997: 119-143.

281. WODAK R. Language, power and ideology: Studies in political discourse[M]. Amsterdam & Philadelphia: John Benjamins Publishing, 1989.

282. WODAK R. Gender and discourse[M]. London: Sage, 1997.

283. WU G. J. AND H. Y. ZHANG. Translating political ideology[J]. Babel, 2015, 61(3): 394-410.

284. XIAO, R, TAO, H. A corpus-based sociolinguistic study of amplifiers in British English [J]. Sociolinguistic Studies, 2007, 1 (2): 241-273.

285. XIAO R, YUE M. Using corpora in translation studies: The state of the art[M]// Baker Paul, editor, Contemporary Approaches to Corpus Linguistics, London: Continuum, 2009: 237-262.

286. YANG G. Leaden wings [M]. London: Virago, 1987.

287. YAU W-P. Norms, polysystems and ideology: A case study[J]. The Translator, 2007, 13(2): 321-339.

288. YUN S X. Lockard: A Singapore perspective[J]. Babel, 2015, 61(1): 93-109.

289. ZANETTIN F. Corpus methods for descriptive translation studies[J]. Procedia-Social and Behavioral Sciences, 2013, 95: 20-32.

290. ZHANG J. Leaden wings [Z]. Translated by Gladys Yang. London: Virago, 1987.

291. ZHANG J. Heavy wings [Z]. Translated by Howard Goldblatt. New York: Grove Weidenfeld, 1989.

292. 白洁. 人生的悲歌——符号学浅析《穆斯林的葬礼》[J]. 广西民族大学学报（哲学社会科学版）, 2007, (S1): 225-226.

293. 鲍晓英. 中国文学"走出去"译介模式研究[D]. 上海外国语大学, 2014.

294. 蔡晓东, 朱健平. 哲学诠释学对女性主义译论的解构 [J]. 解放军外国语学院学报, 2011, 34 (1): 63-67.

295. 蔡颖. 基于语料库对"文化关键词"的搭配行为及意识形态蕴涵的研究 [D]. 上海交通大学, 2008.

296. 曾文雄. "译经意识"与文化资本流通——以周氏兄弟的《域外小说集》译本为例[J]. 西安外国语大学学报, 2011, 19(2): 74-79.

297. 陈吉荣, 张小朋. 论张爱玲女性主义翻译诗学的本土化策略 [J]. 外国语, 2007, 29 (6): 50-56.

298. 陈吉荣. 翻译建构当代中国形象——澳大利亚现当代中国文学翻译研究 [M]. 北京：中国社会科学出版社, 2012.

299. 陈建生, 高博. 基于语料库的《诗经》两个英译本的译者风格考察——以"国风"为例[J]. 天津外国语大学学报, 2011, 18(4): 36-41.

300. 陈浪. 新世纪以来的意识形态翻译研究[J]. 外国语（上海外国语大学学报）, 2014, 37(6): 65-73.

301. 陈梅, 文军. 评价理论态度系统视阈下的白居易诗歌英译研究[J]. 外语教学, 2013, 34(4): 99-104.

302. 陈薇. 媒介化社会的认知影像: 国家形象研究的理论探析[J]. 新闻界, 2014, (16): 34-38.

303. 陈瑛. 译者性别身份与译作人物形象再建——以《洛丽塔》两个中译本为例 [J]. 外国语言文学, 2013, (2): 113-116+131.

304. 陈勇, 张昆. 美国国家利益和意识形态主导下的"中国形象"塑造——探析《时代》周刊（1949—2008年）的中国报道[J]. 当代亚太, 2012, (3): 147-160.

305. 陈钰, 陈琳. 话语的女性主义重写——兼比较《简·爱》的两个中译本 [J]. 山西师大学报, 2005, 32 (6): 120-123.

306. 程镇球. 政治文章的翻译要讲政治[J]. 中国翻译, 2003, 24(3): 20-24.

307. 迟子建. 额尔古纳河右岸[Z]. 北京: 人民文学出版社, 2010.

308. 仇贤根. 外宣翻译研究[D]. 上海外国语大学, 2010.

309. 崔娟, 刘军显. 论个体意识形态对翻译策略的决定作用——以严译《天演论》为例[J]. 外语研究, 2016, 33(6): 81-85.

310. 代迅. 跨文化交流中的中国形象及其迁移[J]. 社会科学战线, 2004, (1): 97-103.

311. 邓小平. 邓小平文选（第三卷）[Z]. 北京: 人民出版社, 1993.

312. 董娌楠. 《京华烟云》中婚丧文化的异化翻译[J]. 辽宁工业大学学报（社会科学版）, 2013, 15(3): 69-71.

313. 方开瑞. 意识形态与小说翻译中人物形象的变形[J]. 外语与外语教学, 2005, (3): 52-56.

314. 房红梅. 论评价理论对系统功能语言学的发展[J]. 现代外语, 2014, 37(3): 303-311+437.

315. 付文慧. 中国女作家作品英译合集: 文学翻译、性别借用与中国形象构建[J]. 外国语（上海外国语大学学报）, 2013, 36(5): 67-71.

316. 高金岭. 翻译与政治——1949年后朱光潜西方美学的翻译与政治关系初探[J]. 上海翻译, 2008, (2): 67-70.

317. 葛桂录. "中国不是中国": 英国文学里的中国形象[J]. 福建师范大学学报（哲学社会科学版）, 2005, (5): 64-70.

318. 葛校琴. 女性主义翻译之本质 [J]. 外语研究, 2003, (6): 35-38.

319. 耿强. 国家机构对外翻译规范研究——以"熊猫丛书"英译中国文学为例[J]. 上海翻译, 2012, (1): 1-7.

320. 管兴忠. 安东尼·皮姆翻译思想研究[J]. 解放军外国语学院学报, 2012, 35(2): 86-91.

321. 管月华. 穆斯林的葬礼 (The Jade King: History of a Chinese Muslim Family) [z]. 北京：中国文学出版社, 1992.

322. 郭延礼. 女性在20世纪初期的文学翻译成就 [J]. 中国现代文学研究丛刊, 2010, (3): 38-50.

323. 何高大, 陈水平. 翻译——政治视野中的女性主义和后殖民主义的对话 [J]. 外语与外语教学, 2007, (11): 50-53.

324. 何雪雁. "自由话语"的引进——翻译对中国形象的构建及对中国现代性的影响[J]. 平顶山学院学报, 2009, 24(6): 105-108.

325. 侯羽, 刘泽权, 刘鼎甲. 基于语料库的葛浩文译者风格分析——以莫言小说英译本为例 [J]. 外语与外语教学, 2014, (2): 72-78.

326. 侯钰璐. 基于语料库的莎剧中话语标记"Why"的汉译研究[D]. 上海交通大学, 2013.

327. 胡安江. 中国文学"走出去"之译者模式及翻译策略研究: 以美国汉学家葛浩文为例[J]. 中国翻译, 2010, 31(6): 10-16+92.

328. 胡开宝. 论异化与《新世纪汉英大词典》中文化限定词的翻译[J]. 外语教学, 2006, 27(1): 55-60.

329. 胡开宝, 朱一凡. 基于语料库的莎剧《哈姆雷特》汉译文本中显化现象及其动因研究[J]. 外语研究, 2008, (2): 72-80+112.

330. 胡开宝. 基于语料库的莎剧《哈姆雷特》汉译文本中"把"字句应用及其动因研究[J]. 外语学刊, 2009, (1): 111-115.

331. 胡开宝, 邹颂兵. 莎士比亚戏剧英汉平行语料库的创建与应用[J]. 外语研究, 2009, (5): 64-71+112.

332. 胡开宝, 陶庆. 汉英会议口译语料库的创建与应用研究[J]. 中国翻译, 2010, 31(5): 49-56+95.

333. 胡开宝. 语料库翻译学概论[M]. 上海: 上海交通大学出版社, 2011.

334. 胡开宝, 李晓倩. 语料库批评译学: 内涵与意义[J]. 中国外语, 2015, 12(1): 90-100.

335. 胡开宝, 毛鹏飞. 国外语料库翻译学研究述评[J]. 当代语言学, 2012, 14(4): 380-395+437-438.

336. 胡开宝. 语料库翻译学: 内涵与意义[J]. 外国语（上海外国语大学学报）, 2012, 35(5): 59-70.

337. 胡开宝, 陶庆. 记者招待会汉英口译句法操作规范研究[J]. 外语教学与研究, 2012, 44(5): 738-750+801.

338. 胡壮麟, 朱永生, 张德禄. 系统功能语法概论[M]. 长沙：湖南教育出版社, 1989.

339. 黄立波, 王克非. 语料库翻译学: 课题与进展[J]. 外语教学与研究, 2011, 43(6): 911-923+961.

340. 黄友义. 中国站到了国际舞台中央, 我们如何翻译[J]. 中国翻译, 2015, 36(5): 5-7.

341. 黄友义. 语言是通往全球化的必经之路[J]. 语言科学, 2016, 15(4): 360-361.

342. 霍达. 穆斯林的葬礼[Z]. 北京: 十月文艺出版社, 1988.

343. 贾卉. 意识形态与美国《新闻周刊》涉华词语的翻译[J]. 上海翻译, 2008, (2): 27-31.

344. 江鹰, 张小翠. "基本"与"基本上"辨微[J]. 汉语学报, 2012, 37(1): 79-89.

345. 姜秋霞, 曹进. 翻译专业建设现状: 分析与建议[J]. 中国翻译, 2006, 27(5): 8-13.

346. 姜秋霞, 郭来福, 金萍. 社会意识形态与外国文学译介转换策略——以狄更斯的《大卫·考坡菲》的三个译本为例[J]. 外国文学研究, 2006, (4): 166-175.

347. 姜秋霞, 郭来福, 杨正军. 文学翻译中的文化意识差异——对《红楼梦》两个英译本的描述性对比研究[J]. 中国外语, 2009, 6(4): 90-94+97.

348. 姜秋霞. 文学翻译与社会文化的相互作用关系研究[M]. 北京: 外语教学与研究出版社, 2009.

349. 姜智芹. 颠覆与维护——英国文学中的中国形象透视[J]. 东南学术, 2005, (1): 117-122.

350. 蒋骁华. 意识形态对翻译的影响: 阐发与新思考[J]. 中国翻译, 2003, 24(5): 26-31.

351. 李春香. 梁实秋、方平与《亨利五世》的翻译——从语言风格角度评述梁、方译本[J]. 大众文艺（理论）, 2008, (11): 40-41.

352. 李红玉. 译者的性别意识与翻译实践——谈性别视角下的《紫色》四译本[J]. 中国比较文学, 2008, (2): 19-28.

353. 李红玉. 从缺失到浮现——《野草在歌唱》1950年代首译本与1990年代修订本中的性别[J]. 中国比较文学, 2012, (1): 47-58.

354. 李慧. 汉学家杜博妮的中国文化诗学立场——基于杜博妮与詹纳尔的《棋王》英译对比[J]. 山东大学学报, 2014, （2）: 137-146.

355. 李家春. 西方主流媒体建构中国形象语言模因翻译策略[J]. 黑龙江社会科

学, 2016, (1): 125-128.

356. 李娇. 基于语料库对杨必翻译中女性特质的研究[D]. 曲阜师范大学, 2013.

357. 李晶. 翻译与意识形态——《水浒传》英译本不同书名成因探析[J]. 外语与外语教学, 2006, (1): 46-49.

358. 李寿源. 国际关系与中国外交: 大众传播的独特风景线[M]. 北京: 北京广播学院出版社, 1999.

359. 李顺清. 翻译规范理论下的《飘》三译本研究[D]. 曲阜师范大学, 2010.

360. 李涛, 胡开宝. 政治语篇口笔译中的级差资源重构[J]. 现代外语, 2015, 38(5): 615-623+729.

361. 李文静, 穆雷. 翻译性别他/她者——论译者的双性视角 [J]. 四川外语学院学报, 2008, (3): 97-101.

362. 李潇堃. 探访外交部翻译室: 平均年龄31岁女干部占70%[EB/OL]. 中国日报网, 2012. http: //www. chinadaily. com. cn/hqzx/2012-05/25/content_ 15390836. htm.

363. 李鑫, 胡开宝. 基于语料库的记者招待会汉英口译中情态动词的应用研究 [J]. 外语电化教学, 2013, (3): 26-32+74.

364. 李醒尘. 朱光潜传略[J]. 新文学史料, 1988, (3): 124-138+118.

365. 梁实秋. 关于莎士比亚的翻译[M]//刘靖之. 翻译论集[C]. 香港: 三联书店, 1981: 16-18.

366. 梁实秋. 莎士比亚全集[Z]. 台北: 远东图书公司, 2001.

367. 廖七一. 重写神话: 女性主义与翻译研究 [J]. 四川外语学院学报, 2002, (2): 106-109.

368. 林文艺. 建国十七年中国国家形象的塑造与传播——以《中国文学》（英文版）革命历史题材作品的选取为例[J]. 福建论坛（人文社会科学版）, 2012, (10): 108-113.

369. 刘芳. 汉语文学作品英译中的异化与归化问题——兼评林语堂在《浮生六记》中的文化翻译[J]. 解放军外国语学院学报, 2003, 26(4): 71-74.

370. 刘宓庆. 翻译与语言哲学 [M]. 北京: 中国对外翻译出版公司, 2001.

371. 刘霞敏. 翻译中的性别差异及女性身份认同[J]. 外语教学, 2007, 28(2): 91-94.

372. 刘泽权, 刘超朋, 朱虹. 《红楼梦》四个英译本的译者风格初探——基于语

料库的统计与分析 [J]. 中国翻译, 2011，32(1): 60-64.

373. 卢小军. 国家形象与外宣翻译策略研究[D]. 上海外国语大学, 2013.

374. 陆颖. 翻译：社会文化语境中的重写[D]. 华东师范大学, 2005.

375. 罗列. 从近代女学析中国第一个本土女性译者群体的生成 [J]. 外语与外语教学, 2011, (1): 49- 52+83.

376. 罗列. 翻译、性别与现代身份的建构———论20世纪初叶中国女性译者翻译中的性别政治诉求 [J]. 妇女研究论丛, 2013, (2): 70-76.

377. 罗列, 穆雷. 女翻译家沈性仁与《遗扇记》中的性别意识——"五四"时期《温德米尔夫人的扇子》汉译比较研究 [J]. 山东外语教学, 2011, (5): 68-75.

378. 罗娜, 曾利沙. 翻译研究的女性主义视角or性别视角?——兼论性别参数对文本意义生成的建构和制约[J]. 西安外国语大学学报, 2014, 22(4): 125-128.

379. 吕俊. 论翻译研究的本体回归——对翻译研究"文化转向"的反思[J]. 外国语（上海外国语大学学报）, 2004, 27(4): 53-59.

380. 吕敏宏. 手中放飞的风筝——葛浩文小说翻译叙事研究 [D]. 南开大学, 2010.

381. 孟令子, 胡开宝. 基于语料库的莎剧汉译本中AABB式叠词应用的研究[J]. 外国语（上海外国语大学学报）, 2015, 38(1): 82-89.

382. 孟令子. 从女性主义翻译到性别与翻译 [J]. 中国翻译, 2016, 37 (5): 23-31.

383. 孟翔珍. 女权主义在翻译文学中的创造性叛逆[J]. 郑州大学学报（哲学社会科学版）, 2002, 35(5): 31-35.

384. 穆雷. 心弦——女翻译家金圣华教授访谈录 [J]. 中国翻译, 1999, 20 (2): 36-38.

385. 穆雷等. 翻译研究中的性别视角[M]. 武汉：武汉大学出版社, 2008.

386. 倪秀华. 翻译: 一种文化政治行为——20世纪50年代中国译介《牛虻》之现象透析[J]. 中国比较文学, 2005, (01): 121-136.

387. 纽约国际出版社. 韦氏英语大百科词典[Z]. 纽约国际出版社, 1979.

388. 潘峰, 黑黠. 记者招待会汉英口译中的政府形象建构——以人称代词we的搭配词为例[J], 外语与外语教学, 2017, (5): 45-51.

389. 潘苏悦.《毛泽东选集》英译本意识形态操纵之分析[J]. 上海翻译, 2015, (1): 68-71.

390. 潘文国. 汉英语对比纲要[M]. 北京：北京语言大学出版社, 1997.

391. 彭宣维, 杨晓军, 何中清. 汉英对应评价意义语料库[J]. 外语电化教学, 2012, (5): 3-10.

392. 彭宣维. 罗伯特. 金凯的魅力何在?——从《廊桥遗梦》可靠性成分看男主人公的刻画方式[J]. 外语教学, 2013, 34(1): 19-23+29.

393. 钱多秀, 矫玉洁. 语料库方法在政治文本翻译评析中的应用——以2008年《中国国防白皮书》为例[J]. 北京第二外国语学院学报, 2012, 34(4): 21-27.

394. 钱宏. 运用评价理论解释"不忠实"的翻译现象——香水广告翻译个案研究[J]. 外国语（上海外国语大学学报）, 2007, 30(6): 57-63.

395. 秦静. 基于语料库的《红楼梦》人物刻画及其翻译研究——以第三回的主述位结构为案例[J]. 江苏科技大学学报（社会科学版）, 2014, 14(1): 67-73+83.

396. 冉永平. 翻译中的信息空缺、语境补缺及语用充实[J]. 外国语（上海外国语大学学报）, 2006, 29(6): 58-65.

397. 冉永平. 人际交往中的和谐管理模式及其违反[J]. 外语教学, 2012, 33(4): 1-5+17.

398. 任霞.《飘》的两个中译本的文化差异对比研究[D]. 首都师范大学, 2009.

399. 任晓霏. "译者登场"——英若诚戏剧翻译系统研究[D]. 上海外国语大学, 2009.

400. 儒风.《论语》的文化翻译策略研究[J]. 中国翻译, 2008, 29(5): 50-54+96.

401. 石红梅. 翻译理论建设的民族视角[J]. 贵州民族研究, 2015, 36(12): 136-139.

402. 舒晋瑜. 十问葛浩文[N]. 中华读书报, 2005-08-31(13).

403. 宋庆伟, 匡华, 吴建平. 国内语料库翻译学20年述评(1993—2012)[J]. 上海翻译, 2013, (2): 25-29.

404. 孙静. 公示语汉英翻译中的民族文化心理[J]. 海外英语, 2014, (19): 143-144.

405. 孙志祥. 文本意识形态批评分析及其翻译研究[M]. 北京：中国社会科学出版社, 2009.

406. 孙志祥. 名物化意识形态的批评分析及其翻译[J]. 外语与外语教学, 2009, (8): 58-61.

407. 孙致礼. 翻译：理论与实践探索[M]. 南京：译林出版社, 1999.

408. 泰勒. 原始文化[M]. 上海：上海文艺出版社, 1992.

409. 覃江华, 刘军平. 澳大利亚汉学家杜博妮的文学翻译思想探析 [J]. 湖北大学学报, 2013，40(1): 132-135.

410. 谭渊. 德布林的"中国小说"与德国汉学——《王伦三跳》中的中国形象建构研究[J]. 外语教育, 2013, (00): 187-193.

411. 汤普森. 意识形态与现代文化[M]. 南京: 译林出版社, 2005.

412. 唐义均. 白皮书英译文本中动宾搭配调查与汉英翻译策略——一项基于汉英对比语料库的研究[J]. 上海翻译, 2012, (3): 26-29.

413. 汪晓莉, 胡开宝. 民族意识形态与少数民族题材小说翻译——以《额尔古纳河右岸》英译为例[J]. 中国外语, 2015, 12(6): 90-98.

414. 王东风. 一只看不见的手——论意识形态对翻译实践的操纵[J]. 中国翻译, 2003, 24(5): 18-25.

415. 王锋, 陈冬梅. 在寻找自己民族历史和美学品格的道路上——试论当代回族长篇佳作《穆斯林的葬礼》与《穆斯林的儿女们》[J]. 民族文学研究, 2002, (2): 19-25.

416. 王璟. 性别意识与文学翻译——张爱玲翻译个案研究[J]. 中国外语, 2011, 8(05): 102-106.

417. 王克非, 黄立波. 语料库翻译学十五年[J]. 中国外语, 2008, 5(6): 9-14.

418. 王宁. 翻译与跨文化阐释[J]. 中国翻译, 2014, 35(2): 5-13+127.

419. 王平兴. 政治文献翻译新探索——十七大文件翻译体会[J]. 中国翻译, 2008, 29(1): 45-50.

420. 王平兴. 关于汉英翻译"迁移性冗余"的一些思考[J]. 中国翻译, 2011, 32(5): 79-83.

421. 王平兴. 汉英翻译中的政治考量[J]. 中国翻译, 2014, 35(05): 97-101.

422. 王庆生. 中国当代文学(下册) [M]. 武汉: 华中师范大学出版社, 1999.

423. 王晓元. 意识形态与文学翻译的互动关系[J]. 中国翻译, 1999, 20(2): 10-14.

424. 王晓元. 翻译话语与意识形态—中国1985-1911文学翻译研究[M]. 上海: 上海外语教育出版社, 2010.

425. 王友贵. 意识形态与20世纪中国翻译文学史(1899-1979)[J]. 中国翻译, 2003, 24(5): 13-17.

426. 王振华. 评价系统及其运作——系统功能语言学的新发展[J]. 外国语（上海外国语大学学报）, 2001, 24(6): 13-20.

427. 王振华. "硬新闻"的态度研究——"评价系统"应用研究之二[J]. 外语教学, 2004, 25(5): 31-36.

428. 王振华, 马玉蕾. 评价理论: 魅力与困惑[J]. 外语教学, 2007, 28(6): 19-23.

429. 王振华, 张庆彬. 系统功能语言学的演变: 小句之外——J. R. 马丁教授访谈录[J]. 当代外语研究, 2013, (10): 1-12.

430. 危令敦. 《棋王》导论 [M]. 香港: 中文大学出版社, 2006.

431. 卫乃兴. 语料库数据驱动的专业文本语义韵研究[J]. 现代外语, 2002, 25(2): 166-175+165.

432. 温秀颖, 孙建成. 《金瓶梅》英译中的中西文化互动与关联[J]. 中国翻译, 2014, 35(6): 78-81.

433. 吴赟. 《浮躁》英译之后的沉寂——贾平凹小说在英语世界的译介研究[J]. 小说评论, 2013, (3): 72-78.

434. 武光军. 2010年政府工作报告英译本中的迁移性冗余: 分析与对策[J]. 中国翻译, 2010, 31(6): 64-68.

435. 夏云, 李德凤. 评价意义的转换与小说人物形象的翻译效果——以《飘》两个译本为例[J]. 外语与外语教学, 2009, (7): 44-47.

436. 肖忠华, 戴光荣. 翻译教学与研究的新框架: 语料库翻译学综述[J]. 外语教学理论与实践, 2011, (1): 8-15.

437. 谢淼. 新时期文学在德国的传播与德国的中国形象建构[J]. 中国现代文学研究丛刊, 2012, (2): 33-42.

438. 谢天振. 译介学 [M]. 上海外语教育出版社, 1999.

439. 谢天振. 中国文学走出去: 问题与实质[J]. 中国比较文学, 2014, (1): 1-10.

440. 谢天振. 现行翻译定义已落后于时代的发展——对重新定位和定义翻译的几点反思[J]. 中国翻译, 2015, 36(3): 14-15.

441. 辛斌. 批评语言学: 理论与应用[M]. 上海: 上海外语教育出版社, 2005.

442. 辛斌. 福柯的权力论与批评性语篇分析[J]. 外语学刊, 2006, (2): 1-6+112.

443. 辛红娟. 意识形态与翻译选择[J]. 求索, 2004, (4): 213-215.

444. 徐珺. 评价理论视域中的商务翻译研究[J]. 解放军外国语学院学报, 2011, 34(6): 88-91.

445. 徐珺, 夏蓉. 评价理论视域中的英汉商务语篇对比研究[J]. 外语教学, 2013, 34(3): 16-21.

296
297

446. 徐来. 在女性的名义下"重写"——女性主义翻译理论对译者主体性研究的意义 [J]. 中国翻译, 2004, 25(4): 16-19.

447. 徐明华. 海外华文传媒与中国国家形象建构[J]. 中州学刊, 2013, (7): 172-174.

448. 许家金. 中国学习者英语口头叙事中的话语评价研究[J]. 外语教学与研究, 2013, 45(1): 69-79.

449. 许钧. 翻译论[M]. 武汉: 湖北教育出版社, 2003.

450. 许钧. "忠实于原文"还是"连译带改"[N]. 人民日报, 2014-08-08(24).

451. 杨华. 流亡中的知识分子[D]. 北京语言大学, 2007.

452. 杨柳. 翻译诗学与意识形态[M]. 北京: 科学出版社, 2010.

453. 杨汝福. 从态度系统看喜剧小品的评价意义[J]. 外语教学, 2006, 27(6): 10-13.

454. 杨宪益. 我有两个祖国——戴乃迭和她的世界[M]. 桂林: 广西师范大学出版社, 2003.

455. 杨秀明. 从北京到麦加有多远——论《穆斯林的葬礼》中的性别与民族叙事[J]. 民族文学研究, 2013, (4): 81-87.

456. 姚斯, 霍拉勃. 周宁, 金元浦译. 接受美学与接受理论 [M]. 沈阳: 辽宁人民出版社, 1987.

457. 伊瑟尔. 金元浦周宁译. 阅读活动: 审美反应理论 [M]. 北京: 中国社会科学出版社, 1999.

458. 于东晔. 女性视域——西方女性主义与中国文学女性话语[M]. 北京: 中国社会科学出版社, 2006.

459. 查明建, 田雨. 论译者主体性——从译者文化地位的边缘化谈起[J]. 中国翻译, 2003, 24(1): 21-26.

460. 查明建. 意识形态、翻译选择规范与翻译文学形式库——从多元系统理论角度透视中国五十一七十年代的外国文学翻译[J]. 中外文学, 2001, (3): 63-92.

461. 查明建. 文化操纵与利用: 意识形态与翻译文学经典的建构——以20世纪五六十年代中国的翻译文学为研究中心[J]. 中国比较文学, 2004, (2): 89-105.

462. 张大群. 学术论文语类的评价和声音: 介入视角[J]. 江西财经大学学报,

2014, (2): 97-103.

463. 张继东, 黄雅婷. 医学学术语篇搭配框架BE*to的评价功能研究[J]. 解放军外国语学院学报, 2014, 37(2): 54-61.

464. 张洁. 沉重的翅膀[Z]. 北京: 人民文学出版社, 1981.

465. 张景华. 女性主义对传统译论的颠覆及其局限性[J]. 中国翻译, 2004, 25(4): 20-25.

466. 张昆, 陈雅莉. 地缘政治冲突报道对中国形象建构的差异性分析——以《泰晤士报》和《纽约时报》报道"钓鱼岛"事件为例[J]. 当代传播, 2014, (4): 38-41.

467. 张美芳. 语言的评价意义与译者的价值取向[J]. 外语与外语教学, 2002, (7): 15-18+27.

468. 张森林. 文化全球化: 民族文化发展的机遇与挑战[J]. 东北师大学报（哲学社会科学版）, 2007, (5): 70-74.

469. 张涛甫, 项一嵚. 中国政治传播的高端平台——温家宝总理"两会"记者招待会考察[J]. 中国地质大学学报（社会科学版）, 2012, 12(5): 74-80.

470. 张合玲. 藏族格言诗英译困境与对策研究[J]. 贵州民族研究, 2015, 36(3): 114-117.

471. 张秀峰. 汉学家文学翻译对中国文化外译引发的思考[J]. 文化学刊, 2015, (9): 178-181.

472. 张媛. 官方媒体中的少数民族形象建构——基于《人民日报》少数民族报道的分析(1979-2010)[J]. 国际新闻界, 2013, 35(8): 16-25.

473. 张月. 西方视域中的中国形象[J]. 中州大学学报, 2010, 27(5): 40-45.

474. 赵泓. 《每日电讯报》中的中国形象研究——基于2003-2013年对华报道的内容分析[J]. 新闻大学, 2014, (4): 35-43.

475. 赵军峰. 翻译家研究的纵观性视角: 梁实秋翻译活动个案研究[J]. 中国翻译, 2007, 28(2): 28-32+93.

476. 赵启正. 中国登上公共外交世界舞台[J]. 秘书工作, 2010, (6): 46-47.

477. 赵淑芳. 论《穆斯林的葬礼》的抒情性特征[J]. 郑州大学学报(哲学社会科学版), 2010, 43(4): 71-74.

478. 赵彦春. 对"摆布派"译论的译学反思[J]. 外国语（上海外国语大学学报）, 2003, 26(4): 67-74.

479. 赵彦春. 翻译学归结论[M]. 上海: 上海外语教育出版社, 2005.

480. 郑晓云. 论全球化与民族文化[J]. 民族研究, 2001, (1): 9-17+106.

481. 中国社会科学院语言研究所词典编辑室. 现代汉语词典[Z]. 北京: 商务印书馆, 2012.

482. 中国新闻网. 温家宝: 我是一个有信念、有主见、敢负责的人[EB/OL]. http://news.sohu.com/82/46/news207214682.shtml?lwx

483. 仲伟合. 口译教学刍议[J]. 中国翻译, 1998, 19(5): 19-22.

484. 周文萍. 当今美国电影里的中国资源与中国形象[D]. 暨南大学, 2009.

485. 朱静. 清末民初外国文学翻译中的女译者研究 [J]. 国外文学, 2007, (3): 61-69.

486. 朱敏虹. 翻译目的对翻译策略的影响——《红楼梦》两个英译本中文化信息的翻译对比[J]. 宁波大学学报(人文科学版), 2007, 20(3): 52-55.

487. 朱生豪. 莎士比亚戏剧全集译者自序[M]//孟宪强. 中国莎士比亚评论. 长春: 吉林教育出版社, 1991: 262-265.

488. 朱晓敏. 批评话语分析视角下的《政府工作报告》英译研究(一)——基于语料库的第一人称代词复数考察[J]. 外语研究, 2011, (2): 73-78+112.

489. 朱晓敏, 曾国秀. 现代汉语政治文本的隐喻模式及其翻译策略——一项基于汉英政治文本平行语料库的研究[J]. 解放军外国语学院学报, 2013, 36(5): 82-86+128.

490. 朱耀先. 论翻译与政治[J]. 中国科技翻译, 2007, (01): 31-34+64.

491. 朱义华. 从"争议岛屿"来看外宣翻译工作中的政治意识[J]. 中国翻译, 2012, 33(06):96-98.

492. 邹雅艳. 13-18世纪西方中国形象演变[D]. 南开大学, 2012.